本书为马克思主义理论研究和建设工程 2015 年度重大项目"全面深化教育综合改革研究"（项目批准号为：2015MZD056）、2014 年度河南省教育科学规划课题"大学生课堂教学媒体应用体验研究"（项目编号：［2014］–JKGHB –0008）、2012 年度河南大学教育科学学院青年科研基金"满足与抑制：教育技术与人之发展"（项目编号：2012 –JKJJ –05）的研究成果。本书受 2015 年度河南省高等学校哲学社会科学创新团队"教学现代化"（项目编号：2015 –CXTD –03）的资助。

● 教育技术学元研究系列丛书

以人为本：

教育技术价值取向及其现实路径

郝兆杰　著

中国社会科学出版社

图书在版编目（CIP）数据

以人为本：教育技术价值取向及其现实路径／郝兆杰著．—北京：
中国社会科学出版社，2016.11
（教育技术学元研究系列丛书）
ISBN 978 - 7 - 5161 - 9478 - 2

Ⅰ.①以… Ⅱ.①郝… Ⅲ.①教育技术学 - 研究 Ⅳ.①G40 - 057

中国版本图书馆 CIP 数据核字（2016）第 298406 号

出 版 人	赵剑英
责任编辑	宫京蕾
责任校对	曹占江
责任印制	李寡寡

出 版	中国社会科学出版社
社 址	北京鼓楼西大街甲 158 号
邮 编	100720
网 址	http://www.csspw.cn
发 行 部	010 - 84083685
门 市 部	010 - 84029450
经 销	新华书店及其他书店

印刷装订	北京市兴怀印刷厂
版 次	2016 年 11 月第 1 版
印 次	2016 年 11 月第 1 次印刷

开 本	710 × 1000 1/16
印 张	13.75
插 页	2
字 数	231 千字
定 价	58.00 元

目　　录

第一章

绪　论

第一节　教育技术价值取向问题的提出

一　研究的时代背景

（一）以人为本：时代的主流价值取向

"以人为本"是作为科学发展观的重要内容在党的十六届三中全会（2003 年）上提出的，坚持以人为本，树立全面、协调、可持续的发展观，促进经济社会和人的全面发展，这是我党适应新世纪新阶段全面建设小康社会的客观要求提出的科学发展观。"以人为本"是科学发展观的核心。"以人为本"强调人是社会的根本，是历史的主体，是社会历史的创造者，也是推动社会进步的决定性力量。离开了人就无所谓社会，更谈不上执政。因此，要求我们把人作为根本和核心，做到尊重人、关爱人、依靠人，做到"权为民所用、情为民所系，利为民所谋"。① 这既是人的全面发展的根本需要，也是我党执政兴国的根本前提。

一种价值观和发展观的提出和弘扬，一定与其所处时代的经济、政治、文化、社会、国际等方面面临的复杂形势和挑战有关。"以人为本"科学发展观的凝练和提出，既是我国社会主义建设、改革历史与现实发展的必然要求，又是应对我国正处于全面深化改革关键时期所面临

① 胡锦涛：《坚持发扬艰苦奋斗的优良作风，努力实现全面建设小康社会的宏伟目标》，《求是》2003 年第 1 期。

的复杂形势与时代要求的需要。"以人为本"指导思想提出的国内背景是：在我国经济持续快速发展的同时，存在着某种对发展问题的片面认识，认为发展就等于经济的快速运行，发展就等于GDP的高速增长等。这种片面性的认识在一定程度上已经引发城乡、区域、经济社会发展的失衡，人和环境、国内发展和对外开放的不协调。例如，由于一些地区和部门缺乏环保意识，甚至以牺牲环境为代价，片面追求高速发展，其结果是生态急剧恶化，环境严重污染，有的甚至达到令人触目惊心的地步。这种现象若再继续，不仅会影响我国经济发展的全局，影响其他事业的进展，甚至会影响人类自身的生存。"以人为本"指导思想提出的国际背景为：1992年世界环境与发展大会召开；1993年联合国在维也纳召开了世界人权大会，重申人权的重要意义，强调人权关怀和人文发展的观念；1994年联合国在开罗又召开了人口与发展大会，主张人是一个国家中最宝贵的财富，是发展的中心议题，强调在发展中给予所有人以平等的机会；1995年联合国在哥本哈根召开了社会发展世界首脑会议，在发表的宣言中要求把人置于发展的中心地位，各种经济活动都要最有效地满足人类的需要，保证每代人的平等和对环境综合、持久的利用，努力实现对当代人和未来人的责任。在国际、国内的双重背景下，在继承发扬我党历代领导人"全心全意为人民服务"、"三个有利于"、"三个代表"①的执政传统的基础上，第四代领导人提出了"以人为本"的科学发展观。

　　十八大以来，新一届党和国家领导人继承和发扬了"以人为本"的指导思想。十八大报告指出，"必须更加自觉地把以人为本作为深入贯彻落实科学发展观的核心立场，始终把实现好、维护好、发展好最广大人民根本利益作为党和国家一切工作的出发点和落脚点，尊重人民首创精神，保障人民各项权益，不断在实现发展成果由人民共享、促进人的全面发展上取得新成效"。十八届三中全会指出，"坚持以人为本，尊重人民主体地位，发挥群众首创精神，紧紧依靠人民推动改革，促进人的全面发展"。十八届五中全会对"以人为本"思想进行具化和注解，

---

　　① 丁涛：《胡锦涛的以人为本思想研究》，硕士学位论文，山东大学，2005年，第16页。

指出"实现好、维护好、发展好广大人民根本利益是发展的根本目的，必须把增进人民福祉、促进人的全面发展作为发展的出发点和落脚点"。

价值取向是价值哲学的一个范畴，它指一定主体基于自己的价值观在面对或处理各种矛盾、冲突、关系时所持的基本价值立场、价值态度以及所表现出来的基本价值倾向。价值取向有明确的指向性，与具体的行动选择密切关联，是个人价值观的体现。它的突出作用是决定、支配主体的价值选择，对主体自身、主体间关系、其他主体均有重大的影响。

"以人为本"方针的提出，为社会发展确立了基本的价值导向，即在处理经济、政治、技术、环境等各种矛盾或冲突时，人应该是第一位的，人应该是考虑的原点和落脚点，并且不是仅仅着眼于一部分人眼前的迫切需要，而是着眼于全体人民的共同需要和长远需要。把握这样的价值导向，不仅有助于克服社会发展与自然环境、个人生活的矛盾，更有助于探索实现中国特色社会主义现代化的新路子。随着实践的推进，科学发展观的科学性和合理性已被社会发展中各项指标所证实，"以人为本"正逐渐成为各行各业发展的首要指导思想。教育亦概莫能外。2010年出台的《国家中长期教育改革和发展规划纲要（2010—2020年)》曾明确指出，"……教育的战略主题要坚持以人为本、全面实施素质教育，面向全体学生、促进学生全面发展，提高学生服务国家服务人民的社会责任感、勇于探索的创新精神和善于解决问题的实践能力……"毋庸置疑，"以人为本"已成为时代的主流价值取向。

（二）异化：科技发展中不可回避的问题

科技，是贯穿人类文明史特别是近代文明史的强大动力。从哥白尼革命到20世纪中叶的四个多世纪，是科学和技术超过以往五千年人类文明史的大时代。

科学技术为世界文明的贡献是不朽的。人们依靠科学技术生产出完全改变了人类生活的工具，以相对舒适、便利和高效的操作使人摆脱许多繁重的劳役之苦，提高了人类物质生活水平。毫无疑问，科学技术的积极成就是公认的。然而当我们把诸多溢美之词加身于科学技术的同时，又不得不面对着科学技术发展所带来的许多消极后果。这种与预期目标相对立的实际结果，被称为科学技术异化。由于科学技术最终反映

的是物质世界的结构，因而它在本性上是非人化的，技术原则必然会给
人类活动的自由带来非人化的强制性限制。① 基于这种认识，许多学者
认为，异化是由科学技术的本性决定的，异化的根源已经存在于技术本
身的性质之中，因而异化是不可避免的。

科学技术的异化表现有多个方面。其一为科学技术在改造自然时所
产生的异化。人类借助科学技术认识、开发自然，并借此生产丰富的人
类赖以生存的物质基础，然而此时亦产生非常严重的环境污染、生态失
衡、能源危机等全球性问题。这些问题是自然生态的改变给人类带来的
负面效应。其二为科学技术对应用主体即人所产生的异化。科学技术的
发展，提高了人们的认识能力，增强了人们的伦理观念，提升了人们的
审美意识，也为改善人们的身心健康提供了许多物质条件。然而，科技
的飞速发展却使人们认识世界的能力在某些方面出现了退化的现象。影
视技术、计算机技术、多媒体技术和虚拟现实技术减少了人们亲身实践
的时间，削弱了人们的想象力和创造力，使青少年的书写能力和计算能
力大为下降。科学技术被滥用甚至恶用，不道德的、违法的信息行为充
斥着整个社会，使一些人成为只有物质生活而没有精神生活的"单向
度"的人，② 造成了人的价值的失落、精神的迷失和信仰的迷茫。③

科学技术尤其是现代信息技术在教育中的应用亦产生不可回避的异
化问题。譬如教学过程过于注重媒体工具的使用，而漠视人存在的意义
和价值，忽略人的审美体验与心灵成长，甚至出现人的技术化和"人为
物役"等现象，信息化教学中人文性正在被虚化和弱化。④ 科学技术作
为一种人造物，其作用在于扩展人类认识自然的本领，现代教育技术应
用的目的在于借助技术促进人的发展，倘若此过程中无视人的存在，其
运用的合目的性将无从谈起。因此，和科学技术其他的异化一样，教育
技术异化必须引起足够的重视，并被弱化或消解。

---

① 李振伦：《关于科学技术异化》，《河北学刊》1992 年第 6 期。
② 毛牧然、陈凡：《技术异化析解》，《科技进步与对策》2006 年第 2 期。
③ 刘济良：《科学技术对人的异化与教育对人的价值世界的重建》，《教育理论与实践》
2003 年第 4 期。
④ 陈列尊、张登玉：《庄子技道观对教育技术的启迪与反思》，《现代教育技术》2009 年
第 4 期。

二　研究的学科发展背景

教育是发展人的活动，人是教育的原点和出发点，是教育的应有之义。教育应直面人，关注人，发展人。教育应促进人对生命自身的超越，提升人的生命的精神境界，实现人的生命价值，寻求和创造人的生命意义。① 而若想实现教育的应有之义，教育过程必须关注人、必须以人为本，将人的地位凸显出来。

教育技术是教育中的技术，其根本宗旨在于借助技术促进教育，教育技术归根到底是要促进人的发展，因此其发展过程必须遵守教育的发展逻辑，必须考虑人、关注人、以人为本。然而在教育技术的现实发展中，却存在着诸多"见物不见人"、偏离"以人为本"的现象。

现象一，科学主义教育技术观的存在。② 科学主义教育技术观将教育技术视为教育活动中存在的实体工具，并持"技术乐观主义"信条，夸大技术的教育功效，将工具手段作为解决教育教学问题的"灵丹妙药"，而将"人"放在了从属地位。

现象二，教育信息化建设中的"重硬轻软"。自 20 世纪 90 年代以来，我国开始以工程项目的方式在教育领域推进信息化。然而，有学者对教育信息化的投资比例进行统计却发现，硬件投入超过 85%，资源建设的资金投入不足 10%，在人力资源培训方面的投入则更少，在 5% 以下。③

现象三，教育技术人才标准技术化。社会评判教育技术人才的标准一直有技术化的倾向。如 20 世纪 90 年代中期以前，社会检验教育技术专业毕业生的最基本标准就是看其对摄、录、编设备及计算机的操作能力和幻灯片、课件的制作能力。④ 而 90 年代中期以后，网站建设、网络课件制作、图形图像技术、视音频技术、动画技术等成为用人单位新的录用标准。进入 21 世纪后，中小学信息技术教师成了教育技术毕业人

①　刘济良：《教育与人的生命》，《教育研究》2004 年第 5 期。
②　李康：《论教育技术领域中的哲学观》，《电化教育研究》2000 年第 3 期。
③　黄荣怀、沙景荣：《关于中国教育技术学科发展的思考》，《中国电化教育》2005 年第 1 期。
④　卢锋、唐湘宁：《从教育技术学的技术化到科学发展观的确立——兼论中国教育技术学科的发展道路》，《电化教育研究》2007 年第 10 期。

员重要职业之一，但当前的中小学只注重计算机能力，在招聘信息技术教师时甚至打出非计算机专业不要的口号。

现象四，忽视学生信息道德的培养。恩格斯曾指出："每一个阶级、甚至每一个行业，都各有各的道德"，因此，在信息行业也有与之相对应的信息道德。然而无论是高等教育阶段的教育技术专业人才培养，还是基础教育阶段的信息技术教育，信息道德教育都相当薄弱。

现象五，多媒体教学中的高使用率与低满意度。多媒体教学已成为当前教学尤其是高等教育阶段最为普及的教学形态，然而绝大多数多媒体教学却是教师主导下的基于幻灯片的讲授型课堂，多媒体并未带来教学方法的大改革，而学生对多媒体教学效果的满意度只有28.6%。[①]

……

显然，教育技术现实发展中存在的"见物不见人"的现象远非上述，在本书的第三章笔者会对此问题进行更为系统的梳理和分析。但上述诸现象已为我们勾勒出当前教育技术发展中"重物轻人"的大致轮廓，而隐匿在现象背后的本质则凸显了本研究的紧迫性和重要价值。

三　个人的困惑与思考

之所以选择这样一个课题，还源自个人的困惑和思考。

1. 个人体悟：在教育和技术之间摇摆

对于教育和技术之间的摇摆，需从本人的学习和工作经历谈起。本人本科、硕士所学专业均为教育技术学，硕士毕业之后作为专业教师在一所大学任教。经过十几年与教育技术的亲密接触，对于教育、技术之间的纠结我有着非常深刻的体悟。同学之间、师生之间经常探讨的一件事，就是本专业的学生究竟是该重视教育还是该投身于技术，在教育和技术的天平之间，我们应该向谁倾斜？很多学生都曾在教育和技术之间摇摆不定，在纠结中饱受折磨，笔者也是其中一员。记得做学生时，老师如是开导我们："教育技术人应该学会扬长避短，跟学教育的人，我们谈技术，跟学计算机的、学物理的人，我们谈教育。"貌似"聪明"

① 郝兆杰、赵阳、王开：《有效应用：当前高校教育信息化建设的关键——基于河南某高校的调查》，《现代远距离教育》2011年第3期。

的回答除去换来一时的盲目自信外，于困惑的解决而言意义不大，我们继续困惑着。做了老师之后，面临着同样的问题，笔者通常会考虑就业的问题而这样回答学生："本科生应该很好地掌握技术，而且要精通几门技术，这是你找工作的敲门砖；而对于研究生，则可根据自身情况选择发展方向，若你技术功底扎实，可继续钻研技术，若你对教育理论感兴趣，可投身于理论研究。"略带辩证的回答似乎为学生指明了发展的道路，学生也常常以此来规划自己的学业生涯。可回过头来再想想，这样的回答是否科学完善？于教育技术学自身的发展是否有益？进一步思考则是教育和技术是否是无法融合的两张皮？有没有一种思路或方法将二者有机融合起来？在处理类似的教育和技术博弈的问题时，是否有一种合理的、科学的基本指导思想？等等。这些长时间的困惑与思考，是本课题研究的原始诱因。

2. 个人研究倾向的反思：一味追求技术的新颖与多样

教育技术具有很强的实践性，加上自己理工科的学习背景，所以，工作以来，笔者常常积极地把各种新技术应用于自己的学习和课堂教学中。如博客刚出现时，利用博客改善师生交流、进行个人知识管理；Wiki 出现时又研究 Wiki 与写作的关系；Diigo 出现后，便在自己的课堂上采用网页批注、文本批注等形式进行批注式学习；微博出现后，又将微博引入到自己的"C 程序设计"课堂中，来发现、检验微博的教育属性；如今又开始密切关注"微课"、"慕课"、"云计算"和"翻转课堂"等等。不知不觉中，个人的研究偏好呈现出一个典型特征——一味追求技术的新颖与多样。

对于教育技术应用，坐而论道显然不可取，但一味地追求新技术的实践应用是否就可取呢？答案显然是否定的。一味追求新技术的应用，缺乏教育教学理论的深层次指导，不仅让自己的研究一直处于"形而下"的层次，而且还有重复、跟风之嫌，多数研究浅尝辄止，缺乏持续性和连贯性。研究成果的推广借鉴价值不大，更遑论于教育技术学科的意义。

通过对研究偏好的反思，笔者研究视角逐渐从技术应用转向教育技术基本理论，开始思考技术的教育价值、技术如何促进人的发展等基本问题。可以说，对技术化研究倾向的反思是本研究的先导性因素。

3. 来自教育学理论的启示

如前文所言，由于理工科的学习背景，长期以来，笔者较多地关注于媒体技术、网络技术的学习，热衷于各种新技术在教育教学中的应用，却从来没有想着换个视角，全局性地审视教育技术的发展，辩证地看待教育技术的作用与价值。机缘巧合，笔者考取了教育学原理专业的博士，研究方向为现代教育技术原理。诱发笔者对本问题的深入关注，就源于入学面试时导师说的一句话。当时面试老师说"你应该更多地关注一下教育技术领域中'见物不见人'的现象"。这句话醍醐灌顶，振聋发聩。虽然由于自己教育学、哲学的学养有限，当时尚不能完整地理解"见物不见人"的真正内涵，更没有任何相关的研究思路，但是直觉告诉我，从"人"的视角关注教育技术是极其重要的，辩证对待人和技术的关系应该是教育技术尚未解决而又必须解决好的一个核心命题。是以，攻读博士学位期间，笔者在夯实教育学基本理论的基础上，有意识的补充教育人学、技术哲学等方面的理论。正是这些理论知识的学习，让笔者明晰了教育的目的与旨归、教育的价值与追求，洞悉了"人"之于教育的意义，进而对"教育技术中的见物不见人"有了更为深刻的理解和认知，混乱的思维逐渐清晰，摇摆的选题方向逐渐确立，并逐渐形成了相对完整的研究框架和可行的研究思路。

总之，沿循人类社会对"人"之历史性关怀，结合"以人为本"的时代背景，正视科学技术的异化面孔，秉承教育的应有之义，面对发展过程诸多"见物不见人"的现象，作为倡导技术、传播技术的教育技术必须省思，即必须思考在自身发展过程中，如何处理"教育"和"技术"的关系，如何在"物"和"人"的博弈中科学定位等问题，教育技术应该有一个处理矛盾、冲突、关系的基本立场。

我们知道，价值取向是价值哲学的一个范畴，是指价值主体基于自己的价值观，在面对或处理各种矛盾、冲突、关系时所持的基本立场、价值态度以及所表现出来的基本价值倾向，是价值主体自觉地、有目的地对价值实践方向的选择与把握。在主体的价值活动中，价值取向鲜明地表征着价值旨趣和价值偏好，表现为爱好、厌恶什么，赞成、反对什么，接近、回避什么，撷取、否弃什么等等。同时，价值取向又具有稳定性的特点。价值取向并不是飘忽不定的思绪、稍纵即逝的思想火花，而是一经形成便长期存在并发挥作用的主观精神因素。只要影响价值取向形成的主客条件没有发生重大变化，只要价值取向的支撑点没有发生重大变化，特定的价值取向就不会发生质的变化。所以，引导、促进人们确立积极进步正确的价值取向是具有长远意义的选择，解构、改变消极落后错误的价值取向是一种治本之选择。

任何一个学科领域中的现实问题都不可能只依靠本学科得到解决，而且常常需要一些哲学思维。[①] 因此，笔者将研究聚焦于教育技术的价值取向，准备系统探讨主体处理教育技术各种矛盾、冲突、关系时的基本立场和基本取向的问题，对教育技术发展进行更为深刻的哲学思考。

马斯洛曾指出，"人是一切价值的出发点，也是一切价值运动的归宿。无论价值现象多么复杂，多么变异不定，多么扑朔迷离，它的源、它的根、它的本就在人这里，抓住了人也就是抓住了价值问题的根本，只有抓住了人才能找到和猜对价值之谜的谜底"。[②] 基于上述认识和思考，研究者形成了本研究的基本观点：即教育技术存在的意义在于满足人们对最优化教育教学效果的需要，归根到底是满足人对自身发展的需要。教育技术价值取向应该指向人，将人作为价值评判的尺度，人应该是一切教育技术价值活动的出发点和归宿点，教育技术活动应该是解放人、发展人，而不应该是物化人、役使人。当然"以人为本"并不是否定教育技术的技术属性，并不是拒绝一切"物化"活动，而是在承认技术价值的基础上，为解决各种矛盾、冲突、关系确立一个指向，为处理"人"和"技术"的关系确立一个价值标准，为教育技术活动树立一个价值目标，减少"工具理性"对教育技术的负面影响。

第二节 "以人为本"的教育技术价值取向研究的理论根基

一 核心概念界定

（一）价值

"价值"是从19世纪开始作为一个经济领域的概念而出现的，主要

---

① 许良：《技术哲学》，复旦大学出版社2004年版，第2页。
② ［美］马斯洛：《动机与人格》，许金声等译，华夏出版社1987年版，第151页。

是指一种交换价值。今天它的概念更多地被用到了哲学层面。哲学层面的价值，主要有三种理论分析：一种是机械唯物主义价值理论。认为价值是事物本身所具有的客观本质特性，是事物内在的本质，具有绝对性，其存在独立于人之外。对此观点，有学者将其归结为"客体说"；另外一种是主观唯心主义价值理论。认为价值是主体情感意向或选择的结果，为多元社会中不同的个体、群体及其发展不同历史阶段的主观因素所决定，人们在价值观上不可能达到统一。此种观点被学者归结为"主体说"；第三种是马克思主义的辩证唯物主义价值理论。主要是从"主体—客体"逻辑关系的角度来思考与界定"价值"，认为"价值'这个普遍的概念是从人们对待满足他们需要的外界物的关系中产生的。"价值是一种体现在主体与客体之间需要与满足的关系"。由此可以看出，价值并不是单纯来源于主体或客体，而是来源于客体与主体之间的特定关系，只有能满足主体的物质或精神需要的客体属性，才构成价值。简言之，价值就是主体就客体的属性对主体的效用的评价。主体与客体之间的这种效用与评价关系就是价值关系。这里的主体，就是人，正是人通过改造世界和自身的具体的历史的实践活动，赋予了世界和人以价值。这种观点被归结为关系说。

　　本研究中，我们采用辩证唯物主义的价值理论，将价值定位于主客体之间需要与满足的特定关系，并依此为基点界定教育技术价值的概念，即教育技术价值是指教育技术这一客体对于主体（教育技术活动中的教育者、受教育者、设计者、开发者、管理者等）的特定关系。

　　（二）价值取向

　　对于价值取向这一范畴，学界尚无统一的定论。归纳起来，对于价值取向的界定，有以下几种类型：（1）价值取向是某种价值倾向。如：价值取向是指主体在价值选择和决策过程中的一种倾向性。[①] 价值取向就是人们在一定场合以一定方式采取一定行动的价值倾向。[②] （2）价值取向就是价值标准。如：价值取向就是指某一个人所信奉的，而且对其行为有影响的价值标准。[③] （3）价值取向是某种价值选择。如：价值取

---

①　李德顺：《价值学大辞典》，中国人民大学出版社 1995 年版，第 46 页。

②　袁贵仁：《价值学引论》，北京师范大学 1992 年版，第 350 页。

③　汝信：《社会科学新辞典》，重庆出版社 1988 版，第 401 页。

向是指价值选择过程中决定采取的方向。① 价值取向是人们按照自行的价值观念，对不同价值目标所作出的行为方向的选择。② 价值取向就是最终决定做什么好或者怎么做好，或者说，从价值、从好坏的角度决定做什么和怎么做？③（4）价值取向就是价值观。所谓价值取向，是指对价值客体的认知与实践过程中，对价值主体具有导向性的价值观。④

我们认为，价值取向是依据自身的价值观念，在价值活动中所表现出的意识指向。它受价值观、价值标准、价值目标等因素的影响，是主体的价值活动的心理准备。它与价值观、价值标准、价值选择、价值目标关系密切，但又不完全相同。价值取向最主要、最直接的用途是对于人类活动的定向作用，它帮助人们进行价值选择。

（三）教育技术价值取向

对于教育技术价值取向，学界尚未明确界定。在仅有的几篇相关研究中，有的从所研究的对象的视角进行相关表述。如罗江华在研究教育资源数字化的价值取向时，指出教育资源数字化的价值取向是指教育资源数字化过程中同时存在若干种价值方案或者意向时，人们从特定的文化背景和自己对教育的理解立场出发，选择或者倾向于某种方案。⑤ 然而，更多的已有研究中并没有作出明确界定，而是将其混同为价值观、价值选择等。

本研究在理解价值取向的基础上，将教育技术价值取向界定为价值主体依据自身的价值观念，在教育技术活动中所表现出的意识指向。它受教育技术价值观、教育技术价值标准等因素的影响，具体表现为在处理教育技术矛盾、冲突、关系时所作出的一种选择。它对教育技术活动有很强的引导作用，决定着教育技术活动的成败。

（四）"以人为本"的教育技术价值取向

"以人为本"的内涵和外延极其丰富，除去遵循"关爱人、尊重

---

① 徐玲：《价值取向本质探索》，《探索》2000 年第 2 期。

② 同上。

③ 王珏：《中日价值哲学新论》，陕西人民出版社 1995 年版，第 403 页。

④ 易显飞：《技术创新价值取向的历史演变研究》，东北大学出版社 2009 年版，第 47 页。

⑤ 罗江华：《教育资源数字化的价值取向研究——基于西部四地两个现代远程教育项目的考察》，博士学位论文，西南大学，2008 年，第 22—23 页。

人、发展人、依靠人"的共同内核外，在不同领域、不同语境、不同视角中"以人为本"的意蕴指向亦不尽相同。如政治视角的"以人为本"，更多的具有"民本"思想，是对"权为民所用，情为民所系，利为民所谋"的抽象与概括，它更多地为执政兴国服务。那么在教育技术的语境中，"以人为本"又有怎样的特殊指向呢？首先需要对本研究所说的"人"进行界定。本研究中的"人"主要指现实的、具体的、具有复杂社会关系的个体。细化而言则包括两类，一类是指在信息技术环境中利用教育技术进行学习的学习者，其包括教师主导下的各种学习者，也包括自主运用技术实施自我发展的学习对象。另一类则是指各种教育技术的使用者、设计者、开发者等，这一类"人"随教育技术实践的变化而变化。

"以人为本"的价值取向的内涵是指，在处理教育技术各种矛盾、冲突、关系时，应该将"人"作为价值评判的尺度，教育技术活动应该是解放人、发展人，而不应该是物化人、役使人。教育技术应该辩证处理"技术"与"人"的关系，将人作为一切教育技术活动的出发点和归宿点。具体来说，包含两层含义，其第一层含义亦即其核心含义是指在借助技术的教学中，要以学习者的生命发展、精神境界提升、生命价值实现为根本旨归，任何偏离这一根本目标的思想和做法都是对教育技术应然价值取向的违背。"以人为本"另外一层意思是指在技术的设计、开发、利用、管理、评价等活动中，要发挥主体的主观能动性，摆脱对技术的依赖心理，规避"工具至上"等偏激观点，辩证对待技术，充分利用主体智慧设计技术、利用技术。当然这一层意思仍以第一层意思为根本指向，以促进学习者生命发展为最高目标。

二　本研究的理论基础

（一）马克思主义人学思想

马克思主义人学观点散述于其卷帙浩繁的著作中，是对思想史上的人文主义、人道主义的辩证继承与超越，其精辟、深邃的人学思想体系包括如下几点：（1）人的本质。马克思经典作家反对抽象地理解人的本质，主张从现实的具体的个人去理解人。他们认为在考察人的本质时，"我们的出发点是从事实际活动的人"。马克思主义认为，人的本质是现实的、具体的，是由社会关系决定的，是"一切社会关系的总和"。人类在改造自然的活动中不是彼此分割、孤立的，而是结成一定的社会关系，正是在社会关系中才形成了人的本质。马克思主义创始人认为，人的本质不是永恒不变的，是随着历史的发展而发展的。这是因为，社会关系不是固定不变的，而是随着社会生产力和生产关系的矛盾运动而不断发展变化的。（2）人的价值。马克思主义创始人具体考察了人自身作为类的存在物的社会属性及人的价值关系的形成，认为人的价值关系是客观的、历史的形成的，是随着社会发展而发展，但是人的价值也总是在一定的社会现实关系中定位，总是通过人的各种现实活动表现出来。人类的价值活动本质上是一种改造客观世界的对象化活动，人在对象化活动中，人的价值随着实践的深入和社会的发展也将得到升华。机器是人类劳动的产物，是人类的手创造出来的人类头脑的器官，是物化的知识力量。（3）人的需要。马克思主义认为，需要是人的本性，人的一切活动无非是使自己的需要得到满足，不断寻求需要的满足是人的天性。新的需要会促使人们去进行新的社会实践，这是一个不断发展、永无止境的过程。因此，人的需要具有无限发展性，永远不会停留在一个固定的水平上。（4）人的发展。人的发展问题是马克思主义人学思想的最终归宿。马克思主义认为，人的发展是指人的全面、自由、充分、和谐发展，发展的主要内容包括人的劳动能力的发展、人的社会关系的发展和人的自由个性的发展。人的全面发展的基本途径是教育与生产劳动的相结合。另外，在马克思主义创始人看来，人的全面发展的实现，还必须依靠全面发展的教育，也就是使人们通过智育、综合技术教育、德育和体育，以及教育与生产劳动相结合的途径，摆脱旧式分工给他们造成的片面性，并在智能、道德和健康方面达到高度的水平。①

其实，西方的"以人为本"的思想或者说人学思想，可追溯至古希腊原始初民的最初思考，高度人形化的希腊诸神，正是人的自我意识的反映。②敢于蔑视与人类为敌的神界律条，把天火盗到人间的普罗米修

①　杨伟才：《马克思人学理论及其当代价值》，《马克思主义与现实》2007年第3期。
②　杨立：《"以人为本"初探》，硕士学位论文，复旦大学，2005年，第6页。

斯，是人自我意识觉醒的象征。而普罗泰戈拉"人是万物的尺度"① 的宣言，则冲破了传统的人与神、人与自然的束缚，否定了神创造万物的说法，强调了人的自我意识，力图在人的生活本身确立和寻求人存在的原则，从而把人置于人类历史舞台的中心，提高了人的地位和作用。文艺复兴拉开了人文主义精神复苏的帷幕。文艺复兴的旗手们主张个性解放，反对中世纪的禁欲主义和宗教观；提倡科学文化，反对蒙昧主义，摆脱教会对人们思想的束缚；肯定人权，反对神权，摒弃作为神学和经院哲学基础的一切权威和传统教条；认为主宰人的不是神而是自己，颂扬人的价值、尊严和力量，强调人应当享受现实生活的乐趣。而后，洛克的《人类理智论》、贝克莱的《人类知识原理》、孔狄亚克的《人类知识的起源》、休谟的《人性论》和《人类理智研究》、莱布尼茨的《人类理智新论》、卢梭的《论人类不平等的起源》以及康德提出的"人是目的"、"人为自然立法"。费尔巴哈的唯物主义人本主义、车尔尼雪夫斯基的唯物主义一元论的人学思想等等,② 都在一定程度上发展着人学，是人学研究中的思想基石。

　　之所以选择马克思主义的人学思想作为本研究的理论基础，是因为以马克思主义为指导已构成我国教育学研究的一个重要传统,③ 是经得住检验的理论，因此，在教育技术学的生境中关注"人"，关注技术与人的关系，马克思主义的立场、观点和方法是当然的理论基石。

　　还需要说明的是，这里的马克思主义人学，主要指马克思、恩格斯的论著中表达的理论观点，一是因为马克思的理论奠定了马克思主义的理论基础，开创了马克思主义理论研究和发展的路径，是马克思主义理论的经典体现；二是因为由于不同学者的解释与界说，发展至今的马克思主义已经是一个十分宽泛的说法，而且出现了各种"马克思主义"。④ 本研究在此对马克思主义所作出的一些限定，有助于本研究的讨论相对集中。

---

　　① 段培君：《"人是万物的尺度"的文化阐释——兼论人本主义与理性主义的文化渊源》,《社会科学战线》1995 年第 3 期。

　　② 杨立：《"以人为本"初探》，硕士学位论文，复旦大学，2005 年，第 8 页。

　　③ 刘黎明：《基于马克思主义的教育学中人之问题再认识》，博士学位论文，华东师范大学，2007 年，第 3 页。

　　④ 同上。

（二）教育人学思想

教育人学是教育学与人学相结合的产物。当代人学是对时代精神的自觉把握，它提供了一种以人的方式思考、把握人生的新路径；作为一种人文诉求，当代人学自觉地承担着对传统历史叙事和当代科学叙事的双重抗争和提升。教育人学吸收当代人学研究成果，探究以人为目的、以人为对象、以人为主题的教育，在人的解放、人的发展上的意义与价值。[①] 教育人学是面向整个教育的，它关注的绝不仅仅是教育的某一两个方面，而是教育得以成立、得以存在的根本条件和合法依据。教育人学以人学世界观为基点，对教育现象进行深刻而生动的描绘，使真实的人、大写的人凸显于教育中，并使这种教育人学世界观深入教育者的内心，成为他们的内隐的教育观念。[②] 教育人学理论是在人学视域下，对教育基本命题的丰富与深化，是对某些教育观点的纠偏与完善。

"人是目的"是教育人学的根本法则。"人是目的"既是教育的灵根所在，又是教育的命脉所系。教育以人为目的包括两个层面：（1）教育以人为出发点。教育以人为出发点，意味着教育的出发点只能是人，而不是物，也不是非人。康德曾指出："人就是现世上创造的最终目的"，[③] "它对任何准则所起的作用，就是对单纯相对的随意目的的限制条件"。[④] 于是人性、人的需要、人的生命、人的可能性、人的多样性的存在方式等都应该是教育活动所应正视与尊重的。这些不仅构成了教育活动的起点，同样也是教育得以实现的前提。人是教育的出发点。教育的出发点就是教育最直接、最基本的着眼点，同时也是教育所指向的最高目标。教育是培养人的社会实践活动，人是教育的对象，教育的根本职能是培养人，教育之所以成为教育，全赖乎于此。在这个层面上可以说，人的问题是教育的中心问题，人是教育的出发点与归宿。[⑤]（2）教育的属人性。教育的属人性意味着教育的精神性。王坤庆曾指出，从根本的意义上讲，教育是以培养人的精神生活能力和提升人

---

① 王啸：《教育人学内涵探析》，《华东师范大学学报（教育科学版）》2006 年第 1 期。

② 扈中平、蔡春：《教育人学论纲》，《华东师范大学学报（教育科学版）》2003 年第 3 期。

③ ［德］康德：《判断力批判》，宗白华译，商务印书馆 1964 年版，第 89 页。

④ ［德］康德：《道德形而上学原理》，苗力田译，上海人民出版社 1986 年版，第 89 页。

⑤ 扈中平：《人是教育的出发点》，《教育研究》1989 年第 3 期。

的精神境界为其基本目的的。① 雅斯贝尔斯曾指出，"教育过程首先是一个精神成长过程，然后才成为科学获知过程的一部分"，② "教育是人与人精神相契合"。③ 从类的角度看，人的精神性主要表现为与物质世界相对应的人类精神世界。教育在人类精神进步过程中所表现的作用非常明显，它通过浓缩的方式，将人类积累起来的精神文明的成果（知识）传递给下一代，并构筑起下一代精神世界，使下一代能在继承的基础上开创新的历史。④ 从团体的角度看，人的精神性总是有一定的归属，人们总是根据一定的团体价值标准将自身的精神信念与一个相应的社会集团联结起来，从而构筑成维护团体利益的精神信念。如我们通常所说的民族精神、国家精神、集体精神或团队精神，甚至像"中国人的精神"、"西方人的精神"这些更大范围的描述，也都是对团体精神的概括。不管团队精神处于哪个层次，都是可以通过教育加以引导和同化的。从个体的角度看，所谓"精神性"主要指个体独特的精神世界，表现为个人精神生活的取向和质量，与人的物质生活条件相对应，"是个人存在的深层尺度"。⑤ 人的现实生活处境之一就是他的精神状态，这反映着精神生活的质量。毛泽东说："人是要有一点精神的"，道出了精神生活在人生中的重要意义。当代美国教育家库利（Iris Cully）认为："精神从来就不是一种产品，而是一种显现于生活方式之中的过程"，正是抱着这样的信念，他撰写了《为了精神发展的教育》一书，旨在"帮助人们养成自己的精神生活，也使他们成为别人精神生活发展的教育者"。⑥ 在"躁动的心灵"这一章，他写道："在20世纪末，个人作为家庭成员、教会信徒，很多人深深感到，需要寻找一种教育方式

① 王坤庆：《论精神与精神教育——一种教育哲学视角的当代教育反思》，《华中师范大学学报（人文社会科学版）》2002年第3期。

② ［德］雅斯贝尔斯：《什么是教育》，邹进译，生活·读书·新知三联书店1991年版，第30页。

③ 同上书，第2页。

④ 王坤庆：《论精神与精神教育——一种教育哲学视角的当代教育反思》，《华中师范大学学报（人文社会科学版）》2002年第3期。

⑤ B. K. Myers, *Young Children and Spirituality*, New York and London: Routledge, 1997, p. 18.

⑥ I. V. Cully, *Education for SpiritualG rowth*, San Francisco: Harper& Raw, Publisher, 1984, p. 1.

来使我们的精神生活适于现在的情况。"① 这表明了个体精神生活的重要性及其教育引导在当代的迫切性。心理学家马斯洛曾指出，精神性生活是存在本质的一部分，也是人性的规定性特质。人性缺少了它，便不再是完整的人性，它是真我、自我认同、内在核心、特殊品类及圆满人性的一部分（Maslwo，1976，p. 314）。② 当代英国著名学者赖特甚至倡导，为了人的精神世界的健康和谐发展，有必要建立"精神教育学"。③

　　"教育乃人之生成"是教育人学的主张，也是"人是目的"的必然要求和具体体现。④ 教育是一种为着生成的生成过程。教育的生成可以表现在两个方面，其一为教育对智慧的追求。教育中重要的不是知识，而是智慧；教育的目的不在于知识，而是智慧，"真正的教育就是智慧的训练"。⑤ 因而，教育活动关注的就是"人的内部灵性与可能性如何充分生成"，教育应是"人的灵魂的教育"。⑥ 其二为教育促进个体的生成循环。从杜威的角度来理解，教育即生长是教育即生成的另一种陈述方式。每一个学习者都是一个非常具体的人，他有自己的历史积淀，有自己的个性伸展，进入教育过程的任一儿童都是一个具有文化遗产的"不停地进入生活"、"不停地变成一个人"的被抛入的自我设计者。《世界人权宣言》也曾指出："教育的目的在于充分发展人的个性。"⑦ 因而，我们所应注重的就是不断地帮助儿童实现从自身"成见"出发的视界融合，不断地"在境遇中生长"。这种生长过程即是一种生成的螺旋式的循环与上升，它表现为经验的不断改造与改组，表现为形成和

---

　　① I. V. Cully, *Education for SpiritualG rowth*, San Francisco：Harper& Raw, Publisher, 1984, p. 22.

　　② 车文博：《人本主义心理学评价新探》，《心理学探新》1999 年第 1 期。

　　③ C. Erricker and J. Erricker, *Reconstructing Reli - gious：Spiritual and Moral Education*, London：Routledge Falmer, 2000, p. 18.

　　④ 王啸：《教育人学内涵探析》，《华东师范大学学报（教育科学版）》2006 年第 1 期。

　　⑤ 华东师范大学、杭州大学教育系：《现代西方资产阶级教育思想流派论著选》，人民教育出版社 1980 年版，第 172 页。

　　⑥ ［德］雅斯贝尔斯：《什么是教育》，邹进译，生活·读书·新知三联书店 1991 年版，第 4 页。

　　⑦ 北京大学法学院人权研究中心：《国际人权文件选编》，北京大学出版社 2002 年版，第 5 页。

打破惯习的连续不断的自我超越的过程。① 康德说，"教育在造就人"。②可以说，促进人之生成奠定了教育的价值论基础。

　　"教育是人对人的活动"是教育人学对教育活动性及主体性的描述。作为一种人对人的活动，教育是由多种人际关系构成的。而师生关系无疑是最主要、最基本的关系，它贯穿于教育的全部过程，并渗透于各种教育方法之中。传统师生关系，是指一切以"物"的范式而进行的师生关系，其立论基础是知识论和决定论。知识论立场使学生只能片面发展，决定论立场则使学生被动、屈辱。教育人学则要破除这两种立场，建立一种以生活论为根基，以价值论、创造论为内涵，以"人是目的"为皈依的新型师生关系。生活论视域下的新兴师生关系，将师生关系置于生活世界中加以考察，甚或说将其视为生活世界的一部分。在生活世界中，师生双方带着他们对自己的关切、带着彼此的关切互相走进对方，生命被彼此拓展了，意义被彼此生发了，师生都获得了崭新意义上的"视界融合"，它提升了彼此的生命境界和生活质量。在此新型师生关系中，一方面，教师不是仅仅作为一个"知识者"走近学生，而是作为一个"生活者"，以他的全部人格走进学生；另一方面，教师不是作为一个决定者而出现，而是一个引导者。随之而来的，人与人之间的"关切"、"尊重"也就取代了人与人之间的"认识"、"操纵决定"而成为师生之间最基本、最重要的关系。③

　　"人是目的"、"教育乃人之生成"、"教育是人对人的活动"构筑其教育人学的基本框架和基本内涵。教育人学探讨的是以人的方式进行的、以人为目的的、以成人为根本宗旨的人的教育，虽然它没有提供更为具体的、易于操作的方法、模型，但它为本研究指明了基本方向、规划了基本的理论框架，为本研究的基本观点奠定了思想基础。

　　（三）人本主义心理学思想

　　人本主义心理学产生于 20 世纪中期，但是人本主义思想却源远流长。早在公元前 5 世纪的希腊和罗马时期，苏格拉底、柏拉图等思想家

---

　　① 扈中平、蔡春：《教育人学论纲》，《华东师范大学学报（教育科学版）》2003 年第 3 期。

　　② 詹栋梁：《教育原理》，五南图书出版公司 1990 年版，第 81 页。

　　③ 王啸：《教育人学内涵探析》，《华东师范大学学报（教育科学版）》2006 年第 1 期。

就在其著作和作品中表达了人本主义思想。如苏格拉底从对人类日常生活的考察获得深刻的哲理、柏拉图对"认识你自己"的强调，询问"人的本质是什么？"、"人怎样才能至善？"等等。文艺复兴时期，人本主义思潮风起云涌。这一时期的人本主义思想家呼吁"以人为中心"，而不是"以神为中心"，反对中世纪的宗教神学和经院哲学，主张以"人性"取代"神性"。这些思想都影响了20世纪的人本主义心理学家，构成了人本主义心理学的重要思想来源。① 人本主义心理学深刻地批判了西方心理学第一势力（行为主义）和第二势力（弗洛伊德的精神分析）机械的与生物的两种非人化的还原论，直接将心理学回归于人性科学的本来面目，从研究对象、方法和理论上导致心理学中一场新的革命，号称为心理学的"第三种力量"。主要代表人物有马斯洛、罗杰斯等。

人本心理学主张心理学的研究要有助于人的价值与尊严的提高，而不是相反。它的五个基本假设是：（1）人作为人，超越了组成人的各种成分的总和，人不能被还原为其组成成分；（2）人具有他独特的存在，这种存在处于特定的人文和生态背景；（3）人是有意识的，能意识到自己的存在；（4）人具有选择能力；（5）人具有意向性，行为是有目的的。行为的目的性使得人追寻意义、追寻价值、追求自我实现。总之，人本主义心理学反对心理学中形形色色的还原论观点，主张心理学要把人作为"人"进行研究，而不是作为"物"进行研究；主张以整体论的观点看待人，研究人独有的体验，如自我意识、爱与关怀、挫折和焦虑、选择与责任等等。人本主义心理学的核心价值基石为——人作为人，有独特的"本质"，不同于其他物种。人既不被环境所决定，也不为生物本能所驱使。人具有独特的意识体验，有选择的自由，自由意志是人的本质属性。②

人本主义心理学"把人的本性与价值提到心理学研究对象的首位"，"突出人的动机系统与高级需要的重要作用"、"提出实验客观范式与经验主观范式统合的新构想"、"促进以人为本的组织管理与教育

---

① 叶浩生：《人本主义心理学：后现代主义的挑战》，《华东师范大学学报（教育科学版）》2008年第4期。

② 同上。

改革以及心理治疗的发展"，"推动哲学世界观的积极变革"，① 直接将心理学回归于人性科学的本来面目，从研究对象、方法和理论上导致心理学中一场新的革命。

人本主义心理学家从自然的人性论，自我实现论及其"患者中心"出发，在教育实际中，倡导以学生经验为中心的"有意义的自由学习观"，强调学习要从学生的实际出发，重视学生内在动机和兴趣在学习中的作用，② 突出情感在教学活动中的地位和作用，形成了一种以知情协调活动为主线，以情感作为教学活动的基本动力的新的教学模式，以学生的自我完善为核心，强调人际关系在教学过程中的重要性，认为课程内容，教学方法，教学手段等都维系于课堂人际关系的形成和发展，把教学活动的重心由教师引向学生，把学生的思想、情感、体验和行为看作是教学的主体，对传统的教育理论造成了冲击，推动了教育改革运动的发展。③

人本主义心理学对于教育技术中的教学设计、多媒体课件制作、媒体选择、教学评价乃至研究范式的转型都有很强的指导意义和启发，是本研究的理论基础。

（四）技术哲学思想

西方的技术哲学思想虽然可以追溯到近代早期对人类制作或制造活动的反思，但其真正的兴起则是在 20 世纪后半叶。1877 年，德国哲学家卡普在书名中使用"技术哲学"一词，可以看作是让技术哲学作为一门哲学登上哲学史舞台的首次努力。而后，俄国工程师恩格尔麦尔以"技术哲学"发表系列文章。经过哲学家们近一个世纪的努力，美国"哲学与技术学会"的正式成立（1978 年）以及同年举行的 16 届世界哲学大会确认技术哲学为一门新的哲学分支科学。从这一年起，技术哲学的学科建制慢慢开始在北美乃至全世界建立起来。④ 技术哲学关注的内容包括技术的本质、技术的价值、技术的进步机制、技术与社会、技

①　车文博：《人本主义心理学评价新探》，《心理学探新》1999 年第 1 期。
②　熊冬炎：《简评人本主义心理学习理论》，《辽宁师范大学学报（社科版）》1988 年第 4 期。
③　肖爱芝：《对人本主义心理学思想的诠释》，《教育研究与实验》2009 年第 2 期。
④　吴国盛：《技术哲学经典读本》，上海交通大学出版社 2008 年版，第 4 页。

术方法论等关键核心命题，技术哲学的研究没有很长的历史，但仍然有一大批思想家、哲学家表达了自己关于技术的哲学思考，提出了许多优秀的、深刻的技术哲学思想。技术哲学思想广博丰富，深奥精微，本书相关章节的论述主要从技术本质论和技术价值论中汲取理论营养。

关于技术的本质，卡普认为，技术是人与自然的一种联系，是一种类似于人体器官的客体，是人体器官的一种投影，一切工具和机械都是人体器官的外化，是人类器官的形状和功能的延伸和强化。① 埃吕尔认为，"技术是合理的、有效活动的总和，是秩序、模式和机制的总和"。② 马克思、恩格斯从历史唯物主义出发，始终从普遍联系、辩证发展的原理去考察技术，把技术置于人与自然、人与人之间的关系的哲学框架之中去研究技术的本质及其发展机制，认为技术的本质乃是人本质的外化。③ 纵观现有观点，可以看出，技术是人类满足社会需要依靠自然规律和自然界的物质、能量和信息来创造、控制、应用和改进人工自然系统的手段和方法。技术兼具自然属性和社会属性。技术的自然属性是指，任何技术的产生与发明都不能脱离自然物的客观实在性，人必须在自然界所提供客观物质条件基础上来展示自己的本质力量、做出发明创造的。技术的社会属性，即技术的人性方面，它是人的本质力量的外化。

技术与价值问题是技术哲学的一项重要研究内容。技术的价值包括内在价值和外在价值。技术的内在价值是指技术作为物质手段、知识体系及活动过程的总和所蕴含的价值。外在价值则是意指技术的使用价值，是技术作为一种客观存在，其属性对于使用主体的价值与作用。对于技术的外在价值没太多争议，而对于技术的内在价值则有一定争议，产生了不同的观点，包括价值中立说和价值负荷说。技术的价值是在技术实践活动中产生的，这一过程是技术主体与技术客体相互作用的过程，是技术主体的需要与技术客体的属性通过实践相互制约、相互转化的过程。当然，技术活动也会产生与预期目标相对立的结果，技术反而以一种异己的力量，给人类自身带来危害，这就是技术的异化。

---

① 许良：《技术哲学》，复旦大学出版社 2004 年版，第 31 页。
② 同上书，第 50 页。
③ 同上书，第 52 页。

教育技术具有很强的技术特质是一个不言自明的命题。研究教育技术价值取向问题，倘若忽视技术哲学这一宏观的、深层次的思维视角，将是研究中的一大缺陷。事实上，本书对教育技术的本质、教育技术的价值负荷等问题的讨论时，正是汲取了技术哲学家们丰富的理论滋养。因此，技术哲学思想将是本研究的重要理论基础。

第三节　以人为本的教育技术价值取向的研究设计

一　研究目标

1. 从学理层面为教育技术确立以人为本的价值取向，丰富教育技术学科基本理论研究，帮助教育技术专业人员树立正确的价值取向。

教育技术价值取向是教育技术学科的基本理论问题，然而以人为本的价值取向并不是一个不辩自明的命题，它既需要学理层面的理论剖析，亦需要来自实践的经验侧证，本研究以此为己任，致力于教育技术以人为本价值取向的确立与论证。

2. 为教育技术学科落实"以人为本价值取向"寻找现实路径。

马克思告诉我们，"哲学家们只是用不同的方式解释世界，问题在于改变世界"。① 本研究不满足于从学理层面确立以人为本的教育技术价值取向，更在此基础上，探寻该意识形态落地的现实路径，即寻找"改变世界"的途径和方法。

二　研究内容

结合研究选题，围绕研究目标，本研究的研究内容主要包括以下四个方面：

1. 技术化教育技术价值取向的现实表现、负面影响及归因分析

在教育技术领域，与"以人为本价值取向"相对立的则是"技术化的价值取向"。"技术化价值取向"将教育技术单纯地视作媒体或工具，忽略主体培养，忽略主体的主观能动作用，违背教育技术发展逻

---

① 中共中央马克思恩格斯列宁斯大林著作编译局：《马克思恩格斯文集》（第 1 卷），人民出版社 2009 年版，第 502 页。

辑，在现实发展中有诸多表现。本研究拟通过问卷、访谈等方法，系统梳理其现实表现，剖析其负面影响，并探寻其产生的原因。此部分内容为本研究确立问题域，凸显本研究的问题意识与现实价值，彰显了本研究的必然性和紧迫性。

2. 以人为本的教育技术价值取向的确立与论证

以人为本的教育技术价值取向并不是一个不辩自明的命题，本部分将会从历史与逻辑、内因与外因等多个纬度加以探讨，从学理层面对教育技术以人为本价值取向开展论证，澄清教育技术主体在教育技术价值取向上的困惑，以使其确立正确的价值取向。此部分为立论部分，乃本研究的核心内容。

3. 教育技术与人之本质属性的辩证关系

确立以人为本的教育技术价值取向之后，接下来要回答的便是教育技术究竟以人的什么为本？人是自然性、社会性、发展性和实践性的统一，本部分拟辩证分析教育技术与人之四重属性的关系，深化领域内以人为本价值取向的内涵。

4. 教育技术的"以人为本"的现实路径

树立以人为本的价值取向之后，必须为该意识形态寻找现实路径，让理论研究落地，让理论研究具有现实意义。本部分拟从教育技术的五个范畴（设计、开发、利用、管理和评价）为切入点，系统探讨以人为本思想融入教育技术实践的方法、原则，探寻教育技术以人为本的现实路径。

三　研究意义

1. 本研究在剖析技术化教育技术价值取向的问题表现、现实危害的基础上，从学理层面阐述教育技术为何要"以人为本"，使人们意识到教育技术发展中诸多问题的思想根源，认识到技术化教育技术价值取向的危害及产生的根本性原因，意识到价值取向研究的重要性和迫切性，并树立以人为本的价值取向。

2. 本研究挖掘教育技术与人之生命属性的关系，可深化人们对教育技术价值的辩证理解，把握教育技术的本质，同时本研究亦丰富了教育技术领域"以人为本"思想内涵，为教育技术实践渗透"以人为本"

思想奠定理论基础。

3. 本研究以教育技术的五个范畴为切入点，全面落实"以人为本"的指导思想。众所周知，"以人为本"思想属意识形态，其内涵和外延都非常丰富，以其作为指导思想，并没有一套切实可循的步骤方法。如果只对教育技术"以人为本"的价值取向作理论层面的探讨，很多教育技术人员仍无从下手，无法在实践中真正落实"以人为本"的思想。因此，本书以教育技术的五个范畴为切入点，全面探讨在诸范畴中"以人为本"思想融入的方法、措施，为人们开展教育技术"以人为本"的实践探寻可行的现实路径。

4. 本书站在人的视角，全面审视教育技术的发展，在技术的生境中凸显人文关怀，让教育技术回归教育，进而促进教育技术学科健康发展。

四　研究思路

本书的研究思路是，以教育技术价值的人学意蕴为立论基石，剖析技术化教育技术价值取向的现实表现、危害及成因，借助马克思主义人学、教育人学、技术哲学、人本主义心理学等理论，结合教育技术现实发展，从学理层面确立教育技术"以人为本"的价值取向。之后，再从教育技术与人之本质属性的关系出发，探讨教育技术对人之发展的辩证价值，丰富教育技术"以人为本"的内涵。价值取向属意识形态，意识形态要找到现实路径才具有实践意义。因此，确立"以人为本"的价值取向及明晰以人的"什么"为本后，本研究以教育技术的五个范畴即"设计"、"开发"、"利用"、"管理"和"评价"为切入点，系统探讨教育技术与"以人为本"思想全面融合的方法，探寻教育技术"以人为本"的现实路径。具体研究思路如图 1 - 1 所示。

五　研究方法

1. 文献法

文献法主要指搜集、鉴别、整理文献，通过对文献的研究形成对事实的科学认识的方法。鉴于本书的研究对象和研究性质，文献法将是本研究重要的研究方法，主要体现在三个方面：（1）通过广泛查阅文献，

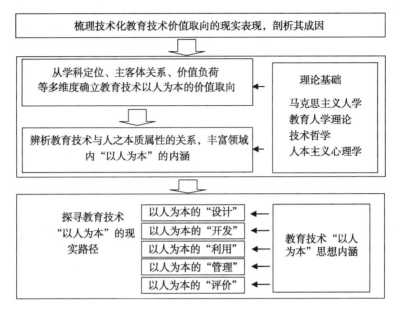

图 1 - 1　本书的写作思路

梳理教育技术中与"价值取向"、"以人为本"相关的研究现状，为本研究找到恰当的生长点；（2）通过文献研究，分析马克思主义人学、技术哲学思想、价值哲学等相关理论，为本研究建立理论依据；（3）通过对文献研究，从文献的研究对象、观点中析出技术化教育技术价值取向及其现实表现，为文章的后续开展奠定基础。

2. 调查法

调查法是在教育理论指导下，通过观察、列表、问卷、访谈、个案研究以及测验等科学方式，搜集教育问题的资料，从而对教育的现状作出科学的分析认识并提出具体工作建议的一整套实践活动。调查法是本研究的一种辅助性研究方法。价值取向虽然属意识形态，但具很强的外显性和倾向性特征，[①] 即价值取向总是顽强地展示自己、表现自己、外化自己，实现自身的对象化并鲜明地表征自己的价值旨趣、价值偏好，通常表现为爱好、厌恶什么，赞成、反对什么，接近、回避什么，撷取、否弃什么等等。因此，可以通过考察特定主体对人、对事的态度，

---

① 徐贵权：《论价值取向》，《南京师大学报（社会科学版）》1998 年第 4 期。

对矛盾、冲突及其各自关系的处理，把握其价值取向。故在梳理技术化教育技术价值取向时，除去通过文献法析出研究主体的价值取向外，还拟通过调查法获取主体的教育技术价值取向，具体方法为调查问卷和访谈。

笔者于 2011 年 6 月到 10 月期间，分别对华东师范大学、华南师范大学、华中师范大学、南京师范大学、河南大学、周口师范学院等六所学校的教育技术专业的学生进行问卷调查，调查问卷见附录 1。调查对象涵盖硕士研究生各个年级、本科生各个年级。问卷回收 310 份，有效问卷 297 份，有效率 95.81%。问卷涉及调查对象的学习偏好、未来职业规划、对教育技术本质的认识、就业取向等问题。问卷统计得到的数据将作为第一手资料运用于本书的相关论述中。

同时，笔者还设计访谈提纲，对开展多媒体教学的教师进行访谈，以获取开展信息化教学的教师的价值取向。访谈提纲见附录 2。访谈所收集的数据、发现的问题亦运用于本书的相关写作中。

3. 内容分析法

内容分析法是一种对于传播内容进行客观、系统和定量的描述的研究方法。内容分析法将非定量的文献材料转化为定量的数据，并依据这些数据对文献内容作出定量分析和作出关于事实的判断和推论。本研究中，笔者从信息道德教育的视角，对教育技术八门主干课程教材（教育技术学导论、教学系统设计、教育技术项目实践、教育媒体理论与实践、教育技术学研究方法基础、信息技术与课程整合、远程教育学基础、学与教的理论）和河南科学技术出版社 2008 年出版的一套中小学信息技术教材（七年级上、下册和八年级上、下册）进行内容分析，从某一侧面反映信息道德教育的实施情况。

第二章

教育技术以人为本价值取向的
相关研究综述

第一节　国内教育技术领域相关研究综述

　　本研究至少涉及价值、价值取向、人文关怀三个方面的内容。由于价值是外部客观世界对于满足人的需要的意义关系的范畴，是具有特定属性的客体对于主体需要的满足关系，在人之主宰世界，人与世界万物有着普遍的需要与满足的关系，因此，对于价值问题的研究必将是一种普遍的研究。截至 2016 年 3 月 30 日，笔者在中国期刊网，以"价值"一词进行主题检索，可得到 300 多万条相关研究。关于"价值"的研究既包括"价值"范畴的哲学研讨，也包括诸多客体"价值"意义的探究，因价值关系的普遍性，客体亦呈现普遍性，价值问题研究涉及经济、文化、理论形态、法律、教育、科技、新闻、国际关系、生态、政治、资源、人生、医学等多个领域。

　　价值取向是指一定主体基于自己的价值观在面对或处理各种矛盾、冲突、关系时所持的基本价值立场、价值态度以及所表现出来的基本价值倾向。关于"价值取向"的探讨亦非常普遍，以"价值取向"为关键词在"中国知网"进行搜索，仅 2000—2015 年即获得 114510 篇相关的硕博学位论文、期刊论文和重要的会议论文。研究范围涉及"大学生、教学、课程、教育质量、公共政策、诗歌、小说、技术、民族政策、文学原著、德育、妇女解放、马克思主义理论、科学发展观、法律、经济学、艺术、体育、史志、制度、医疗、社会主义、和谐社会、学前教育、网络、传播、新闻、电子政务、高考、教科书、图书馆、外交……"等多个领域。

学者们对"以人为本"也具有很高的研究热情，从搜集到的论文来看，最早以"以人为本"为题开展研究的是学者实厚，他于1986年在《领导科学》上发表《举大事者必以人为本》一文，文章从刘备的用人之道出发，指出"举大事者必以人为本"的论点，并讨论了其现实意义。① 而后学者们对"以人为本"展开了广泛的研究，1986—2015年发表的仅题目中含"以人为本"关键字的论文数量就达3万余篇，历年的分布情况如表2-1所示。诸多研究可分为两大类，其一为"以人为本"的本体论研究，其二为其他领域中的"以人为本"研究。以人为本的本体论研究主要讨论以人为本的思想内涵、理论基础，以及古今中外思想家的以人为本的思想。"以人为本"与各行各业的融合是当今研究的主体，涉及"管理、企业、教育、经济、医疗、交通、政治、体育、文化、图书馆、装饰、农村、建筑、安全、新闻、电影、法律"等多个行业。从研究阶段来看，1986—1993年期间，每年的论文数量不多，可视为"以人为本"研究的萌芽阶段；1994—2004年期间，论文数量稳步上升，可视为"以人为本"研究的发展阶段；2004年以来，论文数量持续保持较高水平，可视为"以人为本"研究的繁荣时期。当然，之所以2004年以后相关研究数量居高不下，除去有人文关怀返魅的时代原因外，更与胡锦涛同志2003年在党的十六届三中全会上提出"以人为本"的科学发展观这一政治因素有莫大关系。

表 2 - 1　　　　　已发表的"以人为本"研究论文的数量统计

年份	1986	1987	1988	1989	1990	1991	1992	1993	1994	1995
篇数	1	0	1	3	4	7	8	8	49	89
年份	1996	1997	1998	1999	2000	2001	2002	2003	2004	2005
篇数	115	168	192	269	456	607	703	801	1966	2556
年份	2006	2007	2008	2009	2010	2011	2012	2013	2014	2015
篇数	2507	2546	2827	2745	2133	2093	2598	2427	2087	1825

从发表的论文来看，教育领域较早谈论"以人为本"的是叶衍传，他于1988年发表《高校思想教育工作要"以人为本"》一文，文章在

---

① 实厚：《举大事者必以人为本》，《领导科学》1986年第2期。

分析工作对象、以人为中心的综合发展观、高校人的文化素质层次高要求的基础上，指出高校教育思想工作要以人为本。① 截至 2016 年 3 月 30 日，教育领域中论文题目中含"以人为本"的研究已达 3700 余篇，涉及思想政治教育、学科教学、道德教育、教育管理等多个方面。从研究的学校层次来看，涵盖从幼儿教育到研究生教育的各个学历教育阶段，也包括成人教育和远程教育；从研究方式来看，既包括宏观层面的理论性论述，也包括微观教学的人本化探微；从具体的研究对象来看，既有教学方法、教学模式、教学策略，也有教学管理、教育技术、教学改革等。

对"价值"、"价值取向"、"以人为本"本体论性质的研究可为本书提供理论基础，提供分析问题、解决问题的原理、框架；其他领域中关于"价值"、"价值取向"、"以人为本"的研究可为本书提供研究思路、研究方法、应用策略上的借鉴，尤其是教育领域的相关研究更具借鉴意义。但由于本书的研究旨趣聚焦于教育技术领域内的价值取向、聚焦于教育技术领域中的"以人为本"，所以，对于本体论性质的研究和其他领域中的相关研究，本书不再做过多综述。

一　教育技术领域关于"价值"的研究综述

教育技术价值问题已经引起业界学者的关注，目前的研究多从技术哲学的视角谈论教育技术的内在价值、外在价值、正价值、负价值等。如高铁刚等人指出："教育技术先天带有了技术的基本特征。由技术二重性可以分析出教育技术具有内在价值和外在价值。教育技术的内在价值由其自然特性决定，包括教育技术原理的科学性、有效性及效率性。……教育技术的外在价值由其社会属性决定，是蕴涵在教育技术实体及其使用过程之中的。……教育技术利用其内在的科学性、有效性，高效完成社会系统及各子系统教育教学需求时，教育技术在社会系统中实现了其外在价值。"② 杨瑛霞等人认为，教育技术的实践和应用是双刃剑，其价值也同样会有正负的双重性。教育技术的正价值体现在教育

---

① 叶衍传：《高校思想教育工作要"以人为本"》，《惠州学院学报》1988 年第 3 期。
② 高铁刚、乔立梅、李兆君：《技术哲学视野下教育技术价值体系分析》，《现代教育技术》2008 年第 4 期。

技术对教育的有效性、高效率、功能的多样性等方面，而教育技术的负价值是指教育技术的异化，表现为教育技术在教育教学过程中违背教育规律，带来师生的不当压力和反感，以及对人的创造力的抑制等。① 李世改等人也讨论了教育技术正负价值问题，② 观点相近，不再赘述。

南京师范大学的李艺教授及其研究团队发表了一系列论文讨论技术的教育价值问题。如《论技术教育价值问题的困境与出路》、③《教育领域中科学的技术价值观问题探索》、④《教育中技术的价值探讨》、⑤《教育中技术的本质探讨》、⑥《从教育与技术的关系看教育学与教育技术学的对话》、⑦《人文主义技术视角中教育与技术的"一体两面"——兼论教育学与教育技术学的对话何以可能》、⑧《技术的教育价值的实现与创造研究》、⑨《论技术·教育与人的发展——兼论教育领域的技术观》⑩等。探讨教育技术的价值问题时，该团队用强调价值哲学的作用，强调人文主义的技术哲学视角看待教育和技术的互动关系，在名称上采用"教育中的技术"而回避"教育技术"的说法。该团队沿循"技术作用于教育、使教育发生变化、进而转化为教育的本质力量"的思路确立技术的教育价值。该团队将技术与人的关系视为"你中有我，我中有你"的辩证关系，认为"从人类的进化过程看，技术与人在逻辑上可分，但在形式上不可分……技术并非'人之外'的存在，而是一直处于'人之

① 杨瑛霞、田爱奎、夏天、张际平：《从技术哲学看教育技术的内涵与本质》，《电化教育研究》2007 年第 3 期。

② 李世改、李红梅：《技术哲学视野下的教育技术哲学》，《电化教育研究》2007 年第 3 期。

③ 李艺、颜士刚：《论技术教育价值问题的困境与出路》，《电化教育研究》2007 年第 8 期。

④ 颜士刚、李艺：《教育领域中科学的技术价值观问题探索》，《中国电化教育》2008 年第 4 期。

⑤ 单美贤、李艺：《教育中技术的价值探讨》，《开放教育研究》2008 年第 4 期。

⑥ 单美贤、李艺：《教育中技术的本质探讨》，《教育研究》2008 年第 5 期。

⑦ 李美凤、李艺：《从教育与技术的关系看教育学与教育技术学的对话》，《中国电化教育》2008 年第 1 期。

⑧ 李美凤、李艺：《人文主义技术视角中教育与技术的"一体两面"——兼论教育学与教育技术学的对话何以可能》，《开放教育研究》2008 年第 2 期。

⑨ 颜士刚：《技术的教育价值的实现与创造研究》，博士学位论文，南京师范大学，2007 年，第 134 页。

⑩ 颜士刚：《论技术·教育与人的发展——兼论教育领域的技术观》，《现代远程教育研究》2014 年第 1 期。

中'"。该团队认为教育对技术亦有影响："教育主体运用其智慧通过外部力量作用于技术并使教育主体的本质力量对象化于技术之中，技术因之而发生的变化。"在教育与技术的互动关系中提出教育技术化和技术教育化。在技术的价值观上属价值负荷论。教育技术化和技术教育化即是技术教育价值问题的客体主体化和主体客体化，它们是教育活动过程中不同视角的两个方面，相互联系而不可分割，是辩证的统一。

左明章在其博士论文中，通过技术价值观的分析，提出教育技术价值的本真意义在于促进人的发展，教育技术价值的本质乃是发展价值，必须从促进人发展的角度设计与使用教育技术，人的发展既是教育技术的价值起点，也是教育技术价值最终实现与否的判断依据。教育技术的一切设计、开发、应用、推广等活动，都必须将人的发展放在最首要的位置，评判每一个教育技术产品、工具和活动，都是以人的发展作为唯一的价值尺度。[①]

二　教育技术领域关于"价值观、价值取向"的研究综述

价值观，是人对事物的价值特性的主观反映。教育技术价值观是主体对教育技术价值的主观认识和反映。桑新民在价值论上把技术看作既可造福人类又可危害人类的"双刃剑"，主张以辩证思维来把握人与技术的关系，[②]虽然他没有深入阐述其教育技术价值观，但其处理人与技术关系时的辩证思想为教育技术价值观的确立提供了宏观层面的指导。李芒在《论信息技术的教学价值》一文中，着重讨论了信息技术教育应用中的价值观问题。他把技术价值观概括为三种，即技术乐观主义、技术悲观主义和技术中立主义，而对信息技术在教学中应用的基本认识，也就是这三种价值观的反映。"技术乐观主义者认为，科学技术的发展历来是人类的福音，信息技术与以往的各类技术一样将会给人类带来更大的福祉，更有效的生存方式和更高度的个人尊严；技术悲观主义者认为，科学技术的本质始终是一把双刃剑，信息技术不可能逃逸出已

---

①　左明章：《论教育技术的发展价值——基于技术哲学的审视》，博士学位论文，华中师范大学，2008 年，第 15—16 页。

②　桑新民：《技术—教育—人的发展（上）——现代教育技术学的哲学基础初探》，《电化教育研究》1999 年第 2 期。

有技术的宿命，应用技术势必造成人的主体性丧失；技术中立主义者认为，科学技术本无社会属性，它仅仅是一种人用来实现自己价值的手段或工具体系，而其价值基础不在于技术属性而决定于人的理智和德性。"通过对这三种价值观开展的理论分析和现实检视，李芒把自己定位为一个"有限的乐观论者"。① 所以，他的信息技术教育应用的价值观其实是稍稍偏向技术乐观主义的，只是，"反思的巨大力量"使他的态度极其审慎。

国内教育技术中研究价值取向的文章亦不多，仅有 8 篇论文，涉及教育技术、教育信息化、远程教育、移动学习终端设计、师范生教育技术素养、开放教育人才质量、教育技术实践、教育资源数字化等几个方面。

李康在《论教育技术的价值取向和发展周期问题》一文中指出，西方"科学主义"和"人本主义"思潮在教育技术的价值取向上形成鲜明的对立。科学主义思潮在教育技术领域的典型表现就是"工具至上"的理念。这种理念就是过高地看待技术手段在教育及人的发展中的作用，甚至认为某种工具手段是推动教育改革和发展的根本动力。其代表性的观点就是"媒体决定论"或"媒体替代论"。"人本主义"思潮对待现代媒体技术教育应用的基本理念就是"工具有害"论。这种理念往往把技术、工具看成了奴役人、束缚人性发展的怪物。将人与工具、人性与技术割裂开来，对立起来。技术、工具成为人的发展和人性完善有百害而无一利的东西。其代表性的观点就是"媒体否定论"。只有建立正确的教育技术观和价值取向，才能避免教育技术发展中的"上升—跌落—低谷—再次上升"的周期性问题。②

张喜艳③等人在研究农村基础教育信息化绩效评估时，将其价值取向指向"以人为本"。研究指出，基础教育信息化评估应将人，即教育信息化的参与主体——学生、教师、校长和社区居民愿望和要求作为教育信息化绩效评估的衡量标准，将校长、教师、学生和社区居民的利益

---

① 李芒：《论信息技术的教学价值》，《电化教育研究》2007 年第 8 期。

② 李康：《论教育技术的价值取向和发展周期问题》，《中国电化教育》2006 年第 7 期。

③ 张喜艳、解月光、高嵩：《以人为本：农村基础教育信息化绩效评估的价值取向》，《中国电化教育》2014 年第 12 期。

和全面发展作为农村基础教育信息化建设评估工作的出发点和落脚点。王慧[①]等人也研究了教育信息化的价值取向，研究者对美国等四个国家教育技术计划的发布历程进行了系统的梳理，分析出教育信息化核心价值取向——"以人为本，重学习、减负担、促发展"。同时，将教育信息化的核心价值取向分为微观、中观和宏观三个层面，建立了教育信息化核心价值取向模型图，为落实《教育信息化十年发展规划（2011—2020年)》，研究教育信息化核心价值观提供理论上和实践上的借鉴。

罗江华在其博士论文《教育资源数字化的价值取向研究——基于西部四地两个现代远程教育项目的考察》中，提出教育资源数字化应以实现基于生命独特性的数字化教育为旨归，树立适当的"硬件、软件与潜件"应用观，在应用实践上，应当注重教育人力资源的核心作用，立足于学生生存与生长的需要，关注儿童的生活世界，并将本地的传统文化资源融入学校的数字化课程体系之中。[②]彭坤明阐释了远程教育的价值取向，他指出，民生问题构成了社会发展与人本发展的结合点，也是远程教育社会价值与人本价值的相融点。关注民生、改善民生，使远程教育社会价值取向与人本价值取向实现了内在的相融和高度的一致。[③]李兴敏等指出，未来教育技术学发展的实践价值取向集中在以下四个方面：改变教育技术人员观念和学生学习心理，促进信息技术与课程整合向深层次持续发展，改良我国的教育文化生态，构建中华教育云网以实现教育资源整合及优化配置。[④]詹青龙等指出，移动学习终端设计时应抛弃原有的"技术为中心"的价值取向，而转变为"以学习者需求为中心"的价值取向。[⑤]叶正茂等对开放教育人才质量标准的价值取向作了研究，他从宏观、中观和微观三个层面阐释开放教育人才的价值取向，即注重个体，兼顾社会的价值取向；知识、能力并重，和谐发展的

---

① 王慧、聂竹明、张新明：《探析教育信息化核心价值取向——基于美国"国家教育技术计划"历史演变的研究》，《中国电化教育》2013年第7期。

② 罗江华：《教育资源数字化的价值取向研究——基于西部四地两个现代远程教育项目的考察》，博士学位论文，西南大学，2008年，第135—138页。

③ 彭坤明：《民生问题与远程教育的价值取向》，《中国远程教育》2009年第7期。

④ 李兴敏、刘运祥：《未来教育技术学发展的实践价值取向》，《开放教育研究》2010年第5期。

⑤ 詹青龙、黄荣怀：《移动学习终端设计的价值取向和方法》，《中国远程教育》2009年第10期。

价值取向；人文和科学并举的价值取向。① 傅德荣②等人虽以 "价值取向" 为题研讨了信息技术教育问题，但其核心观点则是关注信息技术教育中的元认知培养，无法归结为严格意义的价值取向研究。

三　教育技术领域关于 "以人为本" 的研究综述

教育技术领域与 "以人为本" 相关的研究体现在以下三个方面：一是对教育技术 "人文关怀" 的研究，包括对教育技术理念的人文反思，关注教育技术实践中人的因素以及人之情感、道德的问题；二是从技术哲学的视角，对教育技术本质的再认识，对教育技术异化、工具理性的批评；三是教育技术建设中 "软硬并重" 思想的逐渐兴起等。

1. 对教育技术 "人文关怀" 的研究

（1）对教育技术理念的人文反思

周宗伟指出，科技给教育技术带来一系列弊端的根源在于人文精神的缺失，崇尚科技与人文的融合，实现科技与人文的平衡发展是教育技术的时代命题。③ 吴兵等指出应树立以人为本的教育技术理念，在教学中充分运用现代教育技术的优势，以促进学生身心全面发展。④ 李祺等提出了以人为本的技术理念，指出技术是人与设备协同运作的产物，而以人为本的教育技术理念则是注重人的因素和人类的智慧，这种理念可很好厘清当前教育技术发展中的学科定位、学科建设、人才培养等方面所存在的诸多问题。⑤ 任伯江则指出信息技术可刺激学生交流，促进合群精神，加强学习兴趣，提高学习效能，但它的背后还是 "人" 与 "仁"。⑥ 蒋家傅在梳理从文艺复兴至当代西方哲学中经验—理性主义的演变脉络的基础上，从历史唯物主义的角度去探讨现代教育技术学应如

---

① 叶正茂、刘华锦：《试析开放教育人才质量标准的价值取向》，《现代教育技术》2009年第11期。

② 傅德荣、王忠华、蒋玲：《信息技术教育的价值取向——基于元认知的视角》，《中国电化教育》2013年第10期。

③ 周宗伟：《关于教育技术的人文反思》，《电化教育研究》1999年第4期。

④ 吴兵、王清、陶礼平：《教育的技术化与以人为本的教育——也谈以人为本的教育技术理念》，《安徽电气工程职业技术学院学报》2008年第3期。

⑤ 李祺、李春鹏：《谈以人为本的教育技术理念》，《电化教育研究》2007年第9期。

⑥ 任伯江：《教育·传意·技术的整合：人为本教与学的反思》，《电化教育研究》2009年第11期。

何扬弃后现代主义，来实现以人为本的教育理念。他指出，以网络技术为代表的现代教育技术，能使学生更快速、方便、自由地与社会和他人交流，能提供多视角诠释的学习环境和多样化评价标准，以削弱现有权力话语对学生的制约，更有助于培育他们推动社会进步的创造力和批判精神，使之既更多地体现了以人为本的教育理念，又推动了教育实践最终实现"每个人的自由发展是一切人的自由发展的条件"这一理念在当代的新发展。① 熊芝娟将人本主义作为教育技术的哲学基础，并在此基础上，指出教育技术应用于教学过程中，人本不仅要"以学生为本"，还要"以教师为本"，就是要做到"双本"教学，并提出"教学设计时要考虑以人为本的思想"的观点。② 刘秀等在批判技术主义取向和人本主义取向两种教育技术观的合理性及其不足的基础上，提出教育技术发展的新取向应该是技术主义与人本主义相融合。③ 李政涛在《为人的生命成长而设计和发展教育技术——兼论教育技术学的逻辑起点上》中，立足教育与技术的互动关系，探讨技术与教育的相互影响。"技术时代对于教育的最大影响，不是带来了多少新的教学技术和工具，不是改变了教学的程序和方法，而是改变了人，改变了教师和学生的生存方式和生存状态"，这种改变包括课堂时空、师生交往、感知方式以及生存尺度；而教育对技术的改变则是，丰富完善技术视野中的"技术人"的素质结构，同时为教育技术学的应用提出新的评价尺度——"评价的关键不是教师或学生用了没有，用得熟练不熟练？而是对人的培养有什么帮助？"文章最后，李博士指出，教育技术的逻辑起点就是"设计教育存在，就是设计和促进人的生命成长"。④ 朱京曦主张关注"技术的人文特性"，用具体的教育技术应用案例反正技术价值中立的谬误，在批判"技术等同于媒体"的基础上提出"要促进教育技术向更高水平发展，就必须树立科学与人文相统一的技术观，关注人的发展比关注

① 蒋家傅：《以人为本：后现代语境下对教育技术的历史唯物主义思考》，《电化教育研究》2005 年第 8 期。

② 熊芝娟：《从"以人为本"的视角思考教育技术》，《软件导刊》2008 年第 3 期。

③ 刘秀、邓晖：《教育技术发展的新取向技术主义与人文主义的融合》，《现代远距离教育》2007 年第 5 期。

④ 李政涛：《为人的生命成长而设计和发展教育技术——兼论教育技术学的逻辑起点上》，《电化教育研究》2006 年第 12 期。

技术的发展更重要，只有高水平的教学人员才可能创造性地设计和组织高水平的教学活动，并在新的教学活动中充分体现技术的教育价值"。①

（2）关注网络环境下人的情感因素

情感是人类重要的精神活动之一，是人的素质和潜能的重要组成部分，它对人的身心健康、事业发展有着不可估量的作用，情感教育也因此成为各级各类的教育中的重要环节。早在 1987 年，南国农先生就在阐明其"大电教"思想时指出，"大电教既管第一课堂，也管第二课堂，既重视认知因素，也重视非认知因素（兴趣、情感、意志、态度等），既重视知识的传授，也重视能力和情感的培养"。② 南先生在构建教育技术（电化教育）的理论基础时强调人本主义，他指出"人本主义的核心理念为强调个性与创造性的培养，强调教学生如何自我实现，可通过媒体激发学生的情感"。③ 新世纪以来，学者们已经把网络时代的情感教育作为一个重要课题进行研究。当前情感教育的研究分为两大类，一为如何在信息化的环境下，借助情感因素促进有效的教育、教学；二为如何在信息化（网络化）的环境下，培养学习者的情感因素。具体涵盖以下几个方面：其一，网络（远程）教育（教学）中的情感缺失和交流障碍；其二，网络（远程）教育（教学）中的情感教学设计和教学策略；其三，信息技术课程教学中情感教育目标的解读与实现；其四，信息技术与课程整合中的情感教育。梳理文献后亦发现，教育技术界对信息化环境中情感因素的研究萌芽于 20 世纪 80 年代中后期，但随后的十几年间并没有得到较多关注，直至 2004 年之后才逐年攀升，这与 2003 年高中三维一体新课标的推出密切相关。

（3）关注信息道德教育

在人的诸多素质中，"德"往往被放在了首位。德育历来为学校教育的重要组成部分，包含爱国主义、集体主义、人道主义、社会公德、民主与法制等方面的内容，其目的是使受教育者的品德达到所要求的总体规格。从梳理文献可发现，尽管早在 80 年代初，南国农先生已分别

---

① 朱京曦：《论人文技术哲学视野下的教育技术观》，《电化教育研究》2007 年第 5 期。
② 南国农：《教育现代化的必由之路》，高等教育出版社 2000 年版，第 99 页。
③ 南国农：《电化教育与学校教育现代化建设》，《电化教育研究》1997 年第 1 期。

从教学①和教材编写②的角度指出电化教育中德育的重要性，并在另外一篇文章中将"电化教育与优化德育过程"列为"20 个 90 年代我国电教科研的重点课题之一"。③但遗憾的是，2003 年之前教育技术界对德育问题的关注并不多。从文献来看，较早研究信息道德的是沙勇忠、王怀诗，他们在《信息伦理论纲》一文中，针对信息技术所带来的个人隐私、知识产权、计算机犯罪、网络色情等问题，呼吁信息伦理，并剖析了信息伦理的概念、结构、功能，以及信息到伦理的规范，④是较早呼吁信息道德并对其进行基础性研究的论文。蒋汉耘在分析网络社会的特点、网络社会给道德带来的潜在危机，结合国外对信息道德的重视，指出，在我国大中小学当中开设的计算机、网络课程中，学的只是技术理论，基本不探讨网络道德问题。所以，网络道德对学生们而言基本处于"道德任意"的状态。部分学生认为，计算机网络与道德问题无关，网络的使用只是知识技术问题而不存在社会道德问题等等，因此，把网络道德教育问题融入当代社会教育的系统内容之中，是当代社会发展向教育提出的新任务。⑤左明章等结合中小学信息技术教育的开展，将信息道德的视角细化至中小学，并详细剖析了中小学信息道德教育的目标和内容。⑥万力勇等在分析中小学信息道德教育现状的基础上，提出中小学信息道德教育的内容体系，并提出一系列信息道德培养策略。⑦戴炜玮则从内因和外因两个角度探讨青少年信息道德弱化的原因，并从客观和主观两个维度提出信息道德教育的策略。⑧与教育技术界对情感关注相似，直到 2004 年以后，信息道德相关研究才逐渐多了起来，这除去与 2003 年推出的新课标有关外，还与教育技术 AECT05 定义中有

---

① 南国农：《教育现代化的必由之路》，高等教育出版社 2000 年版，第 269 页。
② 同上书，第 200—210 页。
③ 同上书，第 290 页。
④ 沙勇忠、王怀诗：《信息伦理论纲》，《情报科学》1998 年第 6 期。
⑤ 蒋汉耘：《关于加强青少年在线学习的网络道德教育对策研究》，《中国电化教育》2001 年第 5 期。
⑥ 左明章、许雄：《中小学信息道德教育的目标与内容的探讨》，《中国电化教育》2002 年第 5 期。
⑦ 万力勇、许良发：《中小学生信息道德素质的内容体系及其培养》，《教育探索》2003 年第 9 期。
⑧ 戴炜玮：《浅议青少年信息道德教育》，《中国远程教育》2003 年第 11 期。

"符合伦理道德"的界定有密切关系。当前教育技术界对德育的研究主要包括以下几个方面：其一，在信息技术课堂中实施德育，包括德育目标的解读、实施德育的策略等；其二，信息技术与课程整合中实施德育；其三，利用现代信息技术更好的实施德育。前两种研究主要体现在基础教育范围内，而第三类研究则涵盖基础教育、高等教育等各个学历阶段。

如今，信息道德已经引起较大的重视，如教育部甚至颁布了《教育部关于加强中小学网络道德教育抵制网络不良信息的通知》，该通知对信息道德教育的紧迫性和重要性，并对各地教育行政部门具体做法提出了具体要求。如"各地教育行政部门要加强对中小学网络道德教育的指导，结合不同年龄段学生实际和课程教学内容，有针对性地开展相关教育活动"。"各地教育行政部门要指导中小学贯彻落实《中小学法制教育指导纲要》，重点培养学生依法使用网络的意识和行为，教育学生拒绝使用侮辱性、猥琐性、攻击性语言，自觉抵制网络不法行为，慎交网友，懂得在网络环境下维护自身安全和合法权益，增强网络法制教育的针对性"。"各地教育行政部门要定期对校园网络进行检查，指导中小学在网络服务器和计算机上安装绿色上网过滤软件，通过技术手段及时屏蔽或删除含有低俗、淫秽、暴力、反动等内容的信息和攻击性言论，做到及时发现、及时处理，使网络处在可监控状态"。"各地教育行政部门和中小学要指导班主任、心理健康教育教师通过适当方式，加强与学生的沟通交流，及时发现异常情况，对有沉溺网络、行为举止异常或学习成绩突然下降等状况的学生要及时进行疏导和教育"。"各地教育行政部门和中小学要注重家庭参与，联合家长共同做好抵制互联网和手机不良信息工作"。无论教育行政部门、学者、还是教师，都已经意识到信息道德教育的重要性，但就目前的文献来看，信息道德教育还止步于口号，具体实施中还存在很多问题。

2. 从技术哲学视角对教育技术的本真追问和理性批判

（1）对教育技术本质的理性认识

面对教育技术发展中的诸多问题，20世纪末以来，学者们探河求源，剥蕉求心，开始试图通过对"技术"的再认识来重塑我们的教育技术观，以期匡正教育技术认识上的偏颇。尹俊华指出，教育技术是人类在教育活动中所采用的一切技术手段和方法的总和。① 它分为有形（物化形态）和无形（智能形态）两大类。何克抗认为，教育技术中的"技术"包括硬软两方面的技术——绩效技术和教学设计技术就是比较典型的软技术。② 杨开城认为教育技术是育人技术及其创新整合的技术，是一个以育人为目的的方法论体系，教育技术绝非一般的物质技术，而是一种与教育教学系统同质的知识技术。③ 汪基德从《辞海》中对技术的本质解释出发，指出技术是技能、工具和方法的集合。工具属于物化技术，是硬技术；"技能"和"方法"属于智能技术，是软技术。④ 对"技术"认识的提高丰富了对教育技术的认识，也证实了教育技术绝非仅是物化要素，"技术至上"的教育技术恰恰是过度关注了其物化一面的结果。教育技术必须是物化和智能两种形态技术的有机整合，"技术"必须和"人"结合起来。这种认识与南国农先生的"电教姓'教'不姓'电'。电化教育的对象是人，不是物"⑤ 的观点相一致。而在此认识嬗变的过程中，注重个性与创造性的发展、强调以学生为中心的人本主义学习理论和建构主义学习理论受到教育技术领域的青睐，并为教育技术关注人的发展提供心理学基础。亦有研究者从教育技术研究的视角提出人本化回归，如叶新东等人指出，未来课堂研究有两大转变为社会性回归和人的回归，而研究取向上"人的回归"需要重点关注"人"与其学习环境（智能技术、云技术、交互技术、视频技术等）的整体研究；而"社会性回归"则需要关注学习共同体的交互、参与、会话、亲和力等。⑥

（2）对教育技术主体的追问

主体教育是一种基于主体哲学对教育培养人才规格以及对教育活动

---

① 尹俊华：《教育技术学导论》，高等教育出版社1996年版，第66页。

② 曾兰芳：《关于教育技术的本质及其学科的发展——访我国教育技术著名专家何克抗教授》，《开放教育研究》2003年第2期。

③ 杨开城：《一种教育技术学的研究方法——技术人造物缺陷分析法》，《中国电化教育》2005年第8期。

④ 汪基德：《中国教育技术学科的发展与反思》，中国社会科学出版社2008年版，第95页。

⑤ 南国农：《教育现代化的必由之路》，高等教育出版社2000年版，第105页。

⑥ 叶新东、陈卫东、许亚锋：《未来课堂研究的转变：社会性回归和人的回归》，《远程教育杂志》2012年第3期。

的认识，是一种教育观念或教育哲学思想。我国教育理论界对主体教育的研究轨迹为，20 世纪 80 年代探讨师生主体客体关系，90 年代深入讨论教育的主体性和主体性教育，目前则走向主体间性的主体观。教育技术界对主体性的讨论是在吸收教育界主体性研究成果的基础上展开的，对主体性的追问始于 2005 年，之后学者们陆续从多个视角对其加以论述，诸多观点可分为两类：以人为主体的主体观和主体间性的主体观。当前教育技术界学者多支持教育技术"学生主体"的观点。譬如，张仙从人的主体性的概念界定出发，呼吁教育技术要唤醒人的主体意识。① 乜勇从教育技术学的主客体关系出发，指出现代教学结构中要建立"学生主体"的观念。② 李芒从教育技术是"主体技术"这一原点出发，指出应该按照一切从人出发的基本原则明确学生的主体。③ 张荣、④ 吴遵民⑤均从哲学的高度辩证地看待教育技术与人的关系，既肯定教育技术对未来教育的影响，又不能丢失人的主体性。也有学者开始从主体间性的视角去审视教育技术的主体，如张立国认同学生的主体地位，并进一步指出学生的主体性应该在"主体间"思维范式的引领下，在"主体—主导"教学结构中形成、发挥和提升。⑥ 黄海蓉⑦认为现代教育技术应用与人的主体地位的矛盾是现代教育技术发展中遇到的突出问题，依据马克思主义理论，现代教育技术应用于教育，要始终确立发展价值的核心地位，不断改革、开放、创新，从而实现教育事业可持续发展。

学者们通过对教育技术主体性的追问，将"人"从纷繁芜杂的各种技术中凸显出来，体现了对人和生命的尊重，是对工具理性的脱离，是

---

① 张仙、黎加厚：《论人的主体性与教育技术》，《开放教育研究》2005 年第 2 期。

② 乜勇：《教育技术学中的主客体理论》，《电化教育研究》2008 年第 8 期。

③ 李芒：《论教育技术是"主体技术"》，《电化教育研究》2007 年第 11 期。

④ 张荣：《论现代教育技术与人的主体性的实现》（http://www.lnedu.net/Tresearch/ShowArticle.asp？ArticleID = 3970）。

⑤ 吴遵民、张媛：《教育技术与人的主体性关系之辨析》，《电化教育研究》2007 年第 3 期。

⑥ 张立国：《从"教学结构"到学生"主体性"的培养》，《电化教育研究》2006 年第 6 期。

⑦ 黄海蓉：《以辩证观看现代教育技术与人主体性的融合》，《中学政治教学参考》2015 年第 21 期。

对人的观照与回归。

（3）对教育技术"工具理性"的批判

教育技术不仅仅是工具，更是一种意识形态，技术问题不可能只依靠技术手段来解决。人的思想、经验、意志、道德等是决定教学效果的主要因素。[①] 杨开城指出国内教育技术学存在着两种研究取向：技术应用主义和技术进化主义，技术应用主义即技术至上，由于其孱弱的知识生产能力，最终必然走向灭亡。[②] 李康亦从哲学观的角度反思科学主义的教育技术观不能辩证地对待人、工具手段和教育之间的关系，是当前教育技术实践中出现问题的根源所在。工具思维和人文思维是两种截然不同的思维取向，教育技术学者们对思维方式的批判和反思，除了倡导合理处理技术与人的关系、树立以人为本的教育技术理念之外，更是一种学科自觉行为，是教育技术学科逐渐走向成熟的表现。[③]

（4）对教育技术异化的审视

国内教育技术学者对教育技术异化的讨论刚刚开始，文章的数量不多，主要的研究思路是关注教育技术领域中的异化现象，分析其原因，并给出消解或弱化的策略。

颜士刚是国内较早关注教育技术异化的学者，他在《现代信息技术异化的根源分析及其消解的可能性》一文中指出，异化是指主体在发展过程中，由于自身的活动而产生出自己的对立面（客体），而这个客体又成为一种外在的异己的力量转过来反对自身。对于教育领域现代信息技术的异化而言，其主体显然是教育中的"人"，"现代信息技术"则是那个"外在的异己的力量"。[④] 李五洲对教育技术异化定义为，教育技术在应用于教育教学过程中出现了恶或负的价值或者教育教学的结果与教育技术应用的初衷相悖的现象。[⑤]

关于教育技术异化的表现，颜士刚指出教育技术异化具体表现为：

①　李芒：《对教育技术"工具理性"的批判》，《教育研究》2008 年第 5 期。

②　杨开城：《论教育技术学的两种研究取向》，《现代教育技术》2009 年第 4 期。

③　李康：《论教育技术领域中的哲学观》，《电化教育研究》2000 年第 3 期。

④　颜士刚：《现代信息技术异化的根源分析及其消解的可能性》，《现代教育技术》2009 年第 1 期。

⑤　李五洲：《从技术的异化谈教育技术的异化和消解》，《现代教育技术》2009 年第 11 期。

其一，现代信息技术对人的替代和否定。其二，现代信息技术对人的强迫、控制和漠视。[1] 李五洲将其归纳为：其一，形式的浮华与内容的空洞。具体表现是软件硬件的大量购买与长期闲置并存；滥用与误用并存。其二，信息的膨胀与效果的低下。在信息的狂轰滥炸下，学生只能疲于应付信息的刺激，从而产生学生认知超载、教学效果低下的现象。其三，目的的背离与技术的曲解。教育技术和教学目的（标）的地位给予颠倒，技术凌驾于目的之上，出现了为技术而技术本末倒置的现象，并且盲目追逐最新的、最先进的媒体。其四，人性的丧失与技术的枷锁。主体间过分依赖技术力量进行沟通，而忽视人与人之间直接的情感交流，人们彼此间缺乏内在的联系，产生了教育主体关系的异化。[2] 谭伟将其归结为：其一，教学设计忽视人的主体地位。其二，远程教育弱化了人的情感因素的培养。其三，教育技术应用中教育内涵和深层意义的缺失。其四，教育技术应用带来的人的关系的异化。其五，教育技术应用带来的人的能力和角色的异化。其六，教育技术对人的替代、否定、强迫、控制和漠视。[3]

对于消解策略，颜士刚指出两点：其一，符合社会需求及人的发展为目的的教育观的树立；其二，符合教育需求及人的发展为目的的技术价值观的树立。[4] 李五洲指出，正确认识教育技术在教育教学过程中的地位与作用是消解的前提；客观分析教育技术异化的成因是消解的基础；科学规划和正确引导是消解教育教育技术异化的保证；提高教育者的素质是消解教育技术异化的根本。[5] 谭伟对教育技术异化消解提出八条建议：从教育技术本身出发消解教育技术异化；完善和变革教育制度来弱化教育技术异化；用道德手段解决教育技术异化；强调教育技术活

---

[1] 颜士刚：《现代信息技术异化的根源分析及其消解的可能性》，《现代教育技术》2009年第1期。

[2] 李五洲：《从技术的异化谈教育技术的异化和消解》，《现代教育技术》2009年第11期。

[3] 谭伟：《教育技术异化的消解》，硕士学位论文，湖南师范大学，2010年，第16—22页。

[4] 颜士刚：《现代信息技术异化的根源分析及其消解的可能性》，《现代教育技术》2009年第1期。

[5] 李五洲：《从技术的异化谈教育技术的异化和消解》，《现代教育技术》2009年第11期。

动过程中的人本定位；弱化教育技术应用中的理性崇拜；确立教育技术应用中人际关系的良性互动；提倡生命化教育理念对教育技术应用的指导作用；促使教育技术上升到教育艺术。①

（5）对我国古代先哲思想的借鉴

我国古代文化博大精深，"道""技"关系的论述不同于西方的技术哲学体系，有很多先进、科学成分，其科学的成分对我国教育技术的发展具有指导意义。南国农先生曾在"2007年教育技术博士生论坛"上指出，日本学者西之园晴夫将日本的教育技术命名为"教育工学"的灵感竟来自中国北宋沈括的《梦溪笔谈》和明朝宋应星的《天工开物》。这令盲目追随、引进、跟风国外教育技术发展的国内学者们惭愧，南先生亦多次重申挖掘中国古代先哲的教育技术思想的重要性。这无论对继承中国传统文化还是对建设有中国特色的教育技术来说都具有重要意义。

然而，当前教育技术领域对古代先哲思想的挖掘并不多。从搜集到的资料来看，主要是孔子的教育思想、庄子的"道""技"思想以及《易传》的技术思想。

何克抗在解析工业社会的两大矛盾——精神文明建设与物质文明建设不同步，生态环境保护与社会经济发展彼此对立——的基础上指出，孔子的教育思想为医治这种顽症提供了最有效的综合性处方。提出了从教育入手，将社会教化和自我修养相结合，并强调德育为基础的一整套实施该综合性处方的可操作性方案，最后又以孔子教育思想指导下的基础教育改革新方案（改革的目标是要由"应试教育"转向全面提高国民素质）作为实际案例，对这一综合性处方的实用性与有效性作了进一步的论证。该文虽然没有明确指出孔子的教育思想对教育技术发展的指导作用，但文中"重视德育"、"重视社会教化、自我修养"的观点带给"重技术、轻人文"的教育技术很多启示。②

马周周是国内将庄子思想与教育技术联系较多的学者。他早在

---

①　谭伟：《教育技术异化的消解》，硕士学位论文，湖南师范大学，2010年，第40—59页。

②　何克抗：《当代教育改革路在何方——孔子教育思想给我们的警示（一）（二）（三）》，《电化教育研究》2006年第10、11、12期。

2002 年的时候，就通过比较《庖丁解牛》与教育技术的异同，指出教育技术今后的发展需要 "中外、古今相结合；技术与方法相结合；教与学相结合；技与艺相结合；技与美相结合；技与道相结合"。① 他在《教育技术之技、艺、道》一文中，通过探索技、艺、道的 "源" 和 "流"，确立教育技术的技术观、美学观和哲学观。② 他在《〈庄子〉蕴含的教育技术思想探秘》一文中指出，庄子的教育思想隐喻在一个个故事中，并以《庖丁解牛》为例，分别从 "经验之塔"、"行为主义"、"认知主义"、"建构主义"、"人本主义" 的角度对其进行解读，并将庖丁解牛的过程当做一种教学模式进行剖析。文章还指出，庄子对媒体的功能也辩证对待，指出对于那些缄默知识（隐性知识），媒体不是万能的，是无能为力的。同时，庄子的思想体系中还蕴含着教育目的与教育技术的关系的论述，并指出 "教育技术是为技术而技术呢？还是为了教育，为了育人呢？二者孰轻孰重是正确教育技术观的分水岭。在教育技术实践和现实的教育活动中，今人往往是为了技术而技术，而忽视了技术的真正目的——教育和育人"。③ 他在《美国 04 教育技术转向庄子教育技术的阐释》一文中指出，美国 04 教育技术定义正在向我国庄子的学说靠拢，而这种靠拢有着 "东学西渐" 的时代背景、坚固的逻辑基础和天然的内在联系——"后现代主义"。并且指出教育技术 04 定义中的 "符合伦理道德的实践"、"提高绩效的研究"、"创造"、"合适的技术" 是与《庄子》思想相通的地方。④ 他在《美国教育技术转向的重要启示》一文中指出，美国教育技术转向带来的启示有以下几点：我们教育技术界当务之急，就是要补上祖国优秀传统文化这一课；走自己的路，创自己的品牌；发扬光大优秀文化遗产，吸取精华，弃其糟粕，古为今用，推陈出新，建设有文化底蕴、别具一格的中国特色的教育技术；教育技术不是单纯的技术问题，而是教育问题，归根结底是文化问题，将其与祖国的优秀文化紧密联系在一起。⑤ 他在《庄子教育技术哲

---

① 马周周：《〈庖丁解牛〉与教育技术及其哲学思考》，《电化教育研究》2002 年第 9 期。

② 马周周：《教育技术之技、艺、道》，《电化教育研究》2004 年第 5 期。

③ 马周周：《〈庄子〉蕴含的教育技术思想探秘》，《电化教育研究》2007 年第 9 期。

④ 马周周：《美国 04 教育技术转向庄子教育技术的阐释》，《电化教育研究》2008 年第 6 期。

⑤ 马周周：《美国教育技术转向的重要启示》，《电化教育研究》2009 年第 3 期。

学诠释》一文中指出,《庄子》蕴含着丰富的教育技术哲学思想,庄子对技术本质的认识和伟大导师马克思的著名论断十分相似;而在技术的价值上,庄子属于典型的价值负荷论,即认为技术并不是一种中性的方法和手段,而是特定社会中人的价值的一种载体;庄子还对"教育技术在呈现隐性知识上无能为力"以及"技术的异化问题"有着清醒的认识;庄子的教育技术发展论既不是技术决定论,也不是社会建构论,而是人本主义的发展论;庄子的教育技术哲学涉及技术与人、技术与目的、技术与道、技术与艺术、技术与教育等。在这些关系中,人是关系的中心,技术是其纽带,教育是其重点。①

陈列尊等也曾在分析庄子的"技""道"关系的基础上指出,教育技术之"道"既是技术之"道",更是教育之"道"。而教育技术之"技"则是由方法、技能和工具三大要素有机结合的整体,教育技术之"技"必须服务于教育之"道",借助"技",不仅要建构知识与发展能力,更要建构与领悟人自身存在的意义与价值,既要面向未来,也要珍视现在,提升生命的质量。"技"是实现"道"的途径,"道"是"技"的归宿,必须以"技"体"道"、以"技"明"道";而"道"是"技"的灵魂,必须以"道"统"技"、以"道"升"技",最终实现"道技融合,技道合一"。②

赵慧臣在分析《易传》的"道器说"、"观象制器说"、"开物成务说"、"裁成辅相说"的基础之上,指出《易传》的技术思想对教育技术有着重要的启示作用。这种启示表现在如下几个方面:道器合一:技术应用与教育规律要辩证统一;尊重规律与能动创造结合:技术制作中人的主体作用;变革中推广:发挥教育技术事业服务社会的功能;化而裁之:构建生态学习资源。③

3. 教育信息化建设中"软硬并重"、"以人为本"思想的逐渐兴起

教育信息化是教育技术的重要研究内容和实践形式。随着对教育技

①　马周周:《庄子教育技术哲学诠释》,《电化教育研究》2010年第9期。

②　陈列尊、张登玉:《庄子技道观对教育技术的启迪与反思》,《现代教育技术》2009年第4期。

③　赵慧臣、张舒予:《〈易传〉蕴含的技术思想对教育技术的启示》,《电化教育研究》2009年第4期。

术认识上的深入，教育信息化建设中"重硬轻软、技术至上"现象逐渐好转，"软硬并重"、"以人为本"思想逐渐兴起，并被越来越多的教育信息化建设主体认同。

在20世纪90年代中后期，教育信息化发展中出现了一些新的概念，诸如潜件、积件、人件、活件等，这些概念是对"软硬并重"思维转型的具体体现。潜件是南国农先生于1996年提出来的与硬件、软件相对应的一个概念，它是指电化教育（教育技术）的理论和方法。① 积件产生于20世纪90年代中后期，指不带有设计者教育思想，以知识点为基本制作单元的素材，它打破课件固化的缺陷而使得重用成为可能，实践时既可实现资源共享又可充分发挥使用者的积极性和创造性。② 时下风靡全球的微课则是积件在"视频重塑教育时代"的新变式。人件最早是程序设计领域的一个专业词汇，而后逐渐发展为凡是与人有关的任何事物，诸如管理、组织发展、个性、模型、工具、方法、过程、人机交流等都可以归于人件。③ 教育技术领域的人件取其后来之意。而活件④则是有些学者提出的与人件意义相同的一个概念。对于潜件，尽管南先生并没有开宗明义地将其指向"人"，但这一提法跳出硬件、软件的二元思维，将教育技术（电化教育）建设开创性指向"第三件"，本身就是一种创造，况且潜件所指代的教育理论和方法本身就极具人文意蕴。对于资源建设而言，积件是课件的新形式，是有利于发挥使用者创造性和积极性的课件形态；而人件或活件则是指在教育技术实践的整个过程中，从多个视角关注人的因素，充分发挥人的主动性。这些名称的提出绝不仅仅是炒作概念，而是跳出狭隘的工具理性桎梏后向"人"的一种靠拢。

在当前如火如荼的各类教育信息化建设中，"以人为本"的思想逐渐兴起。如孙圆媛等人提出在教育软件的设计与制作中，要体现人性化

---

① 南国农：《面向21世纪的中国电化教育》，《电化教育研究》1996年第3期。

② 姚孟君：《从课件到积件》，《开放教育研究》2002年第2期。

③ 周中云：《基于人件组织理论的课件开发团队策略探索》，《中国电化教育》2007年第11期。

④ 石新茂：《目前教育技术硬件和活件建设中的问题及思考》，《科教文汇》2006年第11期。

的思想，以彰显教育技术的人文价值。① 孟祥宇等人提出，当前的数字化校园建设应"以人为本"，应当将"能够为各类人群提供最大程度的服务"作为衡量标准。② 杨永林等人指出，在数字化教学平台设计时，应通过顶层设计，协调"技术精巧"与"人文关怀"的关系，破解"费时低效"难题。③ 梁柏桦等人"用物联网架构建立人性化多媒体管理系统"，"在教学服务过程中体现人性化、高效率、无差错的管理"。④ 吴筱萌在研究"教育信息化校际不公平"问题时，提出"教育行政管理部门应该以'以人为本'作为策略设计原则，利用信息技术，通过采用提供适切的资源、建立合作的机制、培育参与的文化等应用策略，促进区域内校际间公平的改善"。⑤ 黄荣怀⑥在推进"教育信息化"建设时，开宗明义地指出应"以人为本"，等等。

第二节　国外相关研究综述

由于美国的教育技术在全球范围内一直处于领先地位，因此，对国外教育技术研究现状的梳理更多的指向美国的教育技术。然而当笔者以"educational technology"、"value"、"value – Orientation"、"People Oriented"等关键词在"万方外文文献数据库"、"开世览文"中的"EDUCATIONAL TECHNOLOGY RESEARCH AND DEVELOPMENT"、"Educational Technology"等美国的专业杂志中组合查询时，却几乎查不到一篇完全相关的文章。这似乎与美国教育技术的研究偏好——重实证研究、问题研究、应用研究，而不太关注学科和教育技术基本理论问题——有

---

① 孙圆媛、石映辉：《人性化与智能化——教育软件的未来》，《中国教育技术装备》2006 年第 8 期。

② 孟祥宇、全江涛、张鹏：《"以人为本"的数字化校园建设分析》，《中国科教创新导刊》2012 年第 32 期。

③ 杨永林、刘进：《"技术精巧"与"人文关怀"视角下的大学英语教学》，《现代教育技术》2012 年第 7 期。

④ 梁柏桦等：《用物联网架构建立人性化多媒体管理系统》，《物联网技术》2013 年第 6 期。

⑤ 吴筱萌：《以人为本的区域教育信息化促进校际公平应用策略研究》，《中国电化教育》2015 年第 3 期。

⑥ 黄荣怀：《以人为本推进教育信息化》，《中国教育报》2015 年 5 月 26 日，第 11 版。

很大关系。其他学者的研究也佐证了笔者的观点。如吕巾娇在对美国博士学位论文分析时发现"美国教育技术学博士论文的研究类型主要集中在实验研究、解释性研究和调查研究上。同时，解释性研究所占的比例在逐年增大。开发研究有105篇，占总数的11.23%，理论研究则更是少之又少"。① 任友群曾指出："从教育技术研究的发源地美国来看，实证研究一直是该领域的主要方法。"② 祝智庭等人通过对教育技术研究相关的学术论文词频分析发现，美国教育技术当前较多的关注"基于网络的教育技术研究"、"基于ICT、Computer的教育技术研究"和"Knowledge + 知识的传授"，而情感、哲思、人文的关注较为缺失。③ 这也印证了Winn（1989）的说法，"就目前而言，教育技术学研究人员将研究重心与兴趣置于应用性研究，而不是基础性研究"。④ 南国农先生亦指出，"美国的教育技术，重问题研究，喜欢用其他相关学科的理论去解决实践领域中的问题，他们对建构本学科自身的基本理论和理论体系不感兴趣"。⑤

当然，美国教育技术的实证研究倾向并不是说其不关注人，事实上，美国的教育技术是非常关注"人"的，只是这种关注不同于我国的宏观的、哲学的视角，而是基于中观的、微观的、形而下的视角——"以学生为中心、以教师为主导的教学"、"对伦理道德的重视"、"关注儿童的健康成长，为儿童构建良好的网络环境"、"对心理学的借鉴"，当然也包括对教育技术作用的批评和反思等。具体体现在以下几个方面。

一　教学中以学生为中心、以教师为主导，关注全体人的发展

美国长期以来一直深受杜威学生中心论的影响，教育技术的应用，

① 吕巾娇：《从美国博士学位论文的摘要看教育技术的研究》，《中国远程教育》2006年第10期。
② 任友群：《理论实践方法——21世纪第二个10年中国教育技术研究的趋势展望》，《电化教育研究》2010年第9期。
③ 祝智庭、黄景碧、王觅：《教育技术研究国际动态透视》，《电化教育研究》2010年第8期。
④ 刘美凤：《中国教育技术学学科发展面临的问题和对策》，《中国电化教育》2003年第10期。
⑤ 南国农：《教育技术理论研究的新发展》，《电化教育研究》2010年第1期。

使这一思想得到了进一步的落实与升华，这一点应归功于教学设计。诚如 AECT1994 定义中所说，"教学技术（教育技术）对整个教育科学领域的最大理论贡献来自于它的设计范畴……"教学设计自其诞生以来便是美国教育技术的核心，以至于现在还有学者将这一领域称为"教学设计与技术"。无论是 ID1 还是 ID2，"学习者分析"一直是教学设计的中心环节之一，并且是后续环节的必要基础。而建构主义学习理论指导下的教学设计，不仅强调以学生为重，还强调教师的指导作用，教师是教学过程的组织者、指导者。事实上，以学为中心的教学设计的每一个环节（如情境创设、协作学习、会话交流和意义建构），若想要取得较理想的学习效果，都离不开教师的认真组织和精心指导。以学生为中心，并不意味着教师责任的减轻和教师作用的降低，而是恰恰相反——这两方面都对教师提出更高的要求。

颜辉指出，美国的教育技术不仅体现在科学处理师生的"主导—主体"的师生关系上，还表现在对"全体学生的关注"，即教师要对全班学生的成长负责，根据学生不同的特点，对他们提出各不相同的建议和期望，使每个学生的学习能力都得到最大程度的发挥。[①]

而这种关注体现在美国教育技术的学术研究中，如吕巾娇指出，美国的教育技术博士论文关注的群体非常广，除去 K–12 的学生、大学生、教师外，还包括学习有困难的学生、妇女、幼儿、黑人、残疾人、移民学生等弱势群体，或一些特殊的群体，如医学人员、军人、牧师、科研人员、农民、文艺创作者等。[②]

二　对伦理、道德的重视

"伦理"这一概念蕴含着西方文化的理性、科学、公共意志等属性，"道德"则蕴含着更多的东方文化的情性、人文、个人修养等色彩。伦理道德影响着人的心理结构，是完整人格的组成部分。教育技术领域内伦理、道德的研究涉及科技伦理、职业道德等方面的内容。芬恩（James Finn，1953）曾指出，专业道德规范的制定和强有力的执行是一

---

① 颜辉：《当代美国教育技术》，中山大学出版社 2003 年版，第 195—196 页。
② 吕巾娇：《从美国博士学位论文的摘要看教育技术的研究》，《中国远程教育》2006 年第 10 期。

个行业的六大准则之一。事实上，美国教育技术领域有着关注伦理、道德的传统。

美国计算机协会的八条伦理道德和行为规范是：为社会和人类作出贡献；避免伤害他人；诚实可靠；公正而无歧视性行为；尊重版权和专利权；尊重知识产权；尊重他人隐私；保守秘密。

再如，美国计算机伦理协会制订的"计算机伦理十戒"，具体内容为：你不应该用计算机去伤害他人；你不应该干扰别人的计算机工作；你不应该窥探别人的文件；你不应该用计算机去偷窃；你不应该用计算机作伪证；你不应该使用或拷贝未付钱的软件；未经允许不应该使用别人计算机资源；不应该盗用别人的智力成果；慎重考虑所编程序的社会后果；慎重使用计算机。

另外，一些机构还明确划定了被禁止的网络行为，如南加州大学的网络伦理声明中指出六种被禁止的网络道德行为类型：有意造成网络交通混乱或擅自闯入网络及相联系系统；商业性或欺骗性地利用大学计算机资源；侦察资料、设备或智力资源；未经允许接近他人文件；在公共用户场所引起混乱或破坏的行为；伪造电子邮件信息等。这些戒律或规则在内容上十分接近，指明了"应该"或"不应该"的网络行为类型，具有网络伦理规范和行为认同的普通一致性；使人在进入网络和使用网络服务器时有了较明确的规则，在尊重知识产权和他人隐私权以及正确的网络伦理和道德标准方面发挥了明显的作用。①

当 AECT 还是全美教育协会（National Educational Association）的一个组成部分即视听教学部（Division of Audio Visual Instruction）的时候，协会就已经有了关注道德规范的准则。当时的准则包含三大部分，共22 条，第一部分是"对个人负责"（commitment to the individual），第二部分是"对社会负责"（commitment to society），第三部分是"对职业负责"（commitment to the profession）。② 当前该《准则》已于 2001 年获得修订，修订后的《准则》包含"对个人的承诺（9 条）"、"对社会的承

---

① 罗冰眉：《网络信息安全与网络伦理道德建设》，《西南政法大学学报》2002 年第 3 期。

② ［美］巴巴拉·西尔斯、丽塔里齐：《教学技术：领域的定义和范畴》，乌美娜、刘雍潜等译，中央广播电视大学出版社 1999 年版，第 167—168 页。

诺（6 条）"、"对本专业的承诺（10 条）"，共计 25 条。[①] 而这种重视在 AECT05 定义中体现得更为深刻，"伦理道德" 作为关键词之一出现在该定义体系中。

20 世纪 80 年代以来，美国教育改革发展方向之一是 STS（科学、技术、社会）教育。STS 教育基于科学、技术与社会的结合，其教育目标主要表现在三个方面：个人发展目标主要强调对科学技术的公众理解，发展学生的价值观念和伦理观念以及学会适应未来的学习能力；社会目标主要强调社会生活中互相合作、互相关心以及扩展个人对社会的理解；文化目标主要强调从历史、哲学、文化的意义上来理解科学、技术与社会，同时注重培养学生从不同文化的角度来把握科学、技术和社会之间的关系。STS 教育理念的推进使得教育技术也逐渐重视技术应用的人文关怀，重视学生的道德、社会、文化、情感、意志、性格等非智力因素，以及合作精神与创新意识等方面的素质培养，在教育技术的设计、开发和应用过程中体现人文精神，让学生通过技术学习知识和技能的同时，还能够培养其健全的人格和社会意识。

除去学校教育之外，美国教育技术领域还存在着一个重要而又十分活跃的研究和实践舞台——绩效技术。[②] 而绩效技术领域内的许多专业人员，特别是一些领袖人物，如 Roger Kaufman、Harold D. Stolovitch 等都在职业道德方面进行了研究和探索，而职业道德无疑是道德的一个重要组成部分。

Harold D. Stolovitch（1990）等提出了绩效技术实践者的十二条价值规范：（1）客户是我们的专业伙伴和朋友。绩效技术是一个关于 "人的绩效" 的实践领域，绩效技术专业人员与客户之间和谐与写作的关系以及开放的对话与沟通是确保双方长期合作的基础和根本保证。（2）我们承诺忠于客户的最根本利益，用最佳成本—效益的方案满足客户的需求。（3）与我们的服务成本相比，我们将提供给用户超过投入成本的更大的价值。（4）我们以伙伴关系服务于客户，绝不允许任

---

① ［美］艾伦·贾纳斯泽乌斯基、迈克尔·莫伦达：《教育技术：定义与评析》，程东元、王小雪、刘雍潜译，北京大学出版社 2010 年版，第 250—251 页。

② 梁林梅：《教育技术学视野中的绩效技术研究》，华中师范大学出版社 2009 年版，第 1 页。

何对客户造成威胁的方法或行为。（5）我们以最高的伦理标准和职业道德规范来指导实践。诚信及高绩效标准使客户对我们充满信心。（6）绩效技术的专业实践应该基于科学研究的成果及前人实践的经验。（7）绩效技术同时关注领域内专业人员个体的专业发展和成长。（8）我们的目标是建立最大限度的客户自我发展与完善机制，而不是对外部咨询的长期依赖。（9）我们支持、鼓励客户的自我发展和成长。（10）我们既欣赏自己的成功，又主动承担失败及其所引发的一系列后果。（11）我们主动迎接各种挑战，以扩展我们的能力和实力。（12）我们遵守自己的承诺。[①]

Roger Kaufman（2000）提出绩效技术专业人员要关注于客户真正的需求，应从只是关注组织的成功转向同时关注组织对客户、对社会的价值与贡献，组织对社区与社会的价值与贡献是组织未来成功的关键，是衡量绩效技术专业人员实践的最根本的原则和基础。[②]

ISPS（2003）提出了绩效技术的六条职业道德规范：（1）为客户增加价值（Add Value）；（2）能够验证的实践（Validated Practice）；（3）协作（Collaboration）；（4）持续的改进（Continuous Improvement）；（5）正直诚实（Integrity）；（6）保守机密（Uphold Confidentiality）。[③]

三　关注儿童的健康成长，为儿童构建良好的网络环境

随着互联网的普及，儿童接触网络的机会非常多，根据国际儿童网的看法，目前儿童在网络遇到的危险主要有三类：（1）联系性危险（Contact Danger），指通过网络聊天和电子邮件等交互方式，某些人可以联系上儿童，从而引诱或者伤害儿童。（2）内容性危险（Content Danger），指儿童接触到不适宜的内容，包括有关色情、种族歧视和种族仇恨、暴力等文字、图片和影像资料等。（3）商业性危险（Commer-

---

① Harold D. Stolovitch and Erica J. Keeps, *Handbook of Human Performance Technology*, 2rd edtion, San Francisco: Jossey - Bass, 1999, pp. 689 - 691.

② Roger Kaufman, "Thriving and Not Just Surviving: New Directions for Tomorrow's Performance Improvement Managers", *Educational Technology*, NO. 7, July, 2000, pp. 23 - 27.

③ 梁林梅：《教育技术学视野中的绩效技术研究》，华中师范大学出版社 2009 年版，第 139—140 页。

cialism Danger)，指儿童隐私受到商业行为的侵犯。①

　　美国政府针对这一问题，致力于让儿童拥有安全健康的网络环境。1995 年以后，儿童网络安全保护的问题在美国政坛、教育、教育技术和商业领域里是一个备受关注的热点问题。到 1998 年，问题的讨论终于有了结果，美国政府制定了《儿童在线保护法案》②和《儿童在线隐私保护法案》，③后来又于 2000 年 12 月增设了《儿童互联网保护法》。④以上这三个法案的通过和实施，给美国儿童网络保护提供了较为全面的法律保障。

　　构建良好的网络环境，保护网络环境中儿童的健康成长，为儿童营造良好的数字化环境，以确保其健康、安全成长，体现了美国教育技术对人的关怀。

四　关注教育技术在残疾儿童教育中的应用

　　美国教育技术应用不仅仅面向健康儿童，更被用来促进残疾儿童的学习与发展，面向残疾人的教育技术甚至被称为福祉技术（Assistive Technology），受益于福祉技术的是那些带有残疾的个体，包括天生残疾的和后天伤残的。美国在残疾儿童教育中推动技术的发展已有近 20 年的历史。早在 1997 年 5 月，美国国会通过了《残疾人教育法案》的修订，该法案以改进特殊儿童的学习成就为重点。该法案添加了一项条款，要求个别化教育计划团队考虑是否需要为儿童提供福祉技术设备和服务。到了 1998 年，美国国会对《1973 年康复法案》进行修订，通过了 508 条款修正案，它要求联邦机构于 1998 年 8 月 7 日让他们的电子和信息技术能为残疾人士所用。而到了 2004 年，美国颁布《辅助技术法案》，该法案直接规定了支持残疾发展的福祉技术（Assistive Technology Devices），并将其定义为"任何一种商品化、修改过或者特制的，能够增加、维持和改进残疾人各方面功能的东西、设备或者产品"。⑤利用技术对残疾人的支持，反

---

①　http：//www. childnet – int. org.

②　http：//www. copacommission. org/commission/original. shtml.

③　http：//www. coppa. org/thelaw. htm.

④　http：//www. ala. org/cipa/law. pdf.

⑤　张宝辉、林苹苹、田党瑞：《理解为残疾人学习的教育技术：福祉技术（Assistive Technology）——访谈约翰霍普金斯大学学者约翰·卡斯特兰尼》，《现代远程教育研究》2013 年第 4 期。

映了美国的公民意识、人权意识，体现着美国在教育技术利用时的人文情怀。

五　技术应用中对心理学研究成果的借鉴

从教育技术的发展史来看，心理学理论尤其是教育心理学理论为教育技术的形成和发展奠定了基础。从 20 世纪前半个世纪的行为主义学习理论，到 20 世纪中期以后的认知主义学习理论，再到后来的建构主义学习理论，它们对学习的认识及提出的教学原则和方法，对教育技术尤其是教学设计的影响无疑是深远的，心理学学术背景的学者也一直是教育技术研究群体的重要组成部分。心理学研究成果对教育技术的学术研究影响颇深，不仅借鉴心理学的理论成果，效仿心理学的研究方法，更有些研究的内容直接指向计算机、网络环境下学习者的动机、自我效能感、焦虑、学习风格、社会存在感等心理学问题，如美国教育技术博士学位论文常会研究"计算机生成的有动画的文本幻灯片对知识的短时记忆的影响"和"异步计算机会议作为高等教育课堂教学的补充：学习者特征对用户对交互量的满意度的影响"[1] 等问题。

心理学是一门研究人的心理活动的规律的科学，教育技术学与心理学的历史渊源使得教育技术与"人"产生了"绑定"的关系。对心理学理论的借鉴使得教育技术关注学习者的个体差异、学习风格、认知特点、学习动机等心理因素，进而能够合理地设计媒体、设计教学策略以达到良好的学习效果。从心理学的视角来看，美国的教育技术对"人"无疑是相当关注的。

六　对教育技术的质疑与批评

尽管教育技术对教育、教学带了很大变革，但在美国教育技术界，对其在教育教学中的作用的质疑却从未间断。在教育技术发展史上，虽有"视觉教学运动"一时之盛，但据 McChuskey 指出，虽然该领域继续发

---

[1] 吕巾娇：《从美国博士学位论文的摘要看教育技术的研究》，《中国远程教育》2006 年第 10 期。

展,但整个教育界受这种发展的影响不大。① 截至 1930 年,视觉教学运动的投入和商业损失达到 5000 万美元。针对无线电广播的作用,Cuban 亦指出"无线电广播在教学实践中的影响甚微"。② Clark 是对媒体的作用否定得比较彻底的学者,他通过媒体比较研究表明,不管采用何种手段,学生的学习效果没有明显区别。并主张把研究的焦点放在教学方法上,而不是放在媒体上。③ 针对媒体的教学效果,Cuban 也曾指出,"当一种新的媒体进入教育领域时,关于它对教学实践的影响,一开始人们抱有很大的兴趣和热情,但是,这种热情和兴趣最终又消退了,有关的研究证明,这种媒体对于教学实践的影响很小"。④ 针对计算机在教学中的影响,美国学者进行了相关调查。调查显示到 1995 年为止,虽然在美国的学校里,平均每 9 个学生就拥有一台计算机,但计算机对教学实践的影响仍很小,有相当数量的教师声称他们很少或从不把计算机用于教学目的。而在很多情况下,计算机的运用根本没有创新性。⑤ 网络远程教育是随着因特网的普及而发展起来的一种基于技术的新型教育形式,然而 Hawkridge 指出,网络远程教育虽然能在一定程度上体现教育公平,但"这种教学的成本效益问题仍然有待商榷"。⑥《美国在线周刊》的编辑 Todd Oppen – heimer 在 1998 年的美国出版者协会学校分会(The Association of American Publishers School Division)的年会上发表演讲时指出:"在过去的几十年中,技术确实改变了教育的方式,现在的计算机和技术显然对学生的学习有益,但是计算机削弱了学生的自我创造性也确实存在。而传统的课本也许能够更好地激发学生自己创作故事和充分应用想象力。"《剑桥多媒体学习手册》主编 Richard E. Mayer 博士在批评"媒体/技术中心"的研究思

---

① McCluskey, F. D, "DVD, DAVI, AECT: A long view", InJ. W. Brown & S. N. Brown (Eds.), *Educational media yearbook*: 1981, Littleton, CO: Libaries Unlimited, 1981.

② Cuban, L, *Teachers and machines: The classroom use of technology since 1920*, New York: Teacher College Press, 1986.

③ Clark, R. E, "Media will never influence learning", *Educational Technology Research and Development*, Vol. 42, No. 2, February 1994, pp. 21 – 29.

④ Cuban, L, *Teachers and machines: The classroom use of technology since 1920*, New York: Teacher College Press, 1986.

⑤ [美] R. A. 瑞泽、J. V. 邓普西:《教学设计和技术的趋势与问题》,王为杰等译,华东师范大学出版社 2008 年版,第 30 页。

⑥ Hawkridge, D, "Cost – effective support for university students via the web?" *Association for Learning Technology Journal*, Vol. 6, No. 3, March 1999, pp. 24 – 29.

想时指出，"媒体/技术中心"导致了 20 世纪教育技术的发展形成了一个"被寄予对教育进行革命的巨大期望→在学校中大规模实施尖端技术→数十年后被证明期望落空"的怪圈。[①] 美国教育和通信技术协会（AECT）的现任主席 J. Michael Spector 也曾总结美国教育技术的发展教训，"利用技术促进教育是需要高投入的，但是效果不一定明显……对于一些利用传统手段的、并且已经证明有很好的教学效果，我们没有必要去用新兴技术"。[②] 正是这些批评的声音，让教育技术从业人员有了鞭策的动力，让教育技术学在批评和反思中前进。

第三节　国内外已有研究评述

一　国内相关研究综述小结

国内现有文献对教育技术价值问题的研讨，为教育技术价值问题的讨论找到了哲学依据。技术哲学关于技术具有自然属性和社会属性的分析、关于技术的正价值和负价值的认识、关于技术价值中立或技术价值负荷的讨论，等等，都成为现有文献讨论技术的教育价值的哲学依据，并据此得到了许多有意义的结论。这为进一步深入讨论教育技术的价值取向问题指明了方向并打下了良好的研究基础。

国内现有文献对教育技术的反思与批判，彰显了哲学批判的深刻性。批判意识与批判精神是哲学的根本性特点，哲学引入教育技术研究领域，其价值绝不仅仅在于辨析"技术"与"教育技术"的概念与内涵，而是突出地表现为对教育技术领域批判意识与批判精神的培养。极具深刻性的哲学批判是教育技术研究的利器与理性之光，它武装了教育技术研究者，照亮了教育技术未来之路，帮助教育技术研究摆脱肤浅的经验总结、错误的观念意识、茫然的学科方向。"媒体中心"、"技术万能"、"技术至上"、"工具理性"、"见物不见人"，从技术哲学角度对这些错误观念的剖

---

① Mayer, R. E, "Introduction to Multimedia Learning", In R. E. Mayer（Ed. ），*The Cambridge Handbook of Multimedia Learn－ing*, New York: Cambridge University Press, 2005, pp. 1－16.

② Spector, J. M: "Trends and issues in educational technology: how far we have not come"（http: //suedweb. syr. edu/faculty/spector/publications/trends－tech－educ－eric. pdf）.

析与批判，使我们认识到，教育技术领域过往和现在的种种错误的根源，很大程度上都在于工具理性的过度膨胀和价值理性的缺失，在于对技术的膜拜和对人的漠视。如果忽视技术与人的关系，那么教育技术就会永远找不到正确的方向。

国内现有文献对教育技术人文化的反思，则为我们的研究指明了研究方向。教育技术是主体技术，对教育技术的认识不能忽视教育中的人，教育中的主体才是技术的目的和价值判断依据。教育中技术的本质是对教育系统的利人的能动性改造，是人的价值体现，是历史的、生成的。在技术、人、教育的关系中，人是目的，教育是手段，技术是环境条件：人为了生存和发展需要教育，技术服务和服从于教育发展的需要，教育提供了人和技术发展的空间。必须从人的本质力量的角度来理解教育系统的技术的价值，以"以人为本"为准则不断调节技术与人的各种具体关系，从而促进技术、教育与人的同步发展。

国内现有文献对古代先哲"道""技"思想的借鉴，则让盲目追随、引进、跟风国外教育技术发展的国内学者们惭愧。博大精深的古代先哲思想有很多科学合理的成分，其"道""技"关系、"天人合一"思想对教育技术发展无疑具有重要意义，理应成为教育技术研究的重要理论来源。舍近求远、崇洋媚外的研究倾向容易引发外来理论的"水土不服"，不利于教育技术学科的发展。

二　国外相关研究综述小结

从美国教育技术的相关研究来看，其在"师生主导—主体的关系"、"对教育技术的人文关怀"、"对教育技术理性批判和反思"这几个方面与我国当前的相关研究是相似的，而在"关注伦理、道德"、"利用技术支持残疾儿童发展"、"对心理学学习理论的借鉴"这两个方面却值得我们借鉴。美国教育技术的实践和研究，虽然没有与本研究相关的宏观的、哲学层面的基础性探讨，但其将对"人"的观照融合到具体的教育技术实践中，这为本课题的研究提供了现实参照，对本课题的研究具有重要意义。

三　已有研究的不足

尽管笔者对国内外教育技术领域内相关研究进行综述，力图系统把握领域内研究现状，但就本书的研究旨趣而言，主要是针对中国教育技术发展中的问题，研究目的更多地为我国教育技术的健康发展服务，对美国相关研究的关注更多是为了借鉴。基于上述思路，可发现国内现有的相关研究至少存有两点不足。

1. 教育技术领域中对价值取向、以人为本的讨论相对较少，亟须丰富和深化。目前国内教育技术领域与价值取向相关的研究仅有 8 篇论文，关注点涉及远程教育、移动学习终端设计、师范生的教育技术素养、开放教育人才质量标准、教育技术实践、教育资源数字化，全面论述教育技术价值取向的文章，尚没发现；对于教育技术异化问题的探讨，仅有 3 篇期刊论文和一篇硕士论文；对古代先哲思想的借鉴，仅有 9 篇期刊论文，借鉴的先哲思想也仅限于孔子、庄子、易经的思想等，大量的先哲思想尚未被挖掘；领域内人文关怀的研究虽然相对较多，甚至还不乏真知灼见，如李政涛先生提出将教育技术的逻辑起点定位于对个体生命的设计上，首次将人、将生命引入技术林立的教育技术领域，有振聋发聩之势，但就整体而言，大部分论文多停留在对教育技术"人文化"呼吁上，而缺乏深入系统的探讨，即便是李政涛教授本人，其研究旨趣主要在教育学原理，而不在教育技术，自提出"为生命而设计"的教育技术观后亦无后续论著。整体而言，对教育技术价值取向、以人为本的研究亟须丰富和深化。

2. 现有研究对教育技术实践的指导作用不够。纵观现在的教育技术价值、价值取向、人文关怀的研究，反思者众、批判者多，大多仅是揭示问题以警醒世人，告诉我们种种做法的错误之处，却很少有人告诉我们应该怎样去做才是正确的做法。仅仅停留在反思与批判阶段的教育技术，是无法告诉我们应该怎样去"改变世界"的。教育技术应在辩证对待教育技术价值的基础上，建构自己的价值取向，并寻找价值实现的途径与方法。唯有从"批判"走向"建构"，教育技术人本化研究才能真正为教育技术实践提供指导。美国教育技术领域将对"人"的观照融合到具体的教育技术实践中，值得借鉴和参考。

第三章

技术化教育技术价值取向的现实表现及归因分析

第一节 技术化教育技术价值取向的现实表现

教育技术价值取向是指价值主体依据自身的价值观念，在教育技术活动中所表现出的意识指向。具体表现为在处理教育技术矛盾、冲突、关系时所做出的一种选择。它对教育技术活动有很强的引导作用，决定着教育技术活动的成败。然而，在"以人为本"已然成为社会主流价值取向的时代背景下，业界却存在着一种与"以人为本"相对立的价值取向——技术化的价值取向。技术化教育技术价值取向违背教育技术的根本追求，将教育技术单纯地视作媒体或技术，将教育技术学科视为纯技术学科，夸大技术的教育功能，忽略主体的培养，忽略主体在技术活动的主观能动作用，没有遵循教育技术发展的必然逻辑，影响教育技术学科及教育技术实践的健康发展。

教育技术的主体是复杂而多样的，它既包括教育技术专业的学生、教师、中小学信息技术教师，也包括教育媒体设计人员、开发人员，还包括实施信息技术与课程整合的教师等。复杂的实践主体决定了技术化价值取向的现实表象也是多样的，具体体现在以下几个方面。

一 教育技术建设中的"重硬轻软"

一部教育技术发展史则是一部技术与教育的联姻史。从视听教育时期的幻灯、投影、电影、广播、录音，到20世纪50年代教育电视、教学机器，再到80年代以后的计算机、网络、多媒体技术、人工智能技术、虚拟现实技术、云计算技术等，越来越多的现代信息技术进入教育教学领域，给教育带来极大影响的同时也导致了教育对教育媒体的极大依赖，也致使教育技术视科学技术为自己的学科之本。这种认识则引发教育技术实践中对科学技术的外化物——硬件设备的过度重视。譬如，改革开放初我国电教事业重新起步阶段，从中央到地方建立了各级电教管理机构，各类高校成立了电教馆或电教中心，而这个时期"搭台子、树架子"则是电教人的活动主题。20 世纪末以降，随着教育信息化的推进，校园网、多媒体教室、网络教室、校校通、教育卫星、农远工程、班班通等各种信息化工程建设引发了新一轮的"硬件热"。[①] 有学者曾对教育信息化的投资比例进行统计，统计结果是，硬件投入超过 85%，资源建设的资金投入不足 10%，在人力资源培训方面的投入则更少，在 5% 以下。[②] 教育部对高校教育信息化建设与应用水平的调查也得出相似的结果，"硬件投资比例仍较高，软件投资不稳定，服务投资很少。参与调查的 315 所高校中，硬件投资仍占主导地位，投资比例占总体投资的 78.3%，软件和服务投资比例只占总体的 17.3% 和 4.4%"。[③] 祝智庭教授也指出："我国相关的投资比例是 9 : 0.5 : 0.5，硬件建设过度，软件建设不足，人才投资过少。"[④] 而对于教育信息化建设，国外的做法通常是，硬件、软件、人件的比例一般为 4 : 3 : 3，即 40% 是硬件，30% 是软件和资源，30% 是人才培训。[⑤] 数字明确地折射出教育信息化进程中在投资上的"重硬轻软"。作为教育技术物质基础的硬件建设本无可厚非，但认为有了"硬件"就有了"教育技术"，就解决了教育教学问题的观点却值得商榷。另外，"重硬轻软"所导致的"有路无车、有车无货"，"轻视软件应用和教师培训"，"硬件设备的长期闲置、只用来迎接或应付检查，充当门面"，[⑥] "课程整

---

① 卢锋、唐湘宁：《从教育技术学的技术化到科学发展观的确立——兼论中国教育技术学科的发展道路》，《电化教育研究》2007 年第 10 期。

② 黄荣怀、沙景荣：《关于中国教育技术学科发展的思考》，《中国电化教育》2005 年第 1 期。

③ 焦科：《高校教育信息化建设与应用水平调查》（http://www.edu.cn/20050616/3141063.shtml）。

④ 祝智庭、顾小清：《如何突破教育信息化应用瓶颈?》，《中国教育报》2006 年 3 月 6 日，第 006 版。

⑤ 解月光、孙艳、刘向永：《可持续发展：农村教育信息化的战略选择》，《东北师大学报（哲学社会科学版）》2008 年第 1 期。

⑥ 焦道利、张新贤：《贫困地区农村小学远程教育教学资源建设与应用的调查研究》，《电化教育研究》2009 年第 1 期。

合中重形式不重实效"等现象，直接导致了教育信息化的应用处于表层化[1]和低水平。[2]

二　人才标准技术化

我国教育技术发展历程中一直存在人才标准技术化的现象。譬如，20世纪 90 年代中期以前，社会检验教育技术专业毕业生的最基本标准就是看其对摄、录、编设备及计算机的操作能力和幻灯片、课件的制作能力。[3] 而 90 年代中期以来，网站建设、网络课件制作、图形图像技术、视音频技术、动画技术等则成为用人单位新的录用标准。进入 21 世纪后，中小学信息技术教师成了教育技术毕业人员重要职业之一，但当前的中小学只注重计算机能力，在招聘信息技术教师时甚至打出非计算机专业不要的口号。在笔者所做的一项调查中对此亦有佐证，调查数据显示，96.97% 的同学认为用人单位看重教育技术从业人员的实践动手能力，而看重教育理论功底的仅占 2.02%。技术化的人才标准以掌握改造世界的知识和技术的多少作为评价人才的依据，忽略了知识和技能以外的其他能力，社会对人才能力的片面追求忽略了人之发展的全面性，畸形的社会需求标准误导着教育技术的人才培养方向。

三　人才培养技能化

此处的人才培养包含两大类，一类为高等教育领域教育技术专业人才培养，另一类则是基础教育阶段信息技术课中的人才培养。在这两类人才培养中，均存在着不同程度的技能化倾向。

教育技术专业在人才培养过程中重"技术"轻"教育"的做法有多种表现，譬如，很多院校在课程设置上将教育理论课程大大压缩，甚至搞几次专题讲座就算了事；有些院校把教育理论课程开设成了公选课，且在专业培养过程中过分强调技能的培养，忽视思维的训练和素质的提高；还

---

　　① 辛蔚峰、刘强：《迅速采纳与缓慢应用——教育系统中信息技术"吸收裂痕"探究》，《电化教育研究》2008 年第 10 期。
　　② 雷彬：《对教育信息化发展现状的思考及建议》，《中国教育信息化》2008 年第 7 期。
　　③ 卢锋、唐湘宁：《从教育技术学的技术化到科学发展观的确立——兼论中国教育技术学科的发展道路》，《电化教育研究》2007 年第 10 期。

有一些学校为了使培养的学生能够找份工作，干脆把教育技术学专业办成了工程技术类，而把"教育"两个字作招牌来用。① 专业培养上重"技术"轻"教育"的做法直接导致教育技术专业学习者在学习倾向、学习专业知识的时间分配、未来的专业发展等方面都有明显的偏重技术的倾向。笔者在调查中发现，对于"教育教学理论、各种媒体技术，您更喜欢什么"的问题，65.66%选择"各种媒体技术"，"两者都喜欢"的占24.24%，而喜欢"教育教学理论"的仅占6.40%。在"专业学习的时间分配"上，51.85%的"学习技术的时间多一些"，"二者的时间差不多"的为19.53%，而"学习教育教学理论的时间多一些"的仅占17.51%。对于"专业知识取向"上，希望拥有"超强的媒体开发能力、超强的媒体的应用能力"的学生为88.89%，选择"扎实的教育理论功底"的学生仅占8.08%。对于"考硕士或考博士时选取的方向"，选择"媒体的设计与开发"的占62.96%，而选择"教育技术理论研究"的仅占8.75%。大量的数据向我们展示当前的教育技术专业人才培养上存在着"技术化培养"的取向，正如桑新民教授所言，"当前教育技术专业在培养人才方面存在的一个严重误区……大有变成一门纯技术学科、一项纯技术工作的危险"。② 弃学科的应然追求而不顾，一味地迎合社会的外在需求，教育技术学专业以偏概全，把人培养成懂得多种计算机技术的技术工人，而对专业的另一基石——教育理论却知之甚少，这是教育技术专业人才培养上的误区。

人才培养技能化在基础教育阶段突出地表现为"中小学信息技术课程技能化"。我们知道，20世纪80年代初我国开始在基础教育阶段试行信息技术教育（计算机教育），2000年在北京召开的"全国中小学信息技术教育工作会议"拉开了全国范围内开展信息技术教育的序幕。自此，我国中小学信息技术教育进入了新的篇章，信息技术教育也成为教育技术学人才培养的五个主要方向之一。信息技术课程是信息技术教育的重要形式。然而在信息技术课程教学中却存在"为技能而技能"的现象，在不

① 卢锋、唐湘宁：《从教育技术学的技术化到科学发展观的确立——兼论中国教育技术学科的发展道路》，《电化教育研究》2007年第10期。
② 桑新民：《技术—教育—人的发展（上）（下）——现代教育技术学的哲学基础初探》，《电化教育研究》1999年第2、3期。

同的发展阶段有不同的表现,"计算机文化论"时期表现为"为语言而语言","计算机工具论"时期表现为"为工具而工具"。① 教材内容主要包含程序设计语言、计算机系统和各种软件,教学过程则是对软件和程序的讲解与操练,教学评价则依据学生对技术的掌握程度。信息技术课程培养学生信息素养的使命被异化为单纯的计算机技能,信息意识等信息素养的其他要素却常常被忽略或遗忘。

四 信息道德教育的缺席

恩格斯曾指出,"每一个阶级、甚至每一个行业,都各有各的道德"。确然,在信息行业也有与之相对应的信息道德。信息道德是指人们在信息活动中应遵守的伦理道德规范,它是信息社会调节人与人之间以及人与社会之间、人与自然之间的关系的信息行为规范的总和。良好的信息道德是置身于信息社会中每个个体必备的基本素养。信息道德教育是培养青少年信息道德品质,使其养成遵守信息行为规范习惯,并使其信息行为能力与社会的文明和进步总目标相协调的唯一途径。尽管,在中国电化教育滥觞期——教育电影阶段,"注重国民道德"② 已成为教育电影取材、国内电影比赛的标准之一。我国电化教育泰斗南国农先生早在20世纪80年代确立电教教材编写原则时,便要求电教教材能"发展学生的能力、培养学生的思想品德、促进学生的体力发展,……有益于学生个性的全面发展"。③ 教育部原部长陈至立在2000年10月召开的"全国中小学信息技术教育工作会议"上亦指示:"在推进教育信息化的全过程中,要克服单纯技术观点,加强对学生使用信息技术的人文、伦理、道德和法制的教育,培养学生鉴别信息真伪的能力和负责任地使用信息技术"。但令人遗憾的是,信息道德教育仍然是教育技术发展中的一块短板,和人才培养技能化一样,这种缺席在教育技术专业人才培养和中小学信息技术教育中均不同程度地存在着。

---

① 朱彩兰、李艺:《信息技术课程技能化倾向原因分析与对策研究》,《教育探索》2005年第3期。

② 郭有守:《中国教育电影协会成立史》,载孙健三《中国电影,你不知道的那些事儿——中国早期电影高等教育史料文献拾穗》,世界图书出版社2010年版,第246—274页。

③ 南国农:《教育现代化的必由之路》,高等教育出版社2000年版,第200—210页。

　　教材是向学生传授知识、技能和思想的材料。教材通过预设内容而决定教学内容、教学活动和教学进程。教材中包含的信息道德内容在一定程度上影响着信息道德教育的实施与开展。为此，笔者曾对教育部高等学校教育技术学专业教学指导委员会为规范专业培养而指定的八门主干课程教材（黄荣怀主编的《教育技术学导论》、何克抗主编的《教学系统设计》、李芒主编的《学与教的理论》、王以宁主编的《教育媒体理论与实践》、谢幼如主编的《教育技术学研究方法基础》、何克抗主编的《信息技术与课程整合》、陈丽主编的《远程教育学基础》和江北战主编的《教育技术项目实践》）进行内容分析，以期从某一侧面反映出教育技术学专业信息道德教育情况。经汇总、处理，八门主干课程中包含信息道德内容的情况如表3-1所示。

表3-1　　教育技术学专业八门主干课程教材包含信息道德情况汇总统计表

课程名称	次数	分布页数	总页码	总页码与次数比例	分布章数	总章数	分布章数与总章数比例（％）
教育技术学导论	9	8	167	18.6：1	4	6	66.7
教学系统设计	3	3	271	90.3：1	3	8	37.5
学与教的理论	4	4	181	45.25：1	2	4	50
教育媒体理论与实践	3	3	423	141：1	3	8	37.5
教育技术学研究方法基础	4	4	264	66：1	4	10	40
信息技术与课程整合	10	9	297	29.7：1	5	7	71.4
远程教育学基础	2	2	325	162.5：1	1	8	12.5
教育技术项目实践	3	2	275	91.67：1	1	16	6.25

　　有学者指出，信息道德教育包括以下内容：（1）科学理解信息技术与人、社会、自然的关系，形成正确的价值观；（2）不浏览、制作、传播淫秽、反动、违法作品或信息；（3）不窥视、传播他人隐私信息；（4）尊重他人的知识产权，遵循科学研究的道德规范；（5）做到信息诚信，不发布虚假信息；（6）尊重他人财产权，不借助信息技术损害他人利益；（7）不干扰他人计算机网络工作；（8）倡导道德自律，培养"慎

独"精神；（9）承担信息责任和义务；（10）形成良好信息职业道德。①
为了研究需要，笔者将汇总的信息道德文本与信息道德教育的十项内容对
应分析，同时，为了统计方便，1—10 项内容分别用 A、B、C、D、E、
F、G、H、I、J 表示；对于那些没有与上述十项内容相对应、仅是对信息
道德做一般性解释或是对信息道德教育进行口号式倡导的文本，则用 X
来表示。八门主干课程教材包含的信息道德教育内容类型统计如表 3 – 2
所示。

表 3 – 2　　　八门主干课程教材包含信息道德教育内容类型统计表

内容类型	次数	占总次数比例（%）	内容类型	次数	占总次数比例（%）
A	3	7.89	G	0	0
B	3	7.89	H	2	5.26
C	1	2.63	I	4	10.53
D	5	13.16	J	1	2.63
E	0	0	X	21	55.26
F	0	0			

通过分析，发现教育技术专业主干课程教材在信息道德教育方面存在
的最为突出的问题有两个，一是"包含信息道德内容少"，二是"信息道
德内容不完整"。"包含信息道德内容少"是现行八本主干课程教材的共
同问题，也是最为突出的问题。在八本教材中，包含次数最多的为《信
息技术与课程整合》，有 10 次，其次是《教育技术学导论》，有 9 次，其
余几本教材均不超过 5 次，包含次数最少的为《远程教育学基础》，全书
仅有 2 次。"总页码和出现次数的比例"用来表征"出现 1 次信息道德内
容的平均页数"，该比例似乎更能说明这个问题。由表 3 – 1 可知，在八
门教材中，只有两本教材的该项比例低于 30∶1，最低的《教育技术学导
论》比例为 18.6∶1，《信息技术与课程整合》以 29.7∶1 的比例紧随其
后，除去这两本教材外，其余的均在 40∶1 以上，高于 90∶1 以上的就有
四本，最高的则达到 162.5∶1，也就是说，多本教材中每 90 多页甚至

① 汪基德、郝兆杰、赵万霞：《教育技术学专业主干课程教材建设问题探析：信息道德教育的视角》，《现代远程教育研究》2011 年第 5 期。

160多页才会出现一次与信息道德教育相关的内容。在动辄几百页、数十万字的教材中，包含信息道德的内容真是少之又少，而此状况势必会影响到该专业教学中的信息道德教育的开展。"信息道德内容不完整"是本套教材中又一突出问题，由表3-2可知，在信息道德教育十项内容中，出现最多的是"尊重他人的知识产权，遵循科学研究的道德规范"，八门教材中共出现5次，占总出现次数的13.16%。出现次数次之的是"承担信息责任和义务"，八门教材中共出现4次，占总出现次数的10.53%；而对于"科学理解信息技术与人、社会、自然的关系，形成正确的价值观"、"不浏览、制作、传播淫秽、反动、违法作品或信息"，各出现3次；"倡导道德自律，培养'慎独'精神"出现的总次数为2次；"不窥视、传播他人隐私信息"、"形成良好信息职业道德"各出现1次；而对于"做到信息诚信，不发布虚假信息"、"尊重他人财产权，不借助信息技术损害他人利益"、"不干扰他人计算机网络工作"这三项信息道德教育内容则从未出现过。"信息道德教育内容不完整"亦成为该套教材另一突出问题。

同时，笔者亦对初中信息技术教材进行内容分析。对于初中信息技术教材，笔者选择了河南科学技术出版社2008年出版的一套教材（七年级上、下册和八年级上、下册）。通过对教材分析，笔者发现，技术学习占有的比重很大，对信息道德培养问题虽然有了一定的涉及，但涉及面不够，且过分集中。

教材中涉及信息道德的内容主要集中在第七册上的"信息技术基础"这一单元模块中。本单元中仅有两课涉及信息道德内容，分别是第一课"活动三"中涉及"信息安全和计算机使用的道德规范"，第八课的"活动三"中则提及计算机病毒相关信息。具体内容如下：

"为维护计算机系统的安全，在计算机使用中要遵守以下道德规范：（1）不传播有害信息。（2）不制造、传播计算机病毒。（3）不窃取他人的系统信息资源。（4）在计算机网络及通信过程中，不破译他人口令。（5）不蓄意破坏他人的计算机系统设备及资源。上网时，要遵守'青少年网络文明公约'，即：要善于网上学习，不浏览不良信息，要诚实友好交流，不侮辱欺诈他人；要增强自护意识，不随意约会网友；要维护网络安全，不破坏网络秩序；要有益身心健康，不沉溺虚拟时空"。（资料来

源：河南科学技术出版社 2008 年出版的信息技术第七册上，"信息技术基础"单元，第一课，第 7 页）

"计算机病毒的破坏力很大，但只要提高安全意识，加强预防工作，可以减少计算机病毒的危害。（1）不非法复制软件。（2）经常更新杀毒软件的版本。（3）对重要数据及时进行备份。（4）对来历不明的磁盘和光盘要进行防毒检查。（5）不打开来历不明的电子邮件。（6）不浏览不良网站。（7）邮件中含有附件时，把附件下载到硬盘上用杀毒软件检查后再打开"。（资料来源，河南科学技术出版社 2008 年出版的信息技术第七册上，"信息技术基础"单元，第八课，第 53 页）

除此之外，这四册书中包括的便是"信息技术基础，Internet 的应用，Word 2003 的使用，Excel 2003 的使用，Powerpoint 2003 的使用，Flash MX 的使用，用 FrontPage 2003 制作网页，Photoshop CS2 的使用"等技术性内容，绝少提到信息道德及计算机使用规范相关内容。

虽然教材中关注信息道德内容只是信息道德教育取得实效的必要条件，而非充分条件，但是教材毕竟是培养学生信息道德的重要载体，倘若此载体中信息道德严重缺席，那么现实教育教学中信息道德教育将很难得到保证，进而使得学习者的信息道德水平没有保证。倘若人们的道德水平长期跟不上信息技术的发展，将会导致信息活动的混乱、无序，不道德行为频繁发生。

五　教育软件制作过程中的"炫技"

教育软件是指根据教学目标设计的，表现特定的教学内容，反映一定教学策略的计算机教学程序。[①] 教育软件虽然具备计算机软件的一般性特征，但教育教学性却是其核心属性。然而，当前的教育软件却更多的"追踪最新的系统平台和开发技术"，"内容呈现也从单一文字到图文并茂，一直到多媒体的综合运用"，[②] 但是形式上的花样翻新却"远不能满

---

① 方海光：《我国教育软件价值评测研究》，博士学位论文，中国科学院成都计算机应用研究所，2006 年，第 14 页。
② 孙圆媛、石映辉：《人性化与智能化——教育软件的未来》，《中国教育技术装备》2006 年第 8 期。

足教育改革与发展的需求"。① 教育软件制作过程中的"炫技"现象严重。笔者参与的一次教育软件开发经历是此问题的典型例证。2004 年笔者加入一精品课程制作团队，负责制作华中师范大学《化学分析》这门课程的精品课程课件。如今省思那段制作经历，会发现课件开发过程带有明显的炫技倾向。其一，制作团队用当时非常流行 Flash 架构整个课件——事实上 Flash 在框架架构上并不具备技术优势；其二，与 Authorware 相比，Flash 在课件交互性上并不占优，当时为了制作出某些交互效果，运用了大量的 actionscript，大大增加编程的难度；其三，Flash 在呈现字体时有一定的技术缺陷——特殊字体呈现时会出现线条不清晰的现象，制作团队为了获得最佳的呈现效果，把每一个页面都用 Photoshop（支持多种字体的正确显示）制作成图片，虽然获得最佳的视觉效果，但无疑增加了工作量；而最为致命的问题却是，导致课件内容的可修改性极差。由于过于倚重技术，而忽略了教学设计的部分，使得最终课件成品，虽然视觉效果不错，交互性尚可，但教学性、开放性都受到了极大的限制。无独有偶，雅虎网 2011 年 12 月 12 号刊登的一则教育新闻中谈道，"云南楚雄州民族中学教师许新一听一个同行上《边城》，整个课件足足有 60 多张 PPT，又是图片又是音乐，还配上大段大段的解说词，不亚于一个电视短片。但他发现，关于情景交融、含蓄心理描写等教学重点却被忽视了；学生没有时间品读原著，更无从体会文字的独特魅力"。② 教育软件所要解决的，就是如何运用信息技术灵活多样的表达手段，调整传统教学模式，实践现代教学思想，这是其根本依归。倘若过于倚重技术，未将现代教育理念融入其中，偏离了教育教学目标，忘记了其培养学生促进学生发展的根本宗旨，那么制作出来的教育软件将是多种先进技术的堆砌，将是课本资源的搬家，这样的教育软件势必无法满足课堂教学的需要。

六　教育技术人的"新技术热"

所谓新技术是指在人类生产实践活动中，新近发展起来的，为了解决

① 孙圆媛、石映辉：《人性化与智能化——教育软件的未来》，《中国教育技术装备》2006 年第 8 期。

② 王柏玲：《个别教师对信息技术依赖》（http://edu.cn.yahoo.com/ypen/20111212/752672.html）。

一些原有技术所无法解决的问题或者是为了让解决问题的"成本"下降、价值提升而产生的技术。① 新和旧是时间轴上两个相对的概念，在某一个时间段内某技术是新技术，而在另一个时间段内它则被新发明的技术超越而成为旧技术，技术发展史就是新旧技术的变迁史。所谓"新技术热"是指热衷于将新兴技术引入到教育教学中的现象。教育技术界热衷追逐"新技术"的绝不占少数。有学者对这类技术追逐者进行了惟妙惟肖的描述："一旦没有新的技术出现，他们就会感到无所适从，而新技术一出现，他们就必然会对其趋之若鹜，欢呼她的到来，对她顶礼膜拜，满怀敬意。旧的技术被他们打入了'冷宫'，他们将更多的爱转向了新的技术，他们在新技术研究中投入了许多的人力、物力、财力，然而当更新的技术出现的时候他们的'聚焦点'又偏移了，喜新厌旧成为了一种习惯，长此以往，他们就会陷入了一个永无休止的恶性循环体系中……"② 刘美凤博士也曾指出，"每当出现一种新的媒体，伴随着对它及其教育应用的研究，都会在教育技术领域形成一股'先进媒体热'，比如 20 世纪 70 至 80年代的'幻灯热'、'电视热'，90 年代的'计算机媒体热'，以及如今的'网络热'"。③ 郑小军也曾指出，过去的教育信息化十年，教育技术人太过于热衷通过频繁引进新媒体、新技术引发一波又一波"信息化热"（"新媒体、新技术热"），而忽视了通过大量的实践和长期的应用研究对新媒体、新技术进行完全的"消化吸收"，忽视了将"信息化热"转变为教学常态，即新媒体、新技术、新理念融入日常教育教学，与学科教学进行深度融合。"实践超前、理论滞后、研究空泛、支撑乏力、轻率冒进"和"追新取向、喜新厌旧、浅尝辄止"应该成为过往"教育信息化十年"最宝贵的经验教训，值得教育技术人反省和深思。④

对于教育技术研究中这种追逐新技术的突出现象，笔者亦深有感触，微博的应用便是一个鲜活的例证。众所周知，微博自 2007 年已引入国内，但其真正发展成网络新贵则要始于 2009 年 8 月开始公测的新浪微博，是

---

① 刘刚、吴明超：《解读教育技术人的新技术研究热现象》，《中小学电教》2011 年第 4 期。

② 同上。

③ 刘美凤：《教育技术学学科定位问题研究》，教育科学出版社 2006 年版，第 2 页。

④ 郑小军：《从"信息化热"到教学常态：教育技术人的范式转变》，《中小学信息技术教育》2013 年第 10 期。

新浪真正把微博推向大众视野，"忽如一夜东风来，千人万人围脖戴"，微博在改变传播渠道、刷新媒体格局的同时，也引来一批研究者。一般而言，杂志刊发的论文数量能在一定程度上折射出某问题研究的冷热程度。从中国期刊网中论文检索可知，2009 年标题中含"微博"的论文数为 43 篇，其中 1 篇为微博在图书馆中的应用，2 篇为研究微博的传播特性；而到 2010 年，标题中含"微博"的论文数已达 862 篇，其中教育教学类文章开始出现，达 49 篇，涉及微博的教育特性、在语言教学中的应用、在语文教学中的应用、在思想教育中的应用、在图书馆中的应用等；而截至 2016 年 3 月 31 号，标题中含"微博"的论文数已达 29216 篇。在类似井喷似的关乎微博的文章中，教育教学类的文章增长也是非常迅猛的，目前关于教育、教学的文章则达到 1714 篇，单 2014 年一年就达 352 篇。而这种迅猛势头再现了博客刚刚出现的研究盛况，只是现在博客的研究已经式微，它已经被"喜新厌旧"的"新技术热"们抛在脑后。慕课研究更突出地反映这一问题，似乎有过之而无不及。2012 年慕课首次引入我国，该年度仅发表 4 篇论文，到了 2013 年则发表论文约 290 篇，2014 年发表论文 1200 余篇，而 2015 年全年发表慕课类论文多达 2700 余篇。国内教育领域尤其是教育技术领域，掀起了一阵疯狂的"慕课热"。而微课、翻转课堂等的研究也正经历着同样的发展模式。

其实新技术被积极应用到教育教学中的做法本无可厚非，只是"新技术热"们并未对新技术进行深入思考，缺乏实际应用，或者浅尝辄止，便得出结论，便将研究视野投向下一个新技术。这种急功近利的做法使得他们的研究旨趣聚焦于技术的更替，而较少思考技术作用的主体，本末倒置的做法甚至会让人怀疑其研究结论的科学性。同时，盲目跟踪新技术，容易引发技术应用的浮躁之风，导致应用、研究"低水平重复"，这有悖于教育科学研究戒骄戒躁、脚踏实地的应然追求。

七　教师的技术依赖

教学是教师有目的、有计划、有组织地引导学生积极自觉地学习和加速掌握文化科学基础知识和基本技能，促进学生多方面素质全面提高，使他们成为社会所需要的人的活动。现代教育技术引入的初衷是为了优化这种人才培养活动，然而，部分教师在此过程中却表现出一定程度的"技术依赖",出现"一盘在手（光盘或优盘），学年无忧"的现象。而结果则是"一旦多媒体设备出现了问题，教师便手足无措，甚至根本不能完成基本的教学任务"。[①] 东莞市莞城二中的语文老师李园香也指出："在语文课堂中，为了激发学生的学习兴趣，越来越多的教师主动将影视、图片、视频、动画大量引进课堂。甚至走向没有媒体就无法上课的极端。"[②] 李政涛博士也讲述过他的一次经历，"我曾经在一所学校里听一堂语文课，语文老师设计了精致的多媒体课件。正准备上课时，突然停电了，教师登时就懵了，四处求人帮忙，期待着重新来电，等待时间长达二十分钟之久，电还是没有来，于是教师颓然宣布：本堂课取消"。[③] 上海交通大学熊丙奇教授在《大学教师为何患上"PPT 依赖症"》中称，"几年前，我曾收到一封学生的来信，信件开宗明义，我们真想把学校的多媒体教室砸了！……多媒体养了太多懒汉教师，以前上课教师还要在黑板上板书，推导公式，现在上课就放 PPT，对着 PPT 照本宣科"。[④] 据笔者在某高校所做的一项调查显示，对于"讲课过程中，若停电或多媒体课件坏了，是否会影响到您的教学？"，选择会的则达到 63.4%。也就是说，倘若技术出现故障，将有近 2/3 的教师无法正常上课，对于技术依赖型教师，现代教育技术非但没有为课堂插上翅膀，反倒成了束缚教师发挥主动性的"枷锁"，先进的教学手段沦为教师教学水平"退化"的温床。对于教师教学水平的退化，笔者在访谈中也发现，有的被访者指出，由于多媒体课件内容全面，照着课件念就可以了，不要教师做板书，不需要教师有丰富适当的肢体语言，不需要教师做太多的设计，久而久之，自己的教学技能就有些退化了；有些老师甚至明确地指出，对于青年老师尤其是刚入职不久的老师，最好不要一开始就全盘用多媒体上课，这样无益于其教学技能的提升。

---

① 王传习、郭红梅、詹来宇：《高校教学莫患"课件综合征"》，《光明日报》2006 年 6 月 21 日，第 007 版。

② 李园香：《图像化时代：文学教育的尴尬》，《语文教学与研究》2003 年第 11 期。

③ 李政涛：《为人的生命成长而设计和发展教育技术——兼论教育技术学的逻辑起点》，《电化教育研究》2006 年第 12 期。

④ 熊丙奇：《大学教师为何患上"PPT 依赖症"》，《科学时报》2009 年 10 月 20 日，第 5 版。

八　教育技术学术研究中的重"技"轻"教"

学术研究是借助已有的理论、知识和经验对科学问题的假设、分析、探讨和推出结论，是一种文化自觉行为，学术研究的趋势和偏好是理论和实践之趋势与偏好的映射。由本书第一章中的相关文献综述可知，对人文的关注已经逐渐进入教育技术研究者的视野，但就整体而言，教育技术学术研究中也存在着重技术轻人文的研究倾向。笔者曾对《电化教育研究》、《中国电化教育》杂志 1979—2010 年间 7547 篇载文以"人文、人本、道德、情感、德育、主体观、价值"等关键字进行搜索共得到相关论文 115 篇，占总论文数的 1.52%，而技术开发、技术应用则是教育技术研究的主流。尽管这并不能反映出教育技术研究的全貌，但作为专业内公认的影响力最大的两本核心杂志，还是能在很大程度上反映出其研究偏好。祝智庭等人通过对教育技术学术论文进行词频分析发现，排在前三位的研究热点是，"基于网络的教育技术研究"、"基于 ICT、Computer 的研究"和"关于知识的研究"，教育技术界整体研究趋势是热衷于关注知识的传授，而较少关注情感、哲思、人文等。[①] 美国教育技术学术研究中亦存在这种现象，Winn（1989）讨论教育技术学理论基础与研究方向时指出，"就目前而言，教育技术学研究人员将研究重心与兴趣置于应用性研究，而不是基础性研究"。焦建利对美国 1977—2001 年间博士论文的分析也发现，基础理论研究仅占总数量的 18%，[②] 而在这 18% 的理论研究中，关注人发展的又有多少？通过这些数据不难发现，技术开发和应用依然是当前教育技术的研究偏好，当然此类研究也吻合教育技术学兼具技术性和应用性的学科性质，但是过多地将研究重心定位于表层问题，忽略教育技术的教育属性，暴露的是急功近利的浮躁心态，对学术本身缺乏必需的尊重，对他人成果缺乏必要的尊重，[③] 会引发教育技术实践工作中的错误导向，会阻碍教育技术事业的发展。

---

① 祝智庭、黄景碧、王觅：《教育技术研究国际动态透视》，《电化教育研究》2010 年第 8 期。

② 焦建利：《教育技术学研究的历史演化与未来趋势——从 2975 篇博士学位论文题目看研究选题与方法的变化》，《电化教育研究》2003 年第 1 期。

③ 赵惠君：《功利主义价值取向对高校学术研究的影响》，《高等工程教育研究》2007 年第 6 期。

第二节　技术化教育技术价值取向的归因分析

毫无疑问，技术化价值取向给教育技术的发展前景带来不容忽视的蒙蔽，而理清技术化价值取向产生的思想根源则是消解此种取向的关键，因此，对技术化价值取向进行归因分析便成了首要的任务。笔者认为，技术化教育技术价值取向的形成有如下原因。

一　科学主义教育技术观是产生技术化价值取向的根本原因

价值取向是指价值主体在面对或处理各种矛盾、冲突、关系时所持的基本立场、价值态度以及所表现出来的基本价值倾向，属意识形态，受主体的价值观、价值标准等因素的影响。而价值主体对价值客体的价值观、价值标准又取决于主体的客体观，即主体对客体的最根本认识。因此教育技术价值取向最终取决于主体的教育技术观，即取决于主体对教育技术的根本认识——它是一切教育技术实践的出发点。

李康教授曾指出，在教育技术发展历程中，出现过"科学主义教育技术观"。[①] 科学主义是一个发展着的概念，从早期"利用自然科学的方法，排除形而上学"的对实证科学的推崇，到"只有用自然科学的方法才能保证我们获得真正的知识"的"科学方法万能论"，再到20世纪四五十年代的"科学主义价值论"，[②] 如索雷所言"科学主义是一种关于科学的信念——特别是自然科学——它认为科学是人类知识中最有价值的部分，之所以最有价值，是因为它最权威、最严肃和最有益"。[③] 若科学主义作为科学家探索未知世界的信念和理想，或作为对科学和科学家态度的反思，本无可厚非，[④] 但"主张科学万能论，坚信理性或科学能解决人类的一切难题，而且认为科学的发展是无限度的"这种走向极端的科学主义则不可取。因为，它根本没有意识到"理性是有限的，科学也有负面

---

① 李康：《论教育技术领域中的哲学观》，《电化教育研究》2000年第3期。
② 李侠：《简析科学、科学主义与反科学主义》，《科学技术与辩证法》2004年第6期。
③ Tom Sorell, *Scientism: Philosophy and the infatuation with science*, London: Routledge, 1991, p. 1.
④ 魏屹东：《科学主义的实质及其表现形式》，《自然辩证法通讯》2007年第1期。

的效应，倘使科学的发展丧失了人的目的和价值，迷失了方向，甚至可能成为毁灭人类自身的异己力量"。①

科学主义教育技术观秉承科学主义信条并在教育技术中形成"技术至上"的思维范式，夸大技术的教育功效，将工具手段作为解决教育教学问题的"灵丹妙药"，而将"人"放在了从属地位，教育技术被看成教育活动中存在的实体工具。科学主义教育技术观在中外教育技术界均长期存在。譬如，查尔斯·库利把"电报、电影等信息传播工具当作拯救社会的工具"，并把现代信息媒介提升到"与美国道义和政治一致的力量"，②而爱迪生则预言"书籍不久将从学校中消失，电影可以教授所有的人类知识，我们学校系统将在未来十年内发生彻底的改变"，③麦克卢汉认为"传播媒体决定并限制了人类进行联系与活动的规模和形式"。④Papert 指出"计算机将成为教育系统深刻而彻底变革的催化剂"。⑤

我国教育技术（电化教育）界有着将教育技术（电化教育）等同于技术或媒体的认识传统，譬如认为电教的工作范畴即为"做片子、放带子、修机子"，⑥"电教即是机器的开开关关"⑦等。业界也存在着"工具手段乃解决教学问题的灵丹妙药"等过度乐观的论断，如认为"当今中国教育弊端丛生"，但"现代教育技术可以包医百病"、"远程教育可以解决边鄙之地师资低下与匮乏；课件可以解决学生兴趣不足……"⑧等等，不一而足。这些被桑新民教授归纳为"重'电'轻'教'，见物不见人和偏科技轻人文"。⑨持科学主义教育技术观的学者将教育技术定位于技术

---

① 陈其荣：《科学主义：合理性与局限性及其超越》，《山东社会科学》2005 年第 1 期。

② 郝兆杰、汪基德：《偏离与回归：马克思主义人学视域中的教育技术》，《电化教育研究》2011 年第 3 期。

③ ［美］R. A. 瑞泽、J. V. 邓普西：《教学设计和技术的趋势与问题》，王为杰等译，华东师范大学出版社 2008 年版，第 25 页。

④ ［加］马歇尔·麦克卢汉：《人的延伸——媒介通论》，何道宽译，四川人民出版社 1992 年版，第 1 页。

⑤ Papert, S, "New theories for new learnings", *School Psychology Review*, Vol. 13, No. 4, A-pril 1984, p. 422.

⑥ 南国农：《世纪之交，电教者的使命》，《电化教育研究》1998 年第 1 期。

⑦ 南国农：《教育现代化的必由之路》，高等教育出版社 2000 年版，第 102—111 页。

⑧ 子宜：《教育的"技术依赖"》，《内蒙古教育》2003 年第 4 期。

⑨ 桑新民：《技术—教育—人的发展（上）（下）——现代教育技术学的哲学基础初探》，《电化教育研究》1999 年第 2、3 期。

或媒体，"技术至上"的思维使得教育技术只重视媒体和技术，忽视教育问题中的活生生的有"自为性"的人。

　　科学主义教育技术观实质上是技术乐观主义在教育技术领域中的投影。我们知道，技术乐观主义是一种沉迷于现代技术奇迹的思潮，相信人类所遇到的一切问题都会有一种技术加以解决。技术乐观主义推崇科学技术，把科学技术看做人类征服、控制自然和获得自由，并使人类朝着更美好的方向发展的强有力的手段。无论问题的性质是政治的、经济的、还是生态的，几乎都能最终地靠应用或发展某种新技术来解决。在技术乐观论者看来，我们所面临的问题，不是由于技术所致，而是由于技术不够发达所致。乐观论者都抱有美好的愿望：未来能够通过技术得到保障。F. 培根、《第三次浪潮》的作者托夫勒、《大趋势》的作者乃斯比特、美国卡内基梅陇大学的西蒙教授等都是技术乐观主义的典型代表。

　　显然，技术乐观主义把人类的一切成就归功于技术，视技术为新的上帝，片面夸大技术的潜能。他们忽视技术的自然属性对技术的制约以及由技术的自然属性所决定的必然的负效应。其实，技术乐观主义者把技术与社会间的复杂关系简单化，忽视了技术的社会属性，忽视了道德伦理等社会因素对技术的制约及规范引导作用，尤其忽视了社会改革和社会革命的意义。他们没有理解技术的本质是人的本质的显现，技术的发展始终受不同的社会需求和统治阶级的利益所支配，其发展的方向、目的、选择、组织和应用始终受社会的经济关系、政治关系等因素的制约。技术乐观主义不免有点浪漫主义色彩，面对生态危机、人性的失落，技术乐观主义常常显得无能为力，不可能给人类指出一条切实可行的道路。[①]

　　科学主义教育技术观显然秉承了技术乐观主义的思维路线，夸大教育技术在教育中的作用，盲目乐观地将教育技术视为解决当前教育教学问题的"灵丹妙药"，所以才有了教育信息化建设中的"有了硬件就有了教育技术"、才有教育技术专业和中小学信息技术课程教学中的人才的"纯技术化"培养，才有了教育软件制作过程中的盲目追求高新技术，才有了信息技术课程整合中的"机灌代替人灌"，才有了教师的技术依赖……可以说，技术化教育技术价值取向所表现出的各种现象，均能在偏颇的教育

---

　　① 许良：《技术哲学》，复旦大学出版社2005年版，第147—153页。

技术观中找到思想答案。

二　工具理性是引发技术化价值取向的思想根源

工具理性最早由德国社会学家马克思·韦伯提出。韦伯把理性分为"工具理性"与"价值理性"，所谓工具理性，简言之"就是通过实践的途径确认工具（手段）的有用性从而追求事物的最大功效"。① 工具理性的强势与近代科技发展密切相关。理性本来是"具体的、辩证的思维，是认识的高级阶段，它具有揭示宇宙真相的能力"。只是近代以来，科学技术的迅猛发展给人类社会带来了空前的繁荣，它极大地促进了人们认识自然、改造自然的能力，并成为推动现代生产力发展和经济增长的第一要素，科学技术在人类物质文明生产上的作用是巨大而不可替代的，并借此被冠以"第一生产力"的美誉。而在此过程中，理性逐渐与科技相结合，成为一种控制社会和追逐利益的工具。尤其在西方实证主义哲学的推波助澜下，理性逐渐扩展到社会各个领域，支配和主导着人们的生活与观念。② 法兰克福学派的创始人霍克海默在《理性之蚀》一书中清楚地写道，"工具理性"主要关心为实现那些被认为是理所当然的或自明的目的之手段的适用性，却不去关心目的本身是否合理的问题。"工具理性"追求工具的效率，认为工具的价值由对人和自然的操纵与控制的效率来衡量，而对目的的合理性并不在意，③ 所以"工具理性"又叫"功效理性"或者说"效率理性"。

工具理性极易演绎出"实用"、"功利"、"效率"等思维，受此种思维的驱使，教育信息化建设便成了单纯的"硬件建设"——因为计算机普及的人机比、校园网络的覆盖率、数字资源的比特量的达标远比师生的信息素质的提升来得容易；人才培养便成了单纯的技能学习，工具主义的倾向却普遍存在，一线教师大多热衷于纯粹技术的教学，④ 情感、道德教育在教育技术领域中长期得不到重视——因为作为易操作、易出成果、具

---

① 苗春凤：《论工具理性与价值理性》，《成都教育学院学报》2005 年第 12 期。

② 张兴峰：《教育功利化现象审视：工具理性的视角》，《教育发展研究》2008 年第 21 期。

③ 李芒：《对教育技术"工具理性"的批判》，《教育研究》2008 年第 5 期。

④ 蔡建东、王朋娇、郁玲玲：《信息文化视野中的信息技术教育》，《中国电化教育》2005 年第 6 期。

有较强外显性的各种技术要比单纯的教育教学理论来得更"实用"，比情感道德的培育更"快捷"；学生更热衷于学习技术——因为技术"能快速地给他们带来成就感"，"能满足社会上用人单位苛刻的技能要求"（调查时，学生反映的喜欢技术的原因）；信息技术与课程整合中，教师运用多媒体技术不是充分利用信息技术改革教学方法，而变成了"炫技表演"，整合课堂变为取悦学生的"视听"盛宴——因为在他们看来信息技术就是包治百病的良药与出奇制胜的法宝，一旦使用便收到立竿见影的效果；信息技术与课程整合甚至成了"评优与晋级的敲门砖"①——因为当前的评价体系中，能否开展"整合"已经成为评判教学水平高低的一个重要准量；教师的媒体运用不是为了很好地达成教学目标，而是为了取代教师的板书、讲解，或者单纯为了增大授课的信息量，而不考虑学生对快速翻动的 PPT 呈现信息的接纳情况——因为在他们看来，教育技术就是为了追求信息的快速传播；教育技术学研究便成了层出不穷的"新技术追逐"，便成了急功近利的浅尝辄止，丧失潜心研究的意愿，缺乏基础性研究和高水平研究，学术成果虚假繁荣……

总之，工具理性及其衍生思想，导致教育技术发展中的种种短视行为，进而导致了技术与教育的对立，技术与人的对立，使得教育技术发展中"人"的空场。正如周洪宇教授在审视教育百年改革的经验与教训时指出："只注重实用性而忽视全面性……只顾眼前、只求实用"② 是导致教育改革失败的关键重要原因。当前，教育技术被视为"教育改革的制高点"，工具理性统治下的教育技术能否扮演"制高点"的角色，它究竟是引发新一轮的教育改革还是重蹈过去教育改革的覆辙，是每一个学者应该考虑的问题。

三　教育技术的"技术"属性及教育技术"以媒体为中心"的研究和应用传统强化了教育技术技术化的价值取向

从本质上讲，教育技术是指在教育活动中所采用的一切技能、工具和

①　李庆华、史舒人、张爱萍：《信息技术与课程整合的现状分析及问题思考》，《中国教育信息化》2008 年第 8 期。

②　周洪宇、申国昌：《20 世纪中国教育改革的回顾与反思》，《华中师范大学学报（人文社会科学版）》2011 年第 5 期。

方法。① 它既具有教育属性，也具有技术属性。对于教育技术的本质，无论电化教育时期的"媒体技术"，还是现代教育技术时期的"全部物化技术和智能技术"，技术属性都是教育技术必要组成部分。"技术在教育中的应用"也是贯穿于教育技术发展史中的一条明线，教育技术也更多地以物化或技术化的方式为人们所认知的。譬如在教学实践中，幻灯、投影、计算机、网络、多媒体等常常是教育技术的代称。若从学科归属的角度来看，在教育学学科群中，没有一个二级学科能像教育技术学那样和现代技术有着如此天然而紧密的联系，以至于教育技术学科诸多问题研究时，都无法回避其技术属性这一环。如李龙教授曾指出："教育技术的核心是一切技术与方法，包括物化形态的技术和智能形态的技术（方法）两部分"，② "教育技术学既具有教育属性，又有技术属性"。③ 梅家驹认为："教育技术是教育科学的一个分支，而它的定位却在于技术，它涉及教育问题的方法，研究和实践'如何做'的问题。"④ 尹俊华等人也认为，教育技术学是教育研究中的技术学层次的学科。⑤ 不难看出，教育技术与"技术"成了捆绑在一起的"连体儿"，这种本体上的"连体"关系以及科学理性思维的强势主导，技术属性极易被放大或被唯一化，技术极易成为教育技术的核心追求，对教育技术的认识最可能也最容易走向技术化的倾向。

　　我国教育技术（电化教育）发展历程中有着"以媒体为中心"的应用和研究传统。早在 20 世纪 20 年代电化教育滥觞期，幻灯片、电影片就已经出现在金陵大学的课堂教学中，到 1934 年，金陵大学理学院已经开始拍摄教育影片，⑥ 这是我国教育技术实践的先驱。自此电化教育一直以"现代教育媒体的研究和应用为核心"而安身立命，并将其视为我国电化教育发展的特色。正如南国农先生所言："以现代教育媒体的研究和应用

---

　　① 汪基德：《中国教育技术学科的发展与反思》，中国社会科学出版社 2008 年版，第 100 页。

　　② 李龙：《教育技术学科的定位——二论教育技术学科的理论与实践》，《电化教育研究》2003 年第 11 期。

　　③ 李龙：《教育技术领域·学科·专业》，《中国电化教育》2005 年第 12 期。

　　④ 梅家驹：《教育技术的定位与错位》，《中国电化教育》2000 年第 1 期。

　　⑤ 尹俊华：《教育技术学导论》，高等教育出版社 2002 年版，第 82—84 页。

　　⑥ 吴在扬：《中国电化教育简史》，高等教育出版社 1994 年版，第 2 页。

为核心，是我国电化教育的最大特色，是我国的电化教育与外国的视听教育或教育技术等的最大区别之处。"[1] 张立新等学者也指出："现代教育媒体的开发和应用是我国电化教育得以存在的立足点，是我国电化教育（教育技术）区别于国外教育技术的根本点"，[2] 等等。这种应用和研究传统纵跨大半个世纪，直至20世纪90年代初，随着国外教育技术理论的强势引入，媒体的核心地位才有所动摇。在欧美国家，教育技术的雏形是以实物、标本、模型、沙盘、幻灯、无声电影的教学运用为标志的视觉教学，广播、录音、有声电影的引入促使视觉教学向视听教育嬗变，而后，电视、计算机、网络又相继进入到教育领域并逐渐成为主流媒体。只是在20世纪五六十年代，系统方法、学习理论的引入才使得欧美教育技术逐渐形成了另一阵营——学习派，但媒体派一直是其教育技术两大阵营之一。作为教育技术发展的阶段性特征，"以媒体为中心"有其历史原因，本无可厚非，但这一特征却极易将人们对教育技术的第一印象定位在媒体工具上。如果对教育技术了解不那么深入的话，将其等同于幻灯、投影、计算机等实物工具则是一件极易发生的事情，而这种极易发生的认识倾向在一定程度上强化了教育技术的技术化价值取向。

四　"重硬轻软"的恶性循环助长教育技术的技术化倾向

前文已经指出，"重硬轻软"是教育技术化价值取向的重要表征，而此处的"轻软"一是指轻视各类数字化学习资源（软件）建设，二是指轻视对教育信息化软资源——人的建设，此处的人是指教育技术的传授者、学习者、使用者、管理者等，本部分的"轻软"取其第二种含义。我们知道，任何技术活动归根到底是人的活动，是技术主体的活动。德国技术哲学家德尔索在研究"技术是如何可能?"这一技术哲学问题时，指出任何技术客体的创造都必定包含三种成分：第一种成分是人类的目的，第二种成分是自然定律……第三种成分是人类的运思。即人们可以在自然定律的限制之内去想办法达到目的，实现预想的目标。[3] 德国技术哲学家

① 南国农：《教育现代化的必由之路》，高等教育出版社2000年版，第105页。
② 张立新、张丽霞：《论具有中国特色的教育技术理论与实践》，《中国电化教育》1999年第2期。
③ 许良：《技术哲学》，复旦大学出版社2005年版，第127—128页。

拉普在谈到技术的二重性时指出，任何技术的产生都必须以合规律性和合目的性的统一为前提。① 可以看出德尔索所指出的影响技术"如何可能"的第一种成分和第三种成分都与技术主体密切相关，与拉普的所谓的"合目的性"一致，所以技术主体的素质将影响着技术活动的走向。因此，在教育信息化推进过程中，教育技术主体——人的建设至关重要，有的学者将其与硬件、软件建设并列称为"人件"，② 有的学者甚至将之称为"超级软件"。③ 人件建设是"使学科教师、学生、技术统筹人员、管理者等都对 ICT（information communication technology，简称 ICT）形成积极的态度，具备基本的 ICT 知识技能，掌握 ICT 在学习、教学和管理中的应用方式，能够充分利用技术提高自己的工作成效，促进教学改革"④ 的必要环节。教育部也曾在 1999 年启动了"中小学教师继续教育工程"，目标之一是提高全体教师的 ICT 水平，使全体教师都能在教学中应用 ICT；又于 2004 年 12 月正式颁布《中小学教师教育技术能力标准（试行）》，并于 2005 年 4 月启动了"全国中小学教师教育技术能力建设计划"，但"重硬轻软"的倾向使得"人件建设"仍是教育信息化建设中的"一大软肋"，真正的培训效果却差强人意。⑤ 据一些参加培训的教师反映，"有的地方软硬件条件跟不上，造成培训低水平重复、培训教师良莠不齐、教学内容东拼西凑、教学过程蜻蜓点水，最终只满足于上几次课、参加一些考核、拿个证书，浪费了教师的时间与精力"。"在教学中缺少鲜活有效的案例，停留在一定程度上的说教，与教师实际教学工作较为脱离。许多教师参加过培训后觉得所学内容在实际工作中很少能真正、直接地派上用场，培训知识的迁移较为困难，没有解决实际问题，在实际工作中较难应用"。⑥ 我们知道，教育信息化最终发挥功效必须依靠具备良好

① 许良：《技术哲学》，复旦大学出版社 2005 年版，第 128 页。

② 张建伟：《教育信息化的系统框架分析》（http：//www. edu. cn/20030808/3089214. shtml）。

③ 赵呈领、程云、王艳丽：《人件建设——构建"农远工程"的超级"软件"》，《中国教育信息化（基础教育）》2007 年第 7 期。

④ 张建伟：《教育信息化的系统框架分析》（http：//www. edu. cn/20030808/3089214. shtml）。

⑤ 赵呈领、程云、王艳丽：《人件建设——构建"农远工程"的超级"软件"》，《中国教育信息化（基础教育）》2007 年第 7 期。

⑥ 张一春：《教师教育技术培训"三部曲"》，《中国教育网络》2011 年第 1 期。

ICT 素养的使用者，而"轻软"的结果却是各种培训并没有培养出合格的资源使用者，"一切的解放都有赖于主体对自身奴隶状态的觉悟"，[①] 由于使用者自身"尚未觉悟"，他们如何能发挥各种软、硬件资源的功能，如何能顺利开展信息技术与课程整合，如何能科学辩证对待信息技术？如此看来，"技术化价值取向"的产生倒似乎成了水到渠成的事情。更为可怕的后果是，由于"待训教师人口基数大"，当前的培训采取的主要是一种"瀑布式"的培训模式，即"先由专家培训少量骨干教师，然后由骨干教师执教去培训主讲教师，最后由主讲教师培训基层学科教师，如此形成快速扩散的培训体系"，[②] 以达到"以点带面"的效果。由于"骨干教师培训"或"主讲教师培训"效果尚未达标，作为培训体系链条中最后一环的"基层学科教师受训"的效果将更难保障。技术化的价值取向在此类培训中可能会迅速扩散，扩散至每一个信息技术与课程整合的课堂，扩散至信息技术课程教学的每一堂课，进而影响到基数更大的学生群体，后果不堪设想。

五 从业人员的学科背景在一定程度上强化技术化的价值取向

从业人员的学科背景在一定程度上会影响其分析问题的视角，形成颇具学科特色的思想路线。教育技术实践既包括高等教育阶段的教育技术专业实践，也包括基础教育阶段的信息技术教育、信息技术与课程整合，甚至还包括远程教育领域、成人教育领域等，教育技术实践的多样性决定了教育技术实践人员的多样性，而他们不同的学科背景也在一定程度上强化了教育技术技术化的价值取向。

在当前中国高等教育领域，组成教育技术学科专业队伍的人员大多数来自物理学、电子学、计算机科学，或教育技术学专业（大多数人员所学课程也偏重理科），也有部分来自教育学专业和心理学专业，但所占比例较少。据北京师范大学刘美凤教授调查，在 32 名教育技术工作人员中，9 人来自物理学，5 人来自计算机或电子学，13 人来自教育技术学，4 人

---

① 刘春燕：《当代教育中的工具理性主义》，《江西教育科研》2004 年第 8 期。
② 祝智庭、李宁：《英特尔未来教育：面向信息化教育的教师培训模式》，《全球教育展望》2001 年第 11 期。

来自物理教育，1 人来自心理学。① 近十年教育技术专业发展迅猛，教育技术实践与研究人员在专业结构上可能有所好转，但受人才生命周期的影响，这种比例结构短时间不可能有彻底的转变。教育技术从业人员受自身偏理工的学科背景的影响，问题的解决多诉诸技术，技术化的价值取向极易形成。

对于中小学信息技术教师，自 2000 年全国范围内开始普及中小学信息技术教育，信息技术教师存在极大的"缺口"，而转岗或兼职是解决这一问题最快捷最有效的办法，于是很多地区的第一批信息技术教师多是由稍懂计算机的物理老师、数学老师转岗或兼职充当；经过十几年的发展，在城市中小学，转岗或兼职现象已有很大好转，新晋信息技术教师多为教育技术专业人员或计算机专业人员，但在农村地区，此类现象依然严重。笔者所在单位承担了河南省 2011 年信息技术教师国培计划，而对参加国培计划的信息技术教师调查发现，在 45 名培训人员中，仅有 11 名是专职信息技术教师，其他均为转岗或兼职人员，所教学科有数学、物理、英语、语文等等。转岗或兼职教师或没有受过"专门训练"，或受训效果没有保证，他们更多地依据经验看待信息技术课程与教学，将信息技术课视为纯计算机课，技术化的价值取向非常明显。

对于信息技术与课程整合人员，他们多为其他学科的教师，受自身专业影响较重，教育技术理论研究远远比不上蓬勃发展的教育技术实践给他们认识上带来的影响，因此他们常常把媒体当作教育技术，把计算机、网络当作教育技术的全部，也易产生技术化的价值倾向。

诚然，技术化教育技术价值取向产生的原因有多种。如大教育中"工具化"倾向、教育信息化的"评价机制"等都在一定程度上影响着技术化价值取向的产生。但笔者认为，上述五点是产生技术化价值倾向的主要原因。并且上述原因之间并非孤立封闭，而是会互相渗透、相互助长，共同导致教育技术主体的技术化倾向，并在教育技术实践中产生各种技术化的表现。

---

① 刘美凤：《教育技术学学科定位问题研究》，教育科学出版社 2006 年版，第 25—26 页。

第四章

以人为本教育技术价值取向的确立

通过第三章的分析，我们知道，技术化教育技术价值取向是一种偏颇的、危害教育技术学科发展的价值取向观，与之相对应的则是以人为本的价值取向。以人为本的价值取向的内涵是指，教育技术存在的意义在于满足人们对最优化教育教学效果的需要，归根到底是满足人对自身发展的需要。教育技术应该将人作为价值评判的尺度，教育技术活动应该是解放人、发展人，而不应该是物化人、役使人。当然"以人为本"的教育技术并不否定其"技术"属性，并不是拒绝一切"物化"活动，而是在教育技术活动中，辩证处理"技术"与"人"的关系，将人作为一切教育技术活动的出发点和归宿点。以人为本的教育技术价值取向并不是一个不辩自明的命题，本章将会从历史与逻辑、内因与外因等多个纬度对其进行确立和论证。

第一节 教育技术的学科定位是教育技术以人为本价值取向的内在逻辑

定位问题包括教育技术的定位和教育技术学的定位。教育技术作为实践活动的一个要素，其定位问题的实质是其实践的领域或范围。这与教育技术的定义与研究对象等问题实质上讲是一回事，刘美凤教授亦曾指出"对技术不同的理解，就有不同的教育技术定位"。① 教育技术学是研究教育技术的一门学科，教育技术学的定位主要是指学科归属问题，即教育技

---

① 刘美凤：《广义教育技术定位的确立》，《中国电化教育》2003 年第 6 期。

术这个学科定位在教育学类，还是电子技术学类。汪基德教授指出："学科定位问题是关系到学科发展的关键问题，直接关系到学科研究的问题域和学科的研究取向。"① 事实上，学科定位问题不仅影响其研究取向，还会影响到学科的实践取向。本处所讨论的主要是教育技术学的学科定位问题。

一 教育技术学姓"教"不姓"技"

关于教育技术学科定位的问题，曾有过两次范围较大的讨论。第一次争论出现在 20 世纪 80 年代，当时的争论焦点是电化教育姓"电"还是姓"教"的问题。引发此次争论的原因是"当时有些高校的电教专业所开设的课程多是电子、电磁、电工、无线电等带'电'字的一类，带'教'字的课程很少"。② 在这个问题上，电教界基本达成共识，即电化教育姓"教"而不是姓"电"。作为一门学科，电化教育学是教育科学的一个子类，它是教育科学的一个分支。对此定位，南国农先生给出精辟的论述，"电化教育的对象是人，不是物。办电教的目的，是提高教学、教育效率，高速优质地培养人才"。"电化教育所关注的，主要不是电光、电声、电控等现代技术本身，而是各种现代技术在教学、教育中的应用"。"电化教育作为一门学科，是教育科学的一个分门；作为一种事业，是一种教育事业。电教工作者，不论是教学研究、教材制作、硬件技术、情报管理等人员，都是教育工作者"。③ 关于教育技术学科定位的第二次争论出现在 20 世纪 90 年代，AECT'94 定义的引进在引起教育技术概念定义大讨论的同时，也重新引起教育技术定位的争论，此次讨论集中在教育技术应定位在"技术"还是定位在"教育"上。这场争论的产生，在一定程度上与教育技术这个复合词有关，因为从汉语的习惯来讲，教育技术的中心词是"技术"，那么研究某项技术的学科——教育技术学自然定位于"技术学"，这与原有的电化教育姓"教"不姓"电"的定位相违背，因而引发了新一轮的讨论。对此问题，汪基德教授认为，"判断一门学科属

---

① 汪基德：《中国教育技术学科的发展与反思》，中国社会科学出版社 2008 年版，第140 页。

② 同上书，第 53 页。

③ 南国农：《教育现代化的必由之路》，高等教育出版社 2000 年版，第 105 页。

于哪类学科，主要看它研究问题的性质和研究的目的以及研究的方法。教育技术学研究的问题是教育的问题，研究的目的是解决教育中的问题，研究方法也是教育学中采用的方法，因此，它属于教育学科应当是无可争辩的"。① 著名教育学专家丁钢教授也认为：教育技术学作为教育学的一门新兴学科，其实质上应该姓"教"，而不是姓"技"。② 而目前把教育技术学作为教育学的二级学科看待，也反映了官方比较认可的是教育技术学的教育学科属性。③ 虽然有些学者将教育技术学定位在"技术学"或者将教育技术学双重定位——"认为教育技术学既可以是教育学学科的分支学科，也可以是技术学学科的分支学科"。④ 但从总体上来说，关于教育技术学的定位问题目前也已经取得了基本共识，即教育技术学是教育学的二级学科，属于教育学的分门，是教育科学这个大系统的子系统，它姓"教"不姓"技"。

二　遵循教育的逻辑，教育技术也应"以人为本"

既然教育技术学科定位于教育，那么教育的终极诉求是什么？为此，我们需从教育的本质入手。所谓本质是事物的规定性，因此，教育的本质也就是教育的规定性，即回答"教育是什么"这样一个问题。关于教育的本质的观点有"生产力说"、⑤"上层建筑说"、⑥"培养人说"、⑦"传递说"、⑧"社会实践活动说"、⑨"多重本质说"⑩等多种，近年来随着后现

---

① 汪基德：《中国教育技术学科的发展与反思》，中国社会科学出版社 2008 年版，第 141 页。

② 丁钢、王陆：《教育学视角下的教育技术学学科发展》，《电化教育研究》2006 年第 8 期。

③ 汪基德：《中国教育技术学科的发展与反思》，中国社会科学出版社 2008 年版，第 53—54 页。

④ 李龙：《教育技术学科的定位——二论教育技术学科的理论与实践》，《电化教育研究》2003 年第 11 期。

⑤ 黄风漳：《教育本质新探》，《教育研究》1979 年第 1 期。

⑥ 柳海民：《教育是社会的上层建筑》，《吉林师大学报（哲学社会科学版）》1979 年第 4 期。

⑦ 吴黛舒：《本质回归：教育"产业化"的反论》，《中国教育学刊》2000 年第 6 期。

⑧ 田娟：《我国 30 年教育本质研究回顾与反思》，《河北师范大学学报（教育科学版）》2010 年第 3 期。

⑨ 邹光威：《教育是不属于上层建筑的社会现象》，《教育研究》1979 年第 2 期。

⑩ 张焕庭：《谈谈教育本质问题》，《教育研究》1980 年第 6 期。

代思潮的发展，甚至还出现"反本质说"。① 在诸多有关教育本质的论述中，"仅仅站在社会的视角，容易忽视教育对个体的成长和人生发展的意义，从而不能把握教育的整个质的规定性"。② 因而"生产力说、上层建筑说"等仅强调教育的社会属性而忽视"个体"的观点逐渐受到质疑。而对于反本质说，也有学者指出，"教育毕竟不等同于政治、经济或文化，它自有其特殊规定性。教育自身具有的这种特殊规定性使教育成为教育。因此，教育还是有本质的"。③ 对于教育的本质，胡德海先生以马克思主义关于人的本质和文化作用的基本理论为指导，认为"教育的本质是通过传承文化使个体社会化的活动，并促进个体的发展和社会的全面发展"。④ 此定义兼顾人的个体属性和社会属性，是对教育本质较为科学的概括。把作为"个体"的人的解放、发展和完善看作教育活动的根本出发点，在个性得到充分发展的基础上使作为"个体"的人实现自由而全面的发展，这才是教育的本质所在。

由此可知，教育是一种培养人的活动，并且这种培养人的活动是建立在每个学生的基础之上的。离开了学生个体的生命，教育就会成为一种抽象的东西，就会失去它的意义和价值。如果离开了个体生命这一存在基础，教育将永远是无根的、片面的、脱离实际的，因此，教育必须把自己的根基建立在学生的个体生命的基础之上。"教育关注个体、关注人，意味着要去关注个体作为生命体的存在，关注其外显的活生生的生命展露，关注其内隐的、活泼的、流动的生命情感化育"。⑤ 只有这样，它才能找到自己的本源，体现自己的功能和价值，实现自己的目的，完成自己的使命。因此，"以人为本"的价值取向是由教育的本质所规定的，是教育的必然追求。

教育技术学科定位于"教"而不是"技"，教育技术学的学科归属是教育学而不是技术学，教育技术学要面对和解决的是教育中的相关问题，因此，遵循教育的规律、以教育为最终旨归，是教育技术的必然逻辑。而

---

① 王爱芬：《理解教育本质的不同道路及意义》，《教育理论与实践》2005 年第 9 期。
② 高闰青：《"以人为本"理念及其教育实践问题研究》，博士学位论文，西北师范大学，2008 年，第 51 页。
③ 李润洲：《教育本质研究的反思与重构》，《教育研究》2010 年第 5 期。
④ 胡德海：《教育学原理》，甘肃教育出版社 2006 年版，第 226 页。
⑤ 刘铁芳：《生命情感与教育关怀》，《高等师范教育研究》2000 年第 6 期。

"教育的对象是人，教育的过程是改造人，教育的目的是普遍提高全民族的科学文化水平与素质，为社会培养各种人才"，[①] 以人为本是教育必然的价值取向，那么教育技术呢？必然应该遵循教育的逻辑，也应该"以人为本"，应该以人的发展为根本旨归。正如南国农先生所指出的那样，"办电教必须使用设备，但电教姓教，以人为本，机是为人所用，为人服务的。电化教育追求的不是教育机械化，而是教育的最优化"。[②] 对此，李政涛博士亦开宗明义地指出："对于教育技术的思考和实践，其起点、焦点和重点，应该是定位于师生在技术世界中的生存状态和生存方式。对于日渐喧嚣的信息技术的思考不能只有技术，没有人。""正是在这样的背景下，对人，尤其是技术人的深察细究成为当代教育技术学的逻辑起点，教育技术学的视野中不能只有技术，没有人"。"设计教育技术，就是设计教育存在，就是设计和促进人的生命成长。教育技术学首要的工作是为在技术世界中的人的生命立法"。[③] 也正是基于如此认识，杨开城教授把教育技术的本质视为"育人的技术"。[④] 因循教育技术的学科定位，"以人为本"是其应然的价值取向。

第二节　教育技术实践中的主客体关系决定了其"以人为本"的价值取向

现代教育技术对教育带来的变革是毋庸置疑的，这种变革包括改变了教与学的程序和方法，改变了教学过程中信息的传播通道，同时也包括对时间与空间的跨越，让传统学习演变为远程学习、移动学习、及时学习、终身学习等多种形态。这是现代教育技术给教育带来的显性变革。毋庸讳言，现代教育技术已成为现代教育不可或缺的因素，教学系统的组成也由原来的"教师、学生、教学内容"三要素变为四要素——"教师、学生、

---

① 高闰青：《"以人为本"理念及其教育实践问题研究》，博士学位论文，西北师范大学，2008 年，第 68 页。

② 南国农：《80 年代以后中国电化教育的发展》，《电化教育研究》2000 年第 12 期。

③ 李政涛：《为人的生命成长而设计和发展教育技术——兼论教育技术学的逻辑起点》，《电化教育研究》2006 年第 12 期。

④ 杨开城：《中国教育技术学的尴尬》，《中国电化教育》2005 年第 12 期。

教学内容、教学媒体"。① 对于教学诸要素相互关系的表征，教育技术专家学者多从"教学模式"的角度出发研究"信息技术与课程整合的模式"，如王琴等人提出"学科本位型课程模式、学科辅助型课程模式、学科研究型课程模式"，② 李克东教授提出"learn about IT、learn from IT、learn with IT"等模式，③ 何克抗教授提出"课内整合模式（包括'传递—接受教学模式'和'探究性教学模式'）、课外整合模式（包括Webquest 和 JiTT）"。④ 这些研究于信息技术参与的课程教学无疑具有很强的指导意义。当笔者跳出"模式方法"，站在哲学层面，从主体客体关系审视信息化教学时，则发现信息化教学活动与一般性的技术活动的差异之处，为教育技术"以人为本"的价值取向觅得新的证据。

一　一般性技术实践活动中的主客体关系

一般性技术实践活动指主体借助技术认识客体、改造客体的实践活动，其实践模式为"主体—中介—客体"，此时主体是"生产活动的承担者"，是人，是指处于一定历史条件和社会关系中的、从事着认识活动与实践活动的人；客体则是"进入主体认识活动和实践活动范围的客观事物"，它常常是"自然界的一部分"，也可以是其他的"技术工具产品"，如借助技术生产的汽车、飞机、计算机等。"中介"是指主体和客体在相互作用过程中的一切条件，包括物质条件和精神条件。物质条件一般是指认识工具，即主体借以认识客体的手段和方式的总和。而精神条件则是指"主体认识客体过程中所运用的背景知识和理论因素，一般表现为思维的知识框架和理论范畴或基本概念"。⑤ 在技术性实践活动中，"技术手段"更多地充当"中介"中的"物质条件"，即充当主体认识客体的工具。当然在某些"借助技术生产技术"的技术实践中，"技术"也可能是"客

---

① 邱崇光：《"教学结构"和"教学模式"辨析——与何克抗教授商榷》，《电化教育研究》2002 年第 9 期。

② 王琴、杜华、张舒予：《信息技术与课程整合的三种模式》，《电化教育研究》2003 年第 9 期。

③ 李克东：《数字化学习（下）——信息技术与课程整合的核心》，《电化教育研究》2001 年第 9 期。

④ 何克抗、吴娟：《信息技术与课程整合的教学模式研究之一——教学模式的内涵及分类》，《现代教育技术》2008 年第 7 期。

⑤ 乜勇：《教育技术学中的主客体理论》，《电化教育研究》2008 年第 8 期。

体"的一部分，限于研究旨趣，在此不再赘述。对于一般性技术活动中的"技术"，有学者称其为"客体技术"，并将其界定为"通过制造工具、使用工具来改造自然客体的技术，这种被制造和使用的工具本身也是客体"。客体技术关注的总是"生产产品"或"产出实在物"。[①] 因而，在一般性技术实践活动中，主体通过技术手段认识、生产客体，追求的是"产品"的产出。

二　信息化教学中的主客体关系

教育的目的在于育人，是使"自然人"成长为"社会人"的实践活动。教育活动不同于一般的社会生产实践活动，其被桑新民教授称为"信息型实践"。[②] 在该实践活动中，实践主体是人，实践对象也是人，实践目的则是改变人的信息状态，因此，与一般性技术活动的"主体—中介—客体"实践模式不同，教育实践是典型的"主体—中介—主体"模式，[③] 为了论述方便，我们将前面的主体称为第一主体，后面的主体称为第二主体，此处的第一第二并没有重要性上的差别，仅表征位置上的差异。在信息化教学中，现代教育技术的参与使得"主体—中介—主体"模式具化为"教师 – 现代教育技术手段 + 教学内容 – 学生"模式。由于我国教育技术实践场域主要定位在学校教育，信息技术与课程整合（信息化教学）是其实践的主要形式。因此，分析信息化教学中的主客体关系有助于我们更好地把握教育技术实践的本质。

前文已指出，教育技术学者们提出了多种表征信息化教学元素之间关系的教学模式，而诸多信息化教学模式大致可分为两大类："传递—接受教学模式"和"探究性教学模式"。在"传递—接受教学模式"中，第一主体是实施教学的"教师"，教师借助"现代教育技术"的"技术手段"，将教学内容有效地传递至"第二主体"——学生处，从而改变学生的信息状态，进而改变学生的整体状态。"探究性教学模式"亦可分为两类，一类是教师主导下的学生探究，此类探究活动是在教师的主导、监

---

① 李芒：《论教育技术是"主体技术"》，《电化教育研究》2007 年第 11 期。
② 桑新民：《呼唤新世纪的教育哲学》，教育科学出版社 1993 年版，第 333 页。
③ 颜士刚：《论教育领域技术异化的特异性及其弱化的现实困境》，《中国电化教育》2009年第 11 期。

督、辅助下，主要由学生自主或合作完成。另一类则是在没有教师的情况，学生自主或合作完成的探究活动。无论有无教师的监导，"探究性教学模式"的第一主体都是学生，学生利用现代教育技术手段，在自主活动或主体间活动中，完成自身信息状态的改变，达到自我的提升。在这两类教学模式中，现代信息技术只能是中介，是手段，是作为教学实践的必要中间环节出现的，而不是"客体"，更不是"主体"。此类活动的"主体"是"教师"和"学生"。正是这个原因，有学者将教育技术称之为"主体技术"。所谓"主体技术"是指与"客体技术"相对应的技术，它不是用来制造客体化工具，也不是用来改造客体的，而是用于改变人的，是"改造人自身"的技术。当然广义的"主体技术"可以改变人的精神和肉体，如医学技术、生物学技术等是制造、改造人类肉体的主体技术，但在教育的语境中所谈的"主体技术"主要是指对人的精神层面改变的技术，"是可以改变人的思想、知识、道德和能力等方面的技术"。① 作为"主体技术"的教育技术，其"根本目的是促进学生的学习，主要解决怎样教与学的问题，主要面对的是学习者"，其本质上"不是制造工具的技术，而是为学生和教师提供经验世界的技术，解决的主要问题并不是制造工具，而是如何更好地使用工具"。教育技术与生产物质产品的"客体技术"不同，它是帮助学习主体得到发展的技术，是对人的技术。教育技术的最终作用点是人而不是物。② 简言之，教育技术是"主体技术"，但在信息化教学中并不是"主体"，是受"主体"操作、又为"主体"服务的技术。

三 教育技术的"主体技术"属性决定了其"以人为本"的价值取向

通过对教育技术实践中的主客体关系分析，可知教育技术是"主体技术"，是"主体"操作、又为"主体"服务的技术，而这刚好吻合教育技术"以人为本"价值取向的具体要求。宏观上讲，是指在教育技术实践过程中，要处理好"人"与"物"的辩证关系，摒弃"见物不见人"

---

① 李芒：《论教育技术是"主体技术"》，《电化教育研究》2007 年第 11 期。
② 同上。

的偏颇理念，关注人的存在，关注鲜活生命和人类独有的思想、精神的存在，关注人的全面发展。具体来讲则是指在不同的学习情景中充分发挥操作主体的主观能动性，以学生"德、智、体、美"全面发展为最终旨归，即在教师主导的"传递—接受教学模式"中，综合考虑学生的认知特点，充分调动教师的智慧，恰当、适度运用现代教育媒体，避免追求"认知"向度的单一发展，一切为了学生正向的、全面的发展；在"探究式教学模式"中，要求教师设计好适切的任务、项目，并在学生探究的过程中提供及时、高效的帮助和指导，而学生在自主探究的过程中，树立主体意识，发挥自身优势及同侪优势，最大限度地实现自身的提升。

通过对教育技术实践中"主体性问题"的讨论，我们更加明白"技术问题归根到底是人的问题"，在处理技术性问题时，一切无视人的做法将无法触及技术问题的本质，诚如胡塞尔所言，"主体性之谜乃是一切谜的谜中之谜"。① 因此，在教育技术实践中，我们应树立起"以人为本"的价值理念，将"人"从纷繁芜杂日新月异的各种技术中凸显出来，观照和尊重鲜活的教育技术"主体"——教师和学生，摆脱工具理性的思想束缚，让教育技术实践闪耀生命的光辉。

第三节　技术化教育技术价值取向的负面影响迫切需要"人"的回归

本书第三章中我们分析了教育技术领域技术化价值取向的种种现实表现，而此种见物不见人的偏颇取向偏离了教育的神圣追求，并带来了种种不容忽视的负面影响。

一　教育技术无法真正地"促进教学，达到教育最优化"

无论是"运用现代教育媒体，并与传统教育媒体恰当结合，传递教育信息，以实现教育最优化"② 的电化教育还是"为了促进学习，对有关过程和资源进行设计、开发、利用、管理和评价"的教育技术，都把充

---

① 许良：《技术哲学》，复旦大学出版社2005年版，第136页。
② 南国农：《电化教育学》，高等教育出版社1985年版，第1—2页。

分利用现代信息技术促进教育教学（学习）、达到教育最优化作为自己的核心追求，站在教育的立场即是追求人的最优化发展。然而长期以来，对教育技术能否真的提升教育教学效果的怀疑却一直存在着。在过去近百年的发展历史中，一个个新媒体被满怀信心地引入到课堂教学，一个个的失望也接踵而至。譬如，对于 20 世纪二三十年代如火如荼的视听教育，正如当时的学术领袖之一的 McChuskey 所指出的那样，"虽然该领域继续发展，但整个教育界受这种发展的影响不大。截止到 1930 年，视觉教学运动的投入和商业损失达到了 5000 万美元"。[①] 有学者曾乐观地预测无线媒体的教学潜力，"明天，它们将会像书籍一样普及，将对学与教产生巨大的影响"。然而，与这预测相反，在随后的 20 年中，无线电广播在教学实践中的影响甚微（Cuban，1986）。对于 20 世纪 50 年代逐渐兴起的教育电视，卡耐基教育电视委员会总结道："总体来说，教学电视在正规教育中发挥的作用很小，教学电视的潜力在实践中还没有发挥出来……"[②] 计算机作为教学工具广泛运用是从 20 世纪 80 年代末开始的，但到目前为止，计算机在教育中的作用还远远没有达到人们预期的目的。Clark 将这种怀疑发挥到极致，甚至提出"媒体在任何条件下都不会影响学习；媒体仅仅是传递教学的工具，它对学习结果的影响并不比运送食品的汽车对我们营养的影响大"[③] 的"学媒无关论"。2009 年 5 月，美国教育部发表了其下属评估机构对全美各地 2.1 万名中学生所作的抽样测试结果，令人沮丧的是，该测试结果显示："当前中学生的阅读能力与计算能力和 30 年前相比没有明显的差异（而 1979 年，微型电脑才刚刚问世，信息技术的发展尚处于起步阶段）。"[④] 而乔布斯留下的警世之问更值得教育技术人的反思，即"为什么 IT 改变了几乎所有的领域，却唯独对教育的影响小得令人吃惊?"[⑤]

---

① ［美］R. A. 瑞泽、J. V. 邓普西：《教学设计和技术的趋势与问题》，王为杰等译，华东师范大学出版社 2008 年版，第 26 页。

② 同上书，第 29 页。

③ Clark R E，"Reconsidering the research on learning frommedia"，*Review of Educational Research*，Vol. 53，No. 4，April 1983，pp. 445 – 459.

④ 何克抗：《教育信息化成败的关键在哪里——如何认识信息技术对教育发展具有革命性影响》，《中国教育科学》2013 年第 3 期。

⑤ 桑新民、李曙华、谢阳斌：《"乔布斯之问"的文化战略解读——在线课程新潮流的深层思考》，《开放教育研究》2013 年第 3 期。

这些质疑不仅出现在专家学者的批判言论中，在日常的教育技术实践中亦存在着。如上海闸北区现代教育技术中心主任王一鸽说："课堂上，我们经常可以看到，老师把教学内容、例题、解答过程、练习题，甚至作业都通过屏幕显示出来。借助信息技术，老师的讲解速度明显加快。表面上看，教学的容量大了，但实际上学生的思维时间却短了。"在王一鸽看来，这样的课堂比传统的"满堂灌"更有甚之，"人灌"升级成了"机灌"。对于"机灌"的后果，王一鸽认为，"传统教学中，老师书写板书和学生记录笔记，是一个不可缺少的认知理解过程，学生通过眼、脑、手演绎老师的推理，进行积极的思维消化。但是，现在一些老师却用电子板书简单替代传统板书，一节课，几乎所有内容都由屏幕显示，教师甚至没有在黑板上写过一个字。电子板书的快速更新，使学生往往来不及反应就进入到下一个问题，这样势必引起'消化不良'"。①

此类现象在高等教育阶段亦不少见。光明日报曾刊发文章指出："走在教学楼里，仿佛置身电影院。"由于有了"课件"，部分教师的教学从原来的"照本宣科"变成了"照屏宣科"，或者"整堂教学课只有'课件'在不停播放，教师在一边只是手里点着鼠标，很少另外加以讲解，教师成了整个课堂教学的'局外人'"。②此类课堂中学生的表现则呈现两个极端，一是对于那些允许拷贝课件的课堂，学生"不再记笔记，课后只要把教师的课件拷贝一份就可以了；上课成了一件轻松的事情，只需要看，不需要思考；缺乏教师的指导，上课'看片子'虽然过瘾，下课后却一无所获……"③而对于那些不允许拷贝课件的课堂，学生则变成了"神经高度紧张的速记员"。宁波某高校的学生曾燕的经历是，"在'国际贸易'这门课的第一节课上，老师就跟大家摊牌，说考试不会划重点。曾燕只好一节课不落地做笔记，最后抄了满满一本。到期末时，这门课的很多图表、概念曾燕都没弄懂。幸好是开卷考试，她对着笔记依葫芦画

---

① 王柏玲：《个别教师对信息技术依赖》（http：//edu. cn. yahoo. com/ypen/20111212/752672. html）。

② 王传习、郭红梅、詹来宇：《高校教学莫患"课件综合征"》，《光明日报》2006 年 6 月 21 日，第 007 版。

③ 王柏玲：《个别教师对信息技术依赖》（http：//edu. cn. yahoo. com/ypen/20111212/752672. html）。

瓢，居然还拿了 89 分"。① 一名接受笔者访谈的学习者如是说："每次上分析化学课，老师不停地翻动幻灯片，我则不停地记笔记，根本没有时间理解消化课堂内容；如果想理解老师讲解的内容，又记不成笔记。我感觉用多媒体的效果还没有不用的时候教学效果好。" 笔者在一次高校信息化教学应用调查中发现，在使用频率高达 90% 多的多媒体教学中，"学生对多媒体教学效果却只有 28.6% 满意度"，而调查对象对该学校的教学平台满意度更不理想，"仅有 8.7% 的教师和 9.4% 的学生满意其教学效果"。② 该学校多媒体教学效果由此可窥豹一斑。信息技术与课程整合被异化为"机灌"，与整合的初衷南辕北辙、背道而驰，势必会影响到公众对信息技术与课程整合的信心和期望，"复旦大学于 2008 年全面取消 CAI 课"③ 的消息为每一个教育技术使用者敲响警钟。

现代教育技术引入课堂本为改变传统课堂单一呆板的教学模式，旨在提高学生的学习兴趣，提升教学效果，但技术化价值取向指导下的教学活动过多地关注了"技术"的"表"，忽视了"教学"的"里"，缺乏对"人"这一教育主体的观照，技术非但没能发挥自身的优势，反而成了束缚教学的桎梏。众所周知，多媒体课件中的教学内容和教学程序多已事先设计完成，如是，完全基于多媒体课件的教学将可能变成"流水作业"，而这种"程式化"和"固定化"的设计势必会在一定程度上束缚教学过程，教师无法根据教学实际情况及时改变、调整、增删内容。④ 教师或将被多媒体课件所"限制"，教师的教学智慧、个体经验、应变能力将得不到应有发挥，久而久之，课堂或"僵化"而死气沉沉，或花哨而肤浅，教师的教学基本技能亦可能退化，并滋生了教师的"惰性"（笔者在访谈中亦发现，有的老师用了多媒体课件后，就不那么注重备课环节，不那么注重教学方法的改革，不那么注重教学策略的设计，不那么关注课堂中学

---

① 谢洋：《过分依赖 PPT 课堂教学丢灵魂》（http://zqb.cyol.com/content/2009－09/25/content_2868916.htm）。

② 郝兆杰、赵阳、王开：《有效应用：当前高校教育信息化建设的关键——基于河南某高校的调查》，《现代远距离教育》2011 年第 3 期。

③ 王绍梅：《关于多媒体教学实践的几点思考——从复旦大学取消 CAI 课时说起》，《电化教育研究》2009 年第 10 期。

④ 胡雪芬：《多媒体技术在教学中的利弊分析与应用研究》，《中国教育信息化》2011 年第 12 期。

生的疑惑，绝大多数情况下按照课件中既定的教学流程实施教学……）。技术束缚还表现在对教师肢体的束缚上。肢体语言作为一种有效的信息传递工具，在教学过程中运用得当将达到"无声胜有声"的良好效果。美国心理学家艾伯特·梅拉宾通过实验得出这样的结论：信息的效果＝7％的文字＋38％的声调＋55％的表情及动作，①肢体语言的重要性可窥一斑。但是在常用的多媒体课堂教学中，原本在讲台上"谈笑风生"、"颦笑自如"，善用眼神、手势、表情等肢体语言交流的教师，却被束缚在教室角落的"多媒体控制台"前，学生常常只能看到教师的脸，有的甚至只能看到教师的头顶。据笔者 2010 年所做的一项高校教育信息化实施情况调查，对于"教学过程中，您是否会离开控制台？"一题，63％的教师"从不离开控制台"或者"偶尔离开"。不难看出，运用不当的多媒体教学变师生交流的多重渠道为单一渠道，多媒体反成了横亘在师生之间的交流屏障。

　　缺乏正确价值取向的引导，教育信息化实践热衷于通过频繁引进新媒体、新技术引发一波又一波"信息化热"。更令人担心的是，"信息化热"甚至演绎成各色各样的"信息化秀"。如早期的"Authorware 课件秀"、"PPT 课件秀""Flash 课件秀"，之后又兴起了"网页课件秀"、"专题网站秀"、"整合秀"和"博客秀"，近期则出现了"交互式电子白板秀"、"微课秀"、"翻转课堂秀"、"网络学习空间秀"等等。②新技术层出不穷，各种"热"与"秀"花样翻新，浅尝辄止的信息技术应用未能转变为常态化应用，缺乏系统深入研究与持续扎实推进，看似繁荣昌盛的"信息化教学"，留下的只能是一锅又一锅的"教育信息化夹生饭"。

　　总之，缺乏对"人"这一教育主体的观照，单纯地依靠技术是无法达成"教学最优化"这一目标的。技术在教育中的应用，关键因素还是在人，而不是在技术，技术至上的教育技术不能取得教学上的认同是其必然命运。

---

①　陈芃：《教学语言与最佳信息效果》，《天津教育》1993 年第 Z1 期。
②　郑小军：《从"信息化热"到教学常态：教育技术人的范式转变》，《中小学信息技术教育》2013 年第 10 期。

二　现代化教育中"全人"培养目标落空，甚至导致"技术人"的产生

教育是"使人之为人"的活动，因此"教育"应指向个人内在整体性的提升，指向人的全面发展，即真正的教育"应当是集科技与正确的价值观、高度的社会责任感于一身的全面的教育"。① 现代教育技术在教育中的运用打破了传统教育中的时空壁垒，使教育信息的表现形式丰富多彩而富有吸引力，亦使得教育信息的传输方便而迅速，现代教育技术也因此被赞誉为"教育改革的突破口和制高点"。然而由于只注重实物媒体，缺乏对人的观照，现代化教育仅追求认知向度上的增长，无视人的其他方面，"全人"培养几成一句空话。

多媒体技术的引入使得教学进入"图视化"时代。利用图像、视频营造课堂教学气氛、激发学生兴趣的初衷是值得肯定的，但过多的将知识可视化却可能引发学生思维的倒退。学生思维的一般品质包括创造性、敏捷性、灵活性、深刻性和广阔性，② 提升学生思维水平是当前课堂教学的一个重要任务。然而，图视化滥用的课堂却制约着学生思维的发展。正如一位语文老师在谈到文字阅读时所说，"文字阅读本身就是一种复杂的心智活动，它包含了感知、记忆、想象与思维等多种心理过程，并始终伴随了兴趣、注意、情感、意志等心理活动。文字属于抽象的符号，读者在感知它后需凭借自己的经验，经过思维加工，才能产生相应的形象。但图像化过多介入甚至替代，让学生不需要看太多的文字说明，不需要开动脑筋就能看懂。可见，图像化缺乏文字阅读具有的那种逻辑上的深入与综合性的理解，反而压制了学生的创造力"。"文学语言的表达往往言简意赅、词约意丰，因而需要读者通过揣摩和想象去把握其言外之意、象外之象。而图像化的直观刚好弥补了这种艺术的空白，阻碍了学生对作品的发挥和创造，尤其是那些对作品解读不正确的图视更是干扰学生对课文的正确理解"。③ 语文课中对学生思维的抑制只是当前课堂教学"媒体过剩"的一

---

① 刘黎明：《基于马克思主义的教育学中人之问题再认识》，博士学位论文，华东师范大学，2007 年，第 100—102 页。

② 汪基德：《现代教育技术》，高等教育出版社 2011 年版，第 287 页。

③ 李园香：《图像化时代：文学教育的尴尬》，《语文教学与研究》2003 年第 11 期。

个缩影。据一项研究现实，"从小在电视机前长大的孩子被称为'新电视人种'，他们在思维和能力方面存在着明显的缺陷，诸如：注意力控制时间越来越短，只习惯图像语言而不习惯词汇语言，抽象思维能力差，不喜欢动手实践等"。[①] 我们知道，思维的发展是需要训练的，仅仅满足于感官盛宴的"图视化"，把意蕴丰富的教学变成单一的知识传授，导致学生思维训练止步于知识的接受与记忆，无法实现高阶思维的培养，而这与促进"人的发展"的初衷背道而驰。

人是有理智的动物，也是有情感的动物。情感是人的生命的重要表现方式，是人的精神生命的原动力，是温柔的人性之乡。[②] 人的全面发展必然包括健全情感的发展。但由于当今教育中功利主义和唯认知主义难以抑制，情感教育缺失已经是一个不争的事实。而在信息技术参与的现代化教育中，技术的不合理运用致使"情感缺失"更加恶化。首先，技术化取向的教育技术追求知识信息传递效率，这将会导致人们更加关注、扶持人的智慧中的认知层面，致力于研究技术支持下的信息传递策略的改进和优化，但对情感发展的误区和偏差却熟视无睹。其次，技术化环境中的教育活动，"主体间过分依赖技术力量进行沟通，而忽视人与人之间直接的情感交流"。[③] 传统教学中面对面的交流顺畅的师—生、生—生之间横亘上了现代教学媒体，冰冷的屏幕催生了情感冷漠，师生之间往往缺乏理解、宽容和责任感，技术让世界拉近距离的同时，却疏远了师生的关系。以至于何可抗教授曾呼吁"教育不仅仅强调知识、技能的传递，更要注重学生的情感教育，促进学生的身心健康"。[④]

现代教育技术带来了丰富的学习资源和学习体验，互联网技术更将全球海量信息"推"到我们面前。但是，技术化价值取向主导下的信息技术教育没能为青少年建立良好的"信息免疫系统"，良莠不齐的信息影响着他们尚未成熟的价值观和人生观，于是网络成瘾、黑客、游戏暴力、网络色情以及青少年犯罪、校园暴力、诚信危机、责任危机等人格失范现象

①　李园香：《图像化时代：文学教育的尴尬》，《语文教学与研究》2003 年第 11 期。

②　张淑燕：《我国当代情感教育的现实思考》，博士学位论文，东北师范大学，2008 年，第 1—2 页。

③　李五洲：《从技术的异化谈教育技术的异化和消解》，《现代教育技术》2009 年第 11 期。

④　杨开城、张润芝、贺红星：《从话语词汇的使用看教育技术学的理论研究》，《中国电化教育》2006 年第 9 期。

时有发生。据统计，"网络犯罪人多数都在 35 岁以下，有很多甚至是尚未达到刑事责任年龄的未成年人，并且这些犯罪主体一般具备较高的智商并受过高层次的教育"。① 当然，他们实施计算机犯罪行为的原因是多方面的，但教育技术绝对有一份不可推卸的责任。因为，教育技术倡导技术、传播技术、应用技术，在教育学的二级学科群中，没有一个学科像教育技术学那样和现代信息技术如此"亲密接触"。在信息犯罪频发、网络伦理问题日益严重的今天，与其他二级学科相比，教育技术学有更多的责任和义务担负起提升受教育者信息道德水平的重任，这是其应有的社会担当。

技术化取向下的教育技术，与"全人"培养的目标渐行渐远，甚至导致"技术人"的出现。李政涛博士为我们勾勒了技术人的形象："技术人是喜新厌旧的人，他对任何新的技术都趋之若鹜，在保持对新的东西敏锐嗅觉的同时，对旧的技术却反应迟钝。""技术人是思维清晰而又肤浅狭隘的人。他不懈地钻研技术，但钻之弥深，思之弥浅。由于其思想和生活的重心全部都围绕着技术，当他孜孜不倦地精研技术时，仿佛是在挖掘一口技术之井，在越挖越深的同时，也使自己陷进去了，看不到井外的世界，即人的博大世界，最后成了井底之蛙"。② 技术至上的思维必然使得教育技术培养的人才片面而畸形，"技术人"的出现给教育技术人才培养敲响了警钟。

三　技术化价值取向阻碍教育技术学学科健康发展

教育技术学是以教育技术为研究对象，是对教育活动中如何应用教育技术进行研究的一门教育学分支学科，技术化取向的教育技术是对"人"的一种疏远和偏离，这种偏离引发了教育技术学研究起点的转变和主体意识的缺失，致使学科的逻辑起点发生了漂移，从本该定位于关注人发展的教育漂移到技术上来。美国学者李维斯（Thomas Reeves）认为，目前教育技术学研究中存在的最为突出的问题就是，"教育技术学研究对基础研

---

① 汪基德：《现代教育技术》，高等教育出版社 2011 年版，第 388—389 页。
② 李政涛：《为人的生命成长而设计和发展教育技术——兼论教育技术学的逻辑起点》，《电化教育研究》2006 年第 12 期。

究与应用研究之间的区别存在着很大的误解"。① 赵勇在总结教育技术学研究中存在的诸多问题时也指出，"在实际工作中，我们往往视教育技术为纯技术问题，以为只要应用了最先进的技术就能实现教育目标，因而注重硬件配置、关心软件质量，却忽略了现有教育系统本身对技术的制约与排斥"。"传统的技术在教育中的应用研究往往重开发、轻理论；追求前沿技术，而忽视继承总结"。② 张建伟认为，我国教育技术学研究突出地存在以下问题："重应用，轻基础，基础性探索相对还很薄弱；基础性探索与应用性探索之间以及各个分支领域之间缺少良好的互动沟通；基础性探索与应用性探索之间往往相互脱节甚至对立"③。基于偏颇的技术定位而推演出的教育技术学科体系自然偏离了其质的规定性，导致学科的研究对象、研究领域，乃至社会功能的混乱，④ 进而影响到教育技术的学科地位、学科疆界，而这必然会影响到学科的健康发展。如杨开城指出，"教育技术研究者一直试图将教育技术学发展成为教育的二级学科。然而几十年的耕耘，属于这个学科的理论却少而又少。……这样一来，教育技术学实际上表现为心理学、教学论、哲学等基础学科在技术运用的背景下的运用而已，根本称不上一个相对独立发展的二级学科"。"教育技术学试图成为教育理论的一部分，却引发了与其他学科之间的紧张关系，至今还没有取得完全的、实际的合法地位；……教育技术学试图拥抱教育，却被教育半推半就地拒绝着"。⑤

作为教育技术学一个主要研究方向的信息技术教育担负着提升全民信息素养的历史重任，然而信息技术课程技术化的倾向"促使课程培养人的本体价值逐渐消弱，而其工具性价值则日益彰显，并呈凌驾于本体价值之上的态势，结果，课程伴随文化品性的消失逐步演变为传递知识的工具，而学习者则在被动的适应中丧失主体性，丧失主体应有的主动适应与

---

①　Reeves and Thomas C："The Questions of InstructionalTechnologyResearch"（http：//www.hbg. psu. edu/bsed/intro/docs/dean/）.

②　缪蓉、赵国栋：《教育技术研究的方法与策略》，北京师范大学出版社 2003 年版，第1 页。

③　张建伟：《当代教育技术学研究领域的基本架构》，《教育研究》2002 年第 4 期。

④　卢锋、唐湘宁：《从教育技术学的技术化到科学发展观的确立——兼论中国教育技术学科的发展道路》，《电化教育研究》2007 年第 10 期。

⑤　杨开城：《中国教育技术学的尴尬》，《中国电化教育》2005 年第 12 期。

创新的意识与能力"。① 无法真正促进"人"的发展和社会的进步，自然也无法得到社会认同，缺乏公众认可的信息技术教育若不及时调整必将步履维艰。

同样影响教育技术学科发展的还有当前全国范围内如火如荼推进的教育信息化。教育信息化是在教育中普遍运用现代信息技术，开发教育资源，优化教育过程，以培养和提高学生的信息素养，促进教育现代化的过程。无论是高等教育领域还是基础教育领域，我国主要以工程项目的方式在推进信息化，如中国教育科研网（CERNET）、教育政务"三网一库"、校校通工程、农远工程、班班通工程、三通两平台等。在全国范围内推广教育信息化需要巨额的资金投入，而投入是需要有产出的，然而"重硬轻软"的指导思想却将教育信息化的推进止步于"物质基础建设"，而对物质基础的有效利用、对软资源的开发却没有受到足够的重视，致使教育信息化没能在教学、科研、管理中产生良好的效益和效果。进而使得教育信息化的公信力受到质疑，社会认同感亦有所下降。② 而教育信息化的倡导、推进主体主要是教育技术专业人员，教育技术学也一直视教育信息化为重要的研究领域，因此，教育信息公信力下降必然影响到教育技术学科的发展。

总之，技术化教育技术价值取向致使教育技术发展中"人的空场"，违背了学科发展的必然逻辑，无法达成教育技术"促进教学"的根本追求，教育技术的功能受到质疑，自身公信力降低，进而影响到自身的学科地位和学科发展。诚如南国农先生所言："当前教育技术作为一个事业来说，它是红红火火，如日中天，但是作为一门学科来说，它正在逐渐地衰弱，独立生存发展的空间越来越小。"③ 技术化价值取向引发的诸多不良后果呼唤"人"的回归，呼唤在强势的技术生境中关注人，呼唤"以人为本"的价值取向的确立。

---

① 朱彩兰、李艺：《信息技术课程技能化倾向原因分析与对策研究》，《教育探索》2005 年第 3 期。

② 郝兆杰、赵阳、王开：《有效应用：当前高校教育信息化建设的关键——基于河南某高校的调查》，《现代远距离教育》2011 年第 3 期。

③ 任友群、程佳铭、吴量：《一流的学科建设何以可能？——从南国农之问看美国七所大学教育技术学科建设》，《电化教育研究》2012 年第 6 期。

第四节　技术的价值负荷特性为教育技术"以人为本"提供可能性前提

价值取向是价值哲学的重要范畴，它是指主体基于自己的价值观在面对或处理各种矛盾、冲突、关系时所持的基本价值立场、价值态度以及所表现出来的基本价值倾向。价值取向的突出作用是决定、支配主体的价值选择，将直接影响主体的工作态度和行为，管理心理学中甚至把价值取向定义为"在多种工作情景中指导人们行动和决策判断的总体信念"，其对行为态度的影响可见一斑。价值取向明显属于意识形态的范畴。教育技术"以人为本"的价值取向有一个研究前提，即"以人为本"这种理念能否渗透到教育技术中？为此，我们先从技术及技术的价值负荷说起。

一　技术及技术的价值负荷

从教育技术的构成结构来看，其中心词是"技术"，"教育"是其限定词。因此，完整理解技术的内涵是准确把握教育技术本质的前提。古汉语中，"技"除有时指某种艺术（如歌舞），主要泛指才能、本领，如"凡执技从事上者，祝、史、射、御、医、卜及百工"。① "术"的意思更为广泛，凡是能用于达到目的的均可称之为术，"夫圣贤之治世也，得其术则成功，失其术则事废"。② 可见，方法、手段、策略、方术、计谋、权术都统称为"术"。

从词源上来说，技术在希腊中意指"技能"、"技艺"。然而，何谓"技术"却始终未有统一的结果。如《简明不列颠百科全书》给出的定义是，"技术是人类改变或控制客观环境的手段或活动"。H. 贝克认为，技术是"通过智慧对自然的改造……人按照自己的目的，根据对自然规律的理解，改造和变革无机界、有机界和人本身的心理和智慧的特性（或相应的自然过程）"。艾斯看来，"技术是赋予人的意志以物质形式的一切东西"。汤德尔认为，技术是作为主体的人为了改变世界的某些特征以便

---

① 《礼记·王制》。
② 《论衡·定贤篇》。

达到一定目标而置于自己同客观世界之间的东西。埃吕尔认为，"技术是合理的、有效活动的总和，是秩序、模式和机制的综合。……技术是在一切人类活动领域中通过理性得到的，具有绝对有效性的各种方法的整体"。① 由以上不同的定义可以看出，技术总是指称如下东西中的任何一种或几种：（1）由技术实践所产生或制造的物质工具、设备或人工物。（2）技术知识、规则、秘诀或概念。（3）工程或其他的技术实践，甚至包括与应用技术知识相对的特定的职业态度、范式与假定。（4）技术是人的创造力的表现，是人为了达到目的而在客观规律的无数可能性中所做出的创造性选择，是为了特定目的的实践活动。技术的全面概念应包括有形的东西（硬件）和无形的东西（软件）这两个方面。它必须体现出物质的方面、知识与技术的方面以及人类能动地改造自然的目的性活动。于是，也有学者把技术定义为：满足整个公共需要的物质工具、知识和技能的集合，并保证对这种集合的控制优于其自然的环境。我国出版的《自然辩证法百科全书》把技术定义为：人类为了满足社会需要依靠自然规律和自然界的物质、能量和信息来创造、控制、应用和改进人工自然的手段和方法。② 马克思从不把技术肤浅地看作游离于社会之外的抽象的某物，而是某种深层关系的体现。在马克思主义看来，技术是人的本质力量对象化的产物，由于人的本质是一切社会关系的总和，因此，作为人的本质力量外化的技术，不仅展示了人对自然的能动关系，也展示着人类社会生活关系的直接生产过程，它是人类社会生活关系的形成、存在和发展的根本力量和度量尺度。③

技术是物化为人造物的技术，④ 是"以天然物质形态为基础的、由科学意识物化的、能满足人们需要的人为物质形态"，具备"目的性"和"人为性"，⑤ 合目的性的技术无疑是有价值的。技术的价值可分为两个层面：技术的内在价值和技术的外在价值。技术的外在价值即技术的使用价值，主要指由于技术的使用所产生的效果。由于技术应用受人的意识指

① 陈昌曙：《技术哲学引论》，科学出版社 1999 年版，第 95 页。
② 许良：《技术哲学》，复旦大学出版社 2005 年版，第 49—50 页。
③ 同上书，第 53 页。
④ 舒红跃：《技术总是物象化为人造物的技术》，《哲学研究》2006 年第 2 期。
⑤ 刘锋：《对人造物概念的哲学意识——关于现代科学技术革命的哲学思考》，《探索与争鸣》1986 年第 1 期。

导，总是为了满足人的某种需要或达到某种目的，因此技术的使用价值负荷是公认的。技术的内在价值主要指技术作为物质手段、知识体系及活动过程的总和所蕴含的价值。对于技术的内在价值，存在两类截然不同的观点——技术价值中立和技术价值负荷。所谓价值中立主要是指技术本身只是一种达到目的工具和手段，它与价值无关，没有好坏、善恶及对错之分。在技术中立者看来，技术与伦理、政治无涉，技术的全部领域都是价值中立的，没有好坏之别，它不过是达到目的的一种中性手段或工具体系。[1] 如德国著名哲学家雅斯贝尔斯在《历史的起源和目标》一书中所说：技术仅仅是一种手段，它本身并无恶意。一切取决于人从中造出些什么，它为什么目的而服务于人，人将其置于什么条件之下。[2] 技术价值中立学说曾流行一时。但由于技术中立者把技术看作脱离社会现实的一种超社会、超历史的东西，忘记了技术的社会属性，也忘记了技术是人的创造，而人又是理性的产物、文化的产物，技术问题归根到底是人的问题，抛开"人"去封闭的谈论技术，有"机械论"之嫌。因此，近年来技术中性论开始受到质疑，技术价值负荷论则逐渐进入人们的视野。技术的价值负荷论者认为，"技术并不是一种中性的方法和手段，而是特定社会中人的价值的一种载体，因而其在内容和形式上都体现着政治、文化和伦理的丰富内涵，体现着当时社会的价值观"。技术不仅是具体的工具、设备，"发明者的价值观、意志、信仰、思维习惯在技术的设计、发明等一系列环节中必然渗入其中，使根源于社会的普遍标准被纳入其中"。拉普亦反对技术中立说，他认为"技术并不是独立于物理过程和个人及社会生活的自我封闭的事物"。[3] 邦格则指出，"技术在伦理上绝不是中性的（像纯科学那样），它涉及伦理学，并且游移在善和恶之间"。[4] 法兰克福学派主张"技术与科学不仅是生产力，而且也是意识形态"。其代表人物马尔库塞认为，"技术本身已不可能独立于它的使用。技术总是一种社会的设计，一个社会和它的统治利益打算对人和事物所做的一切都在其中设

---

[1] 许良：《技术哲学》，复旦大学出版社 2005 年版，第 133 页。

[2] ［德］冈特·绍伊博尔德：《海德格尔分析新时代的技术》，宋祖良译，中国社会科学出版社 1993 年版，第 11 页。

[3] ［德］拉普：《技术哲学导论》，刘武译，辽宁科技出版社 1986 年版，第 47—48 页。

[4] 许良：《技术哲学》，复旦大学出版社 2005 年版，第 137 页。

计着。换言之，统治的特殊目的和利益并不是随后或外在地强加于技术的，而是在其被设想、发明和创造时就已进入了技术结构本身。这种价值的存在并不以是否实现和怎样实现为依据。一旦投入使用，技术的内在价值就会在特定条件下转换为现实价值"。尽管以马尔库塞为代表的法兰克福学派将对技术的批判作为其社会批判理论的核心，但无可否认，其对技术蕴含设计者的意识形态的描述是细致而到位的。技术哲学家温纳在《人工制品有政治吗?》一文中也指出，技术在一开始设计时就有专门的意图，特定的技术设施或系统的技术发明、设计和组织特性都有确定的价值取向。许良在分析技术文化层次的时候也指出，技术文化包含三个层次，最表层是技术器物层，中间层是技术制度或体质层，最深层是技术意识形态层。① 马克思主义看待技术时保持其一贯的"历史视野、现实视野"，认为技术绝不是某种孤立的东西，它总是历史的、社会的技术，任何技术的产生与发展都离不开特定社会条件。马克思在《德意志意识形态》中明确指出：正是人的生存需要构成了技术产生的根本动力；正是技术在生产中的广泛应用，激发了人们新的需求，进一步推动了技术的发展。因而技术作为人的有目的的活动，承载着人的价值观、人的利益要求和欲望，是人追求更合埋的生活和更有意义的存在的最基本的方式和方法，从而使技术集中鲜明地体现着人的价值追求和价值赋予。由此可见，作为对技术价值中立论的反对与超越，技术价值负荷论者从人、社会、关系的视角考察技术，将技术与人性、与复杂的现实的社会活动结合起来，无疑更能把握技术这一人造物的本质。正因为如此，技术的内在价值负荷的观点已逐渐为更多的人所接受。

二　教育技术的"价值负荷"是其"以人为本"的可能性前提

教育技术的价值亦可分为外在价值（使用价值）和内在价值。教育技术的外在价值像技术的外在价值那样，是使用主体在教育教学理念的指导下完成价值实现，是具有价值负荷特性的。那么教育技术的内在价值呢? 它是否也是价值负荷的呢? 我们从教育技术的内涵入手，对此进行讨论。

---

① 许良：《技术哲学》，复旦大学出版社 2005 年版，第 137 页。

　　从构词的角度来看，教育技术是指"教育的技术"或"教育中的技术"，由于"技术"通常被视为"手段和方法的总和"，因此很多学者依据此种思路给教育做出符合逻辑的定义。如尹俊华先生认为："从广义上说，教育技术指的就是教育中的技术，指人类在教育活动中所采取的一切技术手段和方法的总和。"[①] 李龙教授认为："教育技术是人类在教育、教学活动中所采用的手段和方法的总称。"[②] 汪基德教授也认为，"从技术的本质是'各种手段'上可以推出，教育技术是指教育活动所采用的一切技能、工具和方法。"[③] 美国学者埃林顿也明确指出，教育技术就是"教育的技术"，是有形技术与无形技术的综合体。[④] 不难看出，上述学者在探讨"教育技术"的本质时，沿循"技术——教育技术"的逻辑路线，而此种定义比采用描述性定义的 AECT'94 或 AECT'05 定义在方法上更科学，因而对定义的表述更严谨、更简洁、更抽象，亦更能把握教育技术的本义。上述定义是广义教育技术学派的代表。广义教育技术学派认为，教育技术研究范围上比较宽泛，指向"全部物化形态＋部分智能形态"或"全部物化形态＋全部智能形态"。"全部物化形态"的技术是指所有用于教育教学的物质工具，"部分智能形态"的技术是指在解决教育教学问题时所采用的系统方法和媒体技术；"全部智能形态"的技术是教育教学的技能与方法。[⑤] 广义教育技术观下的教育技术构成，无论是"经验形态的技术、实体形态的技术和知识形态的技术"、[⑥] "教育智慧经验、方法技能和工具手段的有机综合体"，[⑦] 还是"教育教学技能、教育教学工具和教育教学方法"，[⑧] 都可将其归结为"物化形态的技术"和"智能形态的技术"，与广义教育技术派的其他观点一脉相承。当然，由于中国教育

---

　　① 尹俊华：《教育技术学导论》，高等教育出版社 2002 年版，第 66 页。

　　② 李龙：《教育技术领域·学科·专业》，《中国电化教育》2005 年第 12 期。

　　③ 汪基德：《中国教育技术学科的发展与反思》，中国社会科学出版社 2008 年版，第100 页。

　　④ 刘美凤：《教育技术学学科定位问题研究》，教育科学出版社 2006 年版，第 42—43 页。

　　⑤ 汪基德：《中国教育技术学科的发展与反思》，中国社会科学出版社 2008 年版，第99 页。

　　⑥ 李芒：《关于教育技术的哲学思考》，《教育研究》1998 年第 7 期。

　　⑦ 李康：《论教育技术领域中的哲学观》，《电化教育研究》2000 年第 3 期。

　　⑧ 汪基德：《中国教育技术学科的发展与反思》，中国社会科学出版社 2008 年版，第101 页。

技术特殊的发展土壤，在分析教育技术的内涵时，狭义教育技术学派或电化教育学派是不可回避的一环。狭义的教育技术学派特别强调"现代教育媒体"的核心地位，是一种"部分物化形态＋部分智能形态"的教育技术观，"部分物化形态"主要是指现代教育媒体，"部分智能形态"指的是与现代教育媒体运用相关的教育教学技能与方法。狭义的教育技术学派秉承了我国电化教育研究的传统，所以也称为电化教育学派。尽管，在狭义和广义的教育技术定义中，笔者更倾向于广义的定义，因为"不人为地附加其他的价值理念，广义的教育技术观则更符合教育技术的本义"，[①] 但表明个人的教育技术观显然不是本书的研究旨趣，本书对教育技术内涵进行细致分析的目的是为"阐明教育技术以人为本的价值取向"服务的。

　　通过上文的分析，我们知道，无论广义的教育技术观还是狭义的教育技术观，其视野中的教育技术要素都包含"物化形态的技术"和"智能形态的技术"两部分，广义与狭义的区别在于包含二者的多少。在教育技术的组成要素中，"智能形态"的技术指"解决教育教学问题的方法和手段"，是"系统方法"和"设计理念"，是在教育教学理论（理念）指导下的"软技术"，具有很强的意识形态特性。故在"智能形态"类技术中渗透"以人为本"的价值理念，属于观念层面的融合，是同质物间的重组，是可行的。而对于"物化形态"的技术，指的是"教育教学的物质工具"，而技术的价值负荷理论有足够的理由让我们相信，物化形态的教育技术也是具有价值渗透的，即教育技术中蕴含着设计者的教育教学观念、教学组织策略、评价策略等。多媒体教学软件中的一个超链接、一个动画、一个按钮、一个提示，以及色彩的运用、布局的运用，无不渗透着设计者的教育教学理念。另外，在教师运用别人的课件的时候，总是感觉有些地方不符合自己的教学习惯，总是想着修改调整成适合自己适用的课件，这本质上是课件中蕴含的教育教学理念与使用者自身的价值观念相冲突的表现，也从侧面证明了"物化形态的"教育技术也是具有价值负荷的。

---

　　① 汪基德：《中国教育技术学科的发展与反思》，中国社会科学出版社 2008 年版，第100 页。

由上文可知，无论是教育技术的外在价值，还是内在价值（物化形态技术的价值、智能形态技术的价值），都非价值中立，而是融合了使用者、设计者、开发者的教育教学理念，即在教育技术中融合了主体的意识形态，因此，教育技术中渗透"以人为本"的价值取向并非跟风般的"东施效颦"，它是可行的。可以说，教育技术的"价值负荷"特性为本研究提供可行性前提，是关乎本命题成立与否的基础。

不难发现，教育技术的学科归属是教育技术"以人为本"价值取向的必然逻辑，信息化教学中的主客体结构揭示了教育技术"以人为本"价值取向的内在规定性，技术化教育技术价值取向造成的负面影响为教育技术"以人为本"提出了来自现实世界的诉求，再加上教育技术的价值负荷特性使得"以人为本"理念与教育技术的融合成为一种可能，进而证明本研究致力于确立"以人为本"的教育技术价值取向并非在搭建一座虚无缥缈的空中楼阁，而是植根于切实可行的现实土壤，体现着历史与逻辑的统一，体现着内在与外在的统一。因而，树立"以人为本"的价值取向不仅是对教育技术的必然要求，更是一种可行性要求。

第五章

满足与异化：教育技术与人之属性的关系辨析

本书第四章从历史与逻辑、内在与外在等多个维度论证了教育技术应树立"以人为本"的价值取向这一命题，为教育技术"以人为本"价值取向提供学理层面的支撑。事实上，对教育技术"人本化"的呼吁笔者绝非午鸡初啼，有许多专家学者也提出过类似的观点。如李政涛博士曾呼吁"教育技术学的视野中不能只有技术，没有人"。① 李芒教授指出作为"主体技术"的教育技术应遵循"一切从人出发的基本原则"。② 南国农先生指出在构建电化教育（信息化教育）新体系时要"以人为本"，③ 等等，不一而论。由此可见，树立"以人为本"的价值取向正逐渐成为教育技术人的一种共识。至此，我们的研究重心已经水到渠成地由"为何"以人为本转变为教育技术究竟以"人"的什么为本的问题。

尽管在本书的第一章，我们已经阐明了教育技术"以人为本"价值取向的两层内涵：其一，教育技术要以学生的发展为最终旨归；其二，教育技术应用时需充分发挥使用主体的智慧，并泛泛地指出第二层意思实质上也是为第一层意思服务的。而第四章中所分析的"信息化教学"的主客体关系，则为我们较好地揭示了两层内涵之间的逻辑关系。由于"信息化教学"是"主体—中介—主体"的主体客体关系，对第一主体的观照则是"教育技术要方便使用者使用，并且使用时要充分发挥使用主体

---

① 李政涛：《为人的生命成长而设计和发展教育技术——兼论教育技术学的逻辑起点》，《电化教育研究》2006 年第 12 期。

② 李芒：《论教育技术是"主体技术"》，《电化教育研究》2007 年第 11 期。

③ 南国农：《教育技术学科建设——中国道路》，北京师范大学出版社 2010 年版，第 99 页。

的主观能动性"，对第二主体的观照则是"以第二主体的发展为根本旨归"，但是对第一主体的观照的目的也是为了促进"第二主体的发展"，即对两类主体的观照归根结底是为了促进"第二主体的发展"。所以，在我们所阐述的"以人为本"的两层内涵，其实质是一致的，都指向了"促进学生的发展"上。那么，接下来，我们要回答的问题就是，要发展人的"什么"的问题，回答清楚了这个问题，也就弄清楚了教育技术究竟"以何"以人为本。为此，我们探河求源、剥蕉至心，从教育技术与人的四个基本属性——自然性、社会性、发展性、实践性谈起。

第一节　教育技术与人的自然性

一　人的自然属性

人是一种复杂的存在，但作为一种生命体，人首先是一个自然物的存在。1859 年达尔文发表的《物种起源》为我们揭示了生命进化的一般规律：生命只有一个祖先，生物是从简单到复杂，从低级到高级逐渐发展而来的。作为自然界一部分的人的进化同样遵循物种起源的一般理论。人类和世界上所有的物种一样，都是动物界长期进化的产物。人与动物同作为自然存在物，有着相同的生命特征，如生老病死、新陈代谢等，同时亦具有由生理本能而产生的动物共有的种种欲望，如食欲、情欲、贪欲等。对于生命进化链中的最高形态的人的本性，尼采认为：构成人的天性的不是意识、精神和理性，而是无意识的不受拘束的生命、纵横溢流的精力以及过于蒙昧和混乱的本能。① 爱德华·奥·威尔逊断言，"生物学是理解人类本性的一把钥匙"。② 人本主义心理学家马斯洛将人的"生理需要"置于需要构成理论的最底层，是最体现人之动物性的"需要"。而在该需要体系中，越具有动物性的需要越处于较低的层次，形象地表征了"人的自然属性是构成人的本质的物质前提"。即便是一贯坚持以"社会人、关系人"观点解释人之问题的马克思、恩格斯，也从未否定人的自然属性。如马克思曾指出，"吃、喝、生殖等等，固然也是真正的人的机能。但

① 刘亚政：《人是自然属性和社会属性的统一》，《实事求是》1990 年第 2 期。
② 同上。

是，如果加以抽象，使这些技能脱离人的其他活动领域并成为最后的或唯一的终极目的，那它们就是动物的机能"。① "人直接地是自然存在物……而且作为有生命的自然存在物"，② "全部人类历史的第一个前提无疑是有生命的个人的存在。因此，第一个需要确认的事实就是这些个人的肉体组织以及由此产生的个人对其他自然的关系"。③ 恩格斯也曾说过："人来源于动物界这一事实已经决定人永远不能完全摆脱兽性，所以问题永远只能在于摆脱得多些或少些，在于兽性或人性的程度上的差异。"④ 从生命自然进化的角度来看，人和动物没有本质区别，它们有着相同的 "在时空中自我运动、自我形成、自我分化和自我界定"⑤ 等原始生理现象。人的自然属性主要指向人的生理本能属性，是维持人的存在所不可缺少的，它是人的最强烈的、最明显的一种需要，是人的社会属性的物质前提和实现基础。

虽然都是自然存在，但人的自然存在与动物的自然存在却有着本质的区别。对动物而言，其生命的存在只能以外界所提供的现成形式的物质和能量为前提，它只能作为环境的组成部分而存在，无法将生命的生存主动权掌握在自己手中。⑥ 但是人的生命存在就有着很大的不同，它不仅是一种 "自在" 的存在，更是一种 "自为" 的存在，即人的存在不只是依赖外界环境而生存，不只是作为外界环境的一个组成部分而存在，而是通过自身的创造性活动，使外界环境成了自我生命的组成部分，从而使环境为我而存在。⑦ 据此，高清海先生把动物的生命称为自然的 "种生命"，而把人的生命称为自为的 "类生命"。"种生命" 是自然给予的、具有自在性质的、服从自然法则的、与肉身结为一体的生命；"类生命" 则是由人

---

① 中共中央马克思恩格斯列宁斯大林著作编译局：《马克思恩格斯文集》（第 1 卷），人民出版社 2009 年版，第 160 页。

② 同上书，第 209 页。

③ 同上书，第 519 页。

④ 中共中央马克思恩格斯列宁斯大林著作编译局：《马克思恩格斯文集》（第 9 卷），人民出版社 2009 年版，第 106 页。

⑤ 王维达：《哲学人类学视野中的人——舍勒 "人在宇宙中的地位" 精粹》，湖北人民出版社 1989 年版，第 35 页。

⑥ 刘黎明：《基于马克思主义的教育学中人之问题再认识》，博士学位论文，华东师范大学，2007 年，第 15 页。

⑦ 同上。

所创生的、自为的、超越"种生命"的生命。① 也因此，马克思把人的生命看成"自己意识的对象"，人的生命活动也就成了"有意识的生命活动"，并以此"把人同动物的生命活动直接区别开来"。②

人的生命因为具有"意识"而超越自然生命，而成为万物之灵。但倘若纯粹地将人的自然生命与动物的自然生命相比，我们会发现，人的自然生命有很多先天"缺陷"。所谓力不如牛，疾不如马，视不如鹰，嗅不如犬，寿不如龟讲的便是这个道理。并且人的生命机能不像动物那样"特定化"。所谓特定化，是指"动物的生命机能适应特殊环境的需要而生成的"，③ 如食肉动物、食草动物、热带动物等。而人的生命机能更多的是"未特定化"的，即"人的器官并非为某种生命机制所制成"。④ 人的未特定化，表面看来似乎是一种"先天缺陷"，但恰恰相反，这反成其优越性所在。"由于人的器官并非为某种生命机制所制成，就使他具有了适合多种多样用途的可能性。同样由于人天生本能的匮乏，使人反而不受本能所控制，并能获得多种多样的能力来补偿本能的匮乏"。⑤ 事实上，正是由于需要通过较高的能力以弥补现存缺陷这种必要性，人成了"不断求新的生物"，成了虽不完美，但因此而不断使自己完美起来的生物。⑥

人的自然生命在现实中是通过人的各种需要体现出来的。生物学、心理学、经济学、哲学领域对需要有着不同的表述。哲学层面的需要是指："包括人在内的一切生物有机体所共有的一种特性，这是有机体为了维持正常运转生存、发展必须与外部世界进行物质、能量、信息交换而产生的一种摄取状态"。⑦ 需要是人的一切活动的源泉和动力，人的一切活动都是为了满足自己的某种需要。马克思曾指出："任何人如果不同时为了自

① 高清海：《人的"类生命"与"类哲学"——走向未来的当代哲学精神》，吉林人民出版社 1998 年版，第 37 页。

② 中共中央马克思恩格斯列宁斯大林著作编译局：《马克思恩格斯文集》（第 1 卷），人民出版社 2009 年版，第 162 页。

③ 刘黎明：《基于马克思主义的教育学中人之问题再认识》，博士学位论文，华东师范大学，2007 年，第 20 页。

④ 同上。

⑤ 同上。

⑥ 博尔诺夫：《教育人类学》，李其龙译，华东师范大学出版社 1999 年版，第 37 页。

⑦ 陈志尚、张维祥：《关于人的需要的几个问题》，《人文杂志》1998 年第 1 期。

己的某种需要和为了这种需要的器官而做事，他就什么也不能做。"① 对于人的需要，一般包括"人和动物都具有的需要"和"真正的人的需要"。人和动物都具有的需要即人的自然生命的需要，包括生理需要、物质生活需要、健康需要、安全需要等。② "真正人的需要"是作为人所独有的需要，如精神性的需要、自我实现和自我发展的需要、成为真正人的需要等。③ 因为人的生命内涵要比纯粹拥有自然生命的动物的生命内涵丰富得多，因而表征出来的人的需要也比动物的需要丰富复杂得多。"动物一旦吃饱喝足了，也就满足全部需要了。动物的全部活动，也就是仅仅'为生存而斗争'"，而人的需要是"高于生存需要之上的享受需要"。并且即便是处于动物层次的需要，人们也赋予其新的蕴涵，比如人的饮食，既是为了充饥，又是为了美食；人的衣着，既是为了御寒，又是一种装饰；人的家居，既是为了安全，又是为了享受。④ 人的需要是人生命自然的现实表达，就是人的本性。人的一切行为从根本上说都是其自身需要的表达，从一定意义上说，如果没有人的需要，就没有人的活动的源泉和动力，也就没有人自身和人的世界。

对人自然生命的关注，即是对人生物生命的观照，是对人肉体生命及生理需求的观照。对自然生命的观照，便是对人之精神生命载体的观照，是对人之完整生命观照的物质基础，这是一切关乎生命的前提。

二　教育技术对人之自然性的满足与异化

在教育的语境中，"人的自然属性"为教育提供"性善还是性恶的人性假设"，人的"遗传因素、生物因素或先天因素"成为影响人的发展重要因素，"个体的身心发展规律、认知规律"为教育提供应遵循的客观规律，"人的需要"成为教育观照"人之生命"的出发点，"人的潜能"让教育发展人成为一种可能，并为教育指明最终目标……虽然人的自然属性未能涵盖人的全部本质，但是其中蕴涵着教育的目标、原则、功能、影响

---

① 中共中央马克思恩格斯列宁斯大林著作编译局：《马克思恩格斯全集》（第3卷），人民出版社1960年版，第286页。

② 徐建立：《人的需要及其发展》，《山东社会科学》2010年第9期。

③ 李颖：《人的需要与人的解放》，《求实》2008年第12期。

④ 徐建立：《人的需要及其发展》，《山东社会科学》2010年第9期。

因素等，可以说教育的很多问题都需要回到人之自然属性那里去寻找答案，对人之自然属性的观照是教育的应有之义。那么，在教育技术的语境中，除去继承教育的上位属性而观照"人的自然属性"外，教育技术与"人的自然属性"又有什么独特的关系呢？对此，我们从正反两个方面辩证分析。

（一）教育技术对人之需要的满足

人的需要是人之自然生命的真实表达。而在教育的语境中，人的需要突出地表现为人之精神需求，具体来说是求知需要，即教育中的人的精神需要具体是通过求知需要实现的。[①] 人天生对未知世界充满了好奇心和探索欲，大约是为了弥补人之先天生理机能匮乏的一种后天补充，也表明了"求知之于人的内在需求性"。[②] 当然，此处的求知，并非单指学科知识、书本知识，而是指与人生有关的一切知识，[③] 包括认知的知识、交往的知识、生存的知识等。而人的生命活动又是有意识的生命活动，是以，为了满足人的需要，人从事着各种各样自我满足的生产活动，可以说，人的一切活动都是为了满足自己的某种需要，人的需要是人的活动动机和目的的原始根据，也成为人们度量一切活动及其结果的价值尺度。由此可见，对教育活动的评判标准应该看是否满足了或在多大程度上满足了学生的求知需要。

技术是人的本质力量对象化的产物，技术是人为了达到目的而在客观规律的无数可能性中所作出的创造性选择，是为了特定目的的实践活动。换句话说，技术的功能是为了满足人的某种需要。对于这种满足关系，麦克卢汉将其理解为延伸，"任何媒介的性质表现了人在技术形态中受到的肢解和延伸"，[④] "一切媒介均是其延伸"，[⑤] "一切技术都是人体的延伸"，[⑥] 在其《理解媒介——论人的延伸》一书中充满了类似的表述与例

---

① 刘黎明：《基于马克思主义的教育学中人之问题再认识》，博士学位论文，华东师范大学，2007 年，第 37 页。

② 同上。

③ 同上书，第 38 页。

④ ［加］马歇尔·麦克卢汉：《理解媒介——论人的延伸》，何道宽译，商务印书馆 2000 年版，第 37 页。

⑤ 同上书，第 50 页。

⑥ 同上书，第 232 页。

证，如石斧是手的延伸，车轮是脚的延伸，书籍是眼的延伸，印刷术是人的头脑和声音的延伸，广播是耳的延伸……当然，麦氏所理解的媒介是信息，是无处不在的无时不有的和人体发生某种联系的任何事物，是广义"技术"的代指。

教育技术是一种人造技术，它在一定程度上满足着人们的需要。譬如，图片满足了人们将知识具象化的需要；动画、视频满足人们对运动的、立体的、微观的事物好奇，满足人们对超越现有器官认知能力之外的事物的好奇；计算机满足人们储存、提取、处理知识的需要；网络满足人们传输信息、检索信息、交流信息的需要；多媒体教学环境满足着人们多通道获取知识的需要；远程教学满足着经济欠发达地区普通学生最基本的上学的需要；慕课、微课以及教育资源库满足着人们对优质教育资源的需要；网络学习空间满足着学习者对立体化虚拟学习空间的需要……从器官延伸的角度来看待教育技术，能看到更多的教育技术与人之自然生命的关系。如鼠标和键盘是手的延伸，电子教鞭是胳膊的延伸，投影仪和屏幕是眼睛的延伸，音响是耳朵的延伸，话筒是嘴巴的延伸，存储器是人脑的延伸，电脑是包括人脑在内的人体多器官集体延伸，网络则使得上述各器官的延伸从有限的空间拓宽至整个世界……而这种对自然生命的延伸或满足在特殊教育中表现得更加突出。特殊教育主要包括对听力障碍、智力障碍、视觉障碍等儿童进行的教育。对听力障碍儿童实施教学时展示的图片和视频，是对其眼睛的强化或延伸，亦是对其耳朵的一种补偿；盲童教学中使用的各种声音和盲人阅读器（盲人辅助技术），是对耳朵和手的强化或延伸，亦是对眼睛的一种补充……特殊儿童本是自然生命有缺陷的生命个体，而现代教育技术发挥自身优势，通过对自然生命器官的延伸或补偿，满足了特殊儿童的求知需要，使得先天缺陷的生命受到尊重，享受到应有的生命权益，彰显着人性之光。

（二）教育技术对人之自然生命的戕害

在技术哲学的视野中，技术在改变世界和人类自身的能力、推动人类社会向前发展的同时，又以自己的方式给大自然及人类自身带来种种危害，将"二律背反"演绎得淋漓尽致。技术的目的本是为善的，但由于技术自身的复杂性、技术的不恰当利用以及技术理性的沙龙式扩展，① 技术异化成为技术的孪生儿。对于技术异化这一不争事实，马克思曾指出："每一种事物好像都含有自己的反面。我们看到，机器具有减少人类劳动和使人类劳动更为有效的神奇力量，然而却引起饥饿和过度的疲劳。……技术的胜利，似乎是以道德的败坏为代价换来的。随着人类愈控制自然，个人却似乎愈成为别人的奴隶或自身卑劣行径的奴隶。甚至科学的纯洁光辉仿佛也只能在愚昧无知的黑暗背景上闪耀。我们的一切发明和进步，似乎结果是使物质力量成为有智慧的生命，而人的生命则化为愚钝的物质力量。"② 谈及工厂中的机器，马克思指出，"机器被说成是'主人的机器'，而机器职能被说成是生产过程中主人的职能。……科学对于劳动来说，表现为异己的、敌对的和统治的权力"。③ 马克思所说的技术异化更多的是资本主义大生产中的异化，实质就是劳动异化，是技术异化在特定社会形态中的现实表现。恩格斯将技术异化更多地指向人类实践对生态系统的破坏。恩格斯在列举了许多事实的基础上尖锐地指出："我们不要过分陶醉于我们人类对自然界的胜利。对于每一次这样的胜利，自然界都对我们进行报复。每一次胜利，起初确实取得了我们预期的结果，但是往后和再往后却发生完全不同的、出乎预料的影响，常常把最初的结果又消除了。"④

　　将技术引入教育的初衷是为了让技术更好地促进教育、优化教学，然而，由于技术自身因素、使用主体自身原因，抑或其他因素，它在满足人之求知需要的同时，也一定程度地给人之自然生命带来戕害。如在多媒体教学中，由于某些多媒体课件上的文字过多、过小，再加上受教室光线的影响，影像清晰度一般不高，学生观察起来非常吃力，学生的眼睛长时间处在强光或弱光的刺激下得不到休息，势必会影响到他们的视力。⑤ 据调

---

　　① 乔瑞金：《技术哲学教程》，科学出版社 2006 年版，第 259 页。

　　② 中共中央马克思恩格斯列宁斯大林著作编译局：《马克思恩格斯文集》（第 2 卷），人民出版社 2009 年版，第 580 页。

　　③ 中共中央马克思恩格斯列宁斯大林著作编译局：《马克思恩格斯文集》（第 8 卷），人民出版社 2009 年版，第 358 页。

　　④ 中共中央马克思恩格斯列宁斯大林著作编译局：《马克思恩格斯文集》（第 9 卷），人民出版社 2009 年版，第 559—560 页。

　　⑤ 项福库、何丽：《教师使用课件教学存在的误区、成因及其对策》，《教育探索》2011 年第 3 期。

查，我国近视眼患病率已由全世界第三位上升为第二位。① 逐渐攀升的近视率不能说和现代信息技术的过度使用毫无关系。又如，长期坐在电脑前接受网络教学或远程教学的学生，患"颈椎病"、"鼠标手"的可能性远远高于接受传统教学方式的学生。如某市人民医院骨科副主任医师曾指出，近年来，青少年患颈椎病开始呈现上升趋势，其中一个主要原因便是电子产品的普及。② 教育技术倡导、呼吁技术应用，并以提升学生的信息素养为己任，然而，掌握良好信息技术操作能力的学生常常无法抵挡游戏、聊天等网络诱惑而犯上"网瘾"，不仅浪费学习时间，患上诸如"萝卜腿"、"鼠标手"、"颈椎病"、"干眼症"、"皮肤过敏"、"脑功能减弱"、"电脑忧郁症"、"电脑躁狂症"、"中枢神经失调"，③ 诸如此类的"电脑病"的概率还大大增加。学习者除去患此类"电脑病"外，还有可能因电脑部件卫生问题传染上传统医学疾病。据首都医科大学附属北京佑安医院对 200 台网吧电脑键盘进行抽样检查，发现键盘上有害细菌含量竟是普通公厕的 400 倍，其中，乙肝病毒竟然占到了 35%！学校多媒体教室、机房里的计算机虽未被卫生部门检测，但由于其用户广泛，再加上管理者多缺乏设备卫生意识，其"脏"的程度亦可想而知。公共场所的卫生状况确实令人担忧。而许多沉迷网络的青少年长时间处于此种环境中，会导致体力严重消耗，出现心慌、胸痛、力气不够等心脏病症状，甚至会危及生命。下面便是几条沉迷网络而最终走向不归路的惨痛案例：

　　　　怀化人张勇（化名）大学毕业后，没找到工作，网吧游戏成了他的最爱，天天泡在网吧中，通宵就是家常便饭，网吧里又学会了抽烟。今年年初，张勇出现咳嗽、发烧等症状，误以为感冒了，治疗一个星期后，病情逐渐加重，后来到当地医院确诊为肺结核。病情一有好转，张勇依然沉湎于网络游戏。5 月，因结核病病情加重，张勇被转诊到省胸科医院。该院专家说，肺结核引发了脑膜炎，病情太重加

---

① 蒋效愚：《强身健体要从青少年抓起》，《中国教育报》2011 年 8 月 22 日，第 002 版。
② 谭维、陈进杜：《青少年患颈椎病呈现上升趋势》（http://difang.gmw.cn/newspaper/2016 - 03/18/content_ 111378459.htm）。
③ 《警惕鼠标手，11 种电脑病或致命》（http://www.china.com.cn/info/home/2010 - 09/06/content_ 20870498_ 3.htm）。

上身体素质也不好，张勇最终没能逃过劫难。①

2002 年 11 月 26 日，陕西安康的一个少年连续 27 小时上网，结果猝死在网吧。

2003 年 4 月 17 日，南昌 17 岁高中生连续两天上网猝死网吧。

2004 年 3 月 21 日，武汉某警校一个温州籍学生，因连续 24 小时上网，猝死在宿舍。

2006 年 11 月 19 日，23 岁小伙猝死杭州一家网吧，之前他在网吧呆了 19 小时。

2007 年 11 月 26 日，22 岁的网管小李在接连几天泡网吧后猝死。

2013 年 12 月 30 日下午，华南师范大学计算机系大三学生罗桂彬在宿舍电脑前忽然晕倒，后经抢救无效死亡。

2014 年 8 月 25 日，90 后小伙连续 4 天通宵玩网游代练病倒后去世。

2014 年 8 月 27 日，一位 20 岁的长春市民连续在网吧上网 3 天，不幸在网吧猝死。

2015 年 11 月 30 日，在朝阳区十八里店吕家营大街的一家网吧内，一名 26 岁男子在通宵打游戏后猝死。

……

青少年网吧猝死的案例不绝于网站报纸的头版头条。现代信息技术本来只是人类用来认识自然、实现自身解放的一个工具而已，但是现在却异化为与人自然生命相对立、戕害人类自身健康的"罪魁祸首"。

前文我们已经知道，人的生命与动物的生命不同之处在于，人的生命是有意识的生命，人的生命是有思维的生命，思维使人不同于其他动物，最终使人成之为人。人进行逻辑思维所依赖的器官便是大脑，因此，人的发展实质上也是脑的发展。因此，审视教育技术对人之自然生命带来戕害的时候，亦必须关注其对学生大脑发育的影响。我们知道，将现代教育技术引入课堂，原本希望通过对信息技术的应用，使课堂焕发生命活力，促

---

① 刘少龙：《致死疾病在网吧传播，已有网游玩家死亡》（http：//games. sina. com. cn/w/n/2011 - 12 - 30/1051568420. shtml）。

进学生生命主动、健康发展，但结果是，多媒体教学中图像化的过多介入，使得很多知识的习得都不需要学生开动脑筋，可视化的知识缺乏文字阅读具有的那种逻辑上的深入与综合性的理解，长此以往，反而阻碍了学生思维的发展。思维的发展实质是人脑的发展。现代脑科学证实，人越使用大脑，脑细胞的新陈代谢速度越快，大脑细胞衰亡的速度也就越慢。[①]《美国心理学会年度报告》（2001）也指出："任何一个大脑健康的人与伟大的科学家之间，并没有不可跨越的鸿沟，他们的差别只是用脑的程度和方式不同，而这个鸿沟不但可以填平，而且可以超越。"[②] 而在信息化的课堂教学中，现代教育技术不适切的应用非但没有让"课堂焕发生命活力"，反而抑制了人脑的思维训练，实质上是在遏制了学生脑的发展。而在早前电视作为教育技术主流媒体时，就有学者指出，"从小在电视机前长大的孩子被称为'新电视人种'，他们在思维和能力方面存在着明显的缺陷，诸如：注意力控制时间越来越短，只习惯图像语言而不习惯词汇语言，抽象思维能力差，不喜欢动手实践等"。[③] 这亦是现代教育技术不合理运用对学生大脑影响的真实写照。

第二节　教育技术与人的社会性

一　人的社会性

由前文可知，人首先是自然的存在，但决定人之为人的本质并不是人的自然属性，而是人的社会存在，即人的社会属性。

关于人的社会属性，学者们早有论述。从亚里士多德的"人是天生的政治动物"，到伏尔泰的"社会群居性对人类理智发展的贡献"，从赫德尔的"没有任何一个人是为自身而存在的，他是整个人类的一份子，人类发展的链带延续不断，个人只不过是其中的一个节点"，[④] 到亚当·斯密的"人只能存在于社会中……社会是人的栖居之所，是人的家园，它

---

① 沈德立：《脑功能开发的理论与实践》，教育科学出版社 2001 年版，第 207 页。
② 付秋芳、修巧燕：《大脑潜能与开发》，山东人民出版社 2001 年版，第 40 页。
③ 李园香：《图像化时代：文学教育的尴尬》，《语文教学与研究》2003 年第 11 期。
④ ［德］赫德尔：《论语言的起源》，姚小平译，商务印书馆 1998 年版，第 87 页。

应该有利于自然人性的生长"，① 从黑格尔"人的社会性是绝对观念发展到一定阶段而产生的人与人之间的联系"，到费尔巴哈"人的社会性是指人与人出于自然需要而组成的团体性"，大师们从人的群体性、合作性、人对社会的依赖，以及社会对人的益处等多个角度对人的社会属性进行了论断。虽然没有如马克思主义从人之现实性出发将人界定为"一切社会关系的总和"，但亦看到人与动物的区别，丰富了对人性的理解，为后人完整认识人之本质奠定了思想基础。更有学者们提出新的范畴并由此演绎体系，以独特的视角省思人的本质。如卡西尔提出"人是符号的动物"，将符号指向人认识世界和自我赖以凭借的媒介物，并以此规定和划定"人性"的圆周，从而超越把人作为纯粹自然生命的思维局限，给人的活动冠以文化特质。存在大师海德格尔在强调个人存在的同时，并没有把个人封闭起来，而是强调"把自我和他人同时显现出来的存在方式"——共在，并将人放在"非本真状态"去认识，通过非本真的状态达到本真的状态，从而使自我脱离了纯粹的个人主义走向社会。

马克思从"现实的人及其活动"出发，考察人之社会属性，其关于人的社会性的认识具有很强的现实意义，是对历史上关于人之社会性认识的继承与超越。马克思一贯从人的社会性规定人的本质，在马克思看来，"人的本质不是单个人所固有的抽象物，在其现实性上，它是一切社会关系的总和"。② 作为一种意识的存在，人的进化不是单纯地依靠自然的力量，除去基因等生物性遗传因素外，更多地依靠自身"自由自觉的劳动"，如人脑的形成、直立行走、手解放出来等人类特征，无一不是人的社会性劳动的结果。而且，即便是人的自然生命，也从属于人的社会属性。比如人的饮食，既是为了充饥，又是为了美食；人的衣着，既是为了御寒，又是一种装饰；人的家居，既是为了安全，又是为了享受。③ 因此，"自然只完成了人的一半，另一半留给人自己去完成"。④ "只有在社

---

① 赵敦华：《西方人学观念史》，北京出版社2005年版，第201页。

② 中共中央马克思恩格斯列宁斯大林著作编译局：《马克思恩格斯文集》（第1卷），人民出版社2009年版，第505页。

③ 徐建立：《人的需要及其发展》，《山东社会科学》2010年第9期。

④ ［德］兰德曼：《哲学人类学》，阎嘉译，贵州人民出版社2006年版，第7页。

会中，人的自然的存在对他来说才是人的合乎人性的存在"。① 人首先是生活在一定的活动中，而在该活动中又必须在交往中进行，因此，人从一开始就是一定社会关系中的人，是一定社会关系的承担者。并且该社会关系不是固定的、抽象的，而是随着人的活动逐渐发展起来的。当然，作为社会关系的承担者和创造者，人不会完全被关系所束缚，而是具有超越现实社会关系的能动性，即人通过"自由自觉的活动"创造出属人的世界和属人的关系。② 总之，人天生是一种关系的存在，人在自己营建的动态关系中，塑造着人自身。

二　教育技术对人之社会性的满足与异化

教育是直面人的活动，既然社会性是人的本质属性，那么，人的社会性问题无疑便构成了教育学基本理论的核心问题。譬如，人的社会性问题直接导致人们对教育的本质和目的的讨论，教育的目的是培养社会成员还是培养独立的个人，教育的本质是使人社会化还是使人个性化，教育的价值取向应该是以社会为本还是以个人为本，诸如此类命题一度成为讨论的热点，并最终在"社会化与个性化统一"的观点中逐渐达成共识。人的社会属性也让学者们意识到社会环境对于人之成长的重要作用。杜威曾指出，"社会环境由社会任何一个成员在活动过程中和他结合在一起的所有伙伴的全部活动组成。个人参与某种共同活动到什么程度，社会环境就有多少真正的教育效果"。③ 这与马克思从经济学的范畴"个人是什么样的，这取决于他们进行生产的物质条件"阐述的观点基本上是一致的。现实的学校教育中，社会环境的千差万别便造成了千差万别的"具体人"，而正是这些具体人才是教育直面的对象，因此，叶澜教授呼吁"用'具体的人'作为教育学中人学的支点，去重新认识教育和构建新时代的教育"。④ 所谓"具体的人"是指"处在各种环境中的人，是担负着各种责

---

① 中共中央马克思恩格斯列宁斯大林著作编译局：《马克思恩格斯文集》（第 1 卷），人民出版社 2009 年版，第 187 页。

② 刘黎明：《基于马克思主义的教育学中人之问题再认识》，博士学位论文，华东师范大学，2007 年，第 51 页。

③ ［美］杜威：《民主主义与教育》，王承绪译，人民教育出版社 2001 年版，第 28 页。

④ 叶澜：《教育创新呼唤"具体个人"意识》，《中国社会科学》2003 年第 1 期。

任的人"。① 那么，在教育技术的视野中，如何看待人的社会属性呢？当然，我们无意站在哲学的高度宏论教育技术的功能和作用，而是从现代教学环境及在该环境中学生形成的独特社会关系的角度去省思教育技术对人之社会属性的满足与异化。

（一）教育技术对人之社会属性的满足

1. 满足学生对学习资源的广泛、优质、自由地占有

人的社会性表征为人是一种关系性的存在，进一步说则是人既是一定社会关系的承担者与创造者，又是一定社会关系所规约和塑造的对象。对人的社会关系首先表现为物质的社会关系，② 即在生产过程中形成的与生产资料之间的关系。对教育中的人而言，教育的世界就是他们的"社会关系"。而在信息化教育的语境中，教育技术对人之社会属性的满足，也首先地表现在让学生对学习资源广泛、优质、自由地占有上。学习资源是指学习者在学习过程中可以利用的一切外显的或潜隐的条件，包括信息、人员、资料、设备和技术等。与传统教学形态相比，信息化教育利用现代信息技术海量存储信息、快捷传递信息的优势，以学习光盘、专题网站、精品资源共享课、精品开放课程、虚拟学习社区、数字图书馆、教育资源库、微课、慕课，甚至是在线教师或学伴等形式，让学习者对学习资源的占有无论是"数量"上还是"形态"上都广泛了很多。

学习者优质地占有学习资源表现在两个方面：其一是因为学习资源的海量存在，学习者不像传统学习中受学习资源的限制，而是对学习资源有了较大选择权利，选择那些适合自己的、令自己满意的资源。其二是无论正式出版的学习光盘、立项建立的精品资源共享课，还是能被正规网站搜索的网站资源，抑或是收录在数字图书馆、教育资源库中的资源，都是由教育行政部门或教育机构组织优秀教师或教学团队编制而成；对于作为特殊类型的学习资源的在线教师，也通常是由发达地区高水平的优秀教师扮演；而时下炙手可热的慕课，更常常是由名校的名师组建一流团队，经过精心设计与制作打造出来的优质在线课程；再加上学习者还可以利用现代

① ［法］朗格朗：《终身教育引论》，周南照、陈树清译，中国翻译出版公司1985年版，第87页。

② 褚凤英：《对马克思社会关系理论的再认识——以人的生成为视角》，《理论探索》2011年第2期。

信息技术的反馈功能判断出学习资源的优劣情况，所以说，信息化教学环境无疑增加了学习者接触优质资源的机会，并且这种优质资源的范围不局限于一个地区，它可能是全国性的，甚至可能是全球的，当前风靡网络的"TED"、"可汗学院"、"慕课"即是一个很好的例子。占有优质学习资源对于偏远地区、经济不发达地区的学习者的意义更为重要。

　　学习者对学习资源的自由占有亦有两点表现，其一是利用现代信息技术的检索、RSS、定制等功能，使得资源的获得方便而快捷；其二是对学习资源的获得跨越了时间和空间的双重障碍，让学习者可以随时、随地、无障碍、自由地获得需要的学习资料，让传统学习变成泛在学习、移动学习或及时学习。随着"宽带网络校校通、优质资源班班通、网络学习空间人人通"以及"教育资源公共服务平台"的建设，让学习者对优质资源的获取、汇聚、加工、利用更加快捷、方便和个性化。学习资源的占有无疑为人之社会性发展提供了必要的物质条件。

　　2. 丰富了主体之间的关系

　　人的社会关系形成于生产过程中，在该过程中形成的社会关系除去物的社会关系外，还包括人际关系，即个人之间的关系，个人与集体的关系，个人与国家的关系等。而在教育的生境中，这种人与人之间的关系具化为师生之间的关系、生生之间的关系以及师师之间的关系。借助现代信息技术，人在教育世界中的关系结构，以及构成社会关系结构的渠道都发生了变化。从构架社会关系的双方来看，关系对象增加，社会关系更加复杂。

　　信息化环境中师生关系已经有别于传统的师生关系，传统师生关系更多基于班级、年级而形成，师生关系的变更则随着求学学校的变更、时间的推移而发生变化；而信息化环境中，师生关系已经突破了班级、学校、地域的限制，借助于 E-mail、QQ、MSN、博客、微博、微信、网络学习空间等现代信息技术，学生可以与教师展开即时的、非即时的联系，而此时联系的教师可以是日常给自己传道授业的教师，也可以是未曾谋面的、不在一个地区、甚或不在一个国度的教师。从社会关系的构成来看，关系对象增加了许多，师生关系自然丰富复杂了很多。而对于师生关系的效应，信息化环境中的师生关系的效应亦不一样。如刘黎明教授曾指出，"由于个人在关系中的作为不同，从而使得关系对每一个具体个人而言所产生的效应是不同的，即同样的教育环境，对身处其中的个人所构成的关系实际上是不同的。如在一个班级中，一名教师和几十名同学所构造的关系实际上是不同的”。① 而在信息化的环境中，由于可产生关系的教师数量增多、可供联系的时间亦增多，因此，只要学生主动参与，师生关系产生的效应要优于传统的师生关系。

对于生生关系而言，借助现代信息技术，生生关系的对象亦增加了许多。当然现代信息技术于学生的意义绝非多联系一些天南海北的朋友，更多的意义则在于网络学习共同体的形成。学习共同体指一个由学习者及其助学者（包括教师、专家、辅导者等）共同构成的团体，团体成员依循学习公约理论，强调人际心理相容与沟通，经常在学习过程中进行沟通、交流，分享各种学习资源，发挥群体动力作用，共同完成一定的学习任务，实现共同进步。网络学习共同体是指上述学习活动是基于互联网进行的。网络学习共同体的形成不仅丰富了生生关系，更能增加学生参与学习活动的程度，这无疑会带来更好的学习效果，正如杜威所言，“个人参与某种共同活动到什么程度，就有多少真正的教育效果”。② 当前诸如基于项目教学、基于问题的学习等教学模式都是以丰富生生关系为基础的。

师师关系在信息时代也有很大的突破，传统的师师关系多拘囿于一所学校或一个教研室，而现代信息技术提供的教师联盟平台则常常是城域性，甚至是全国性的，如“盐城教师联盟”、“全国教师联盟网”等。在教师联盟平台中，教师互相交流、共同合作，这对教师专业发展的意义是毋庸置疑的，而教师素质的提升最终受益者无疑将是学生。丰富、和谐的社会关系不仅有助于传统意义上所追求的学习效果的提升，从“人是一切社会关系的总和”这一角度来看，这更是学生自身的丰富与发展。

颇具数字时代特征的联通主义，从学习理论的视角支持了上述观点。联通主义表述了一种适应当前社会结构变化的学习解释模式。联通主义的代表人物西门思在 Connectivism: A Learning Theory for theDigital Age 一文中系统阐述了联通主义的思想，指出学习不再是一个人的活动，学习是连

---

① 刘黎明：《基于马克思主义的教育学中人之问题再认识》，博士学位论文，华东师范大学，2007 年，第 73 页。

② ［美］杜威：《民主主义与教育》，王承绪译，人民教育出版社 2001 年版，第 28 页。

接专门节点和信息源的过程。① 联通主义的另外一位代表人物克罗斯（Joy Cross）广为流传的一句话则是"学习就是优化自己的内外网络"。联通主义构建起一个知识循环系统，起点是个人，个人的知识组成了一个网络，这种网络被编入各种组织与机构，反过来各组织与机构的知识又被回馈给个人网络，提供个人的继续学习。联通主义考虑学习发生过程中环境与个体建立联结的演化，考虑知识的分布式存储，考虑学习的社会本质，考虑群体认知和共享，在学习的深度和广度上突破传统学习的限制。② 现代信息技术有助于形成个人资源网络、个人社交网络、个性化工具集、个性化服务流，③ 等等，满足人的社会化发展。

（二）教育技术对人之社会属性的异化

确然，教育技术在一定程度上实现了对人社会属性的丰富与满足，但由于现代信息技术构筑的数字化空间有别于传统的现实世界，该空间中的实体与事态虽能够为人的意识所接收并反映，但并非现实世界中物理存在和物理空间在人大脑内的单纯重现。④ 在此虚拟世界中，主体以数字化的符号在虚拟世界交往，交往活动具有自由性、平等性的同时也具有隐蔽性、模糊性和不确定性，因而主体所构筑的社会关系必然也有别于现实世界构筑的社会关系。

主体在虚拟社会展开活动时，没有现实社会的约束与束缚，敢于抛开在现实社会形成的种种面具，展示真实的自我，因此，主体常常沉迷于自己的虚拟世界中而无法自拔，当今沉迷网络世界的宅男宅女便是一个很好的例证。这种迷失在教育的世界亦同样存在，具体表征是学生沉迷于网络虚拟世界，但在现实世界中与教师、同学交往时却存在障碍。如有研究者指出，有些同学在网络中侃侃而谈，甚至成为某某论坛的"意见领袖"，

---

① George Siemens, "Connectivism: A Learning Theory forthe Digital Age", *Instructional technology and distance learning*, Vol. 2, No. 1, 2005, pp. 3 – 10.

② 王佑镁、祝智庭：《从联结主义到联通主义：学习理论的新取向》，《中国电化教育》2006 年第 3 期。

③ 毕家娟、杨现民：《联通主义视角下的个人学习空间构建》，《中国电化教育》2014 年第 8 期。

④ 严国涛、方显锋：《简论虚拟社会的主体、客体和主客体关系》，《重庆工学院学报》2005 年第 12 期。

但在现实生活中，却经常沉默寡言，[①] 无法与同学很好相处，甚至与同桌、室友发生矛盾。亦有一部分同学，在现实的生活中得不到自己所期盼的承认和推崇，就表现出强烈的失落感，对于学校集体活动采取"回避参与"的方式，逐渐从集体生活中游离出来，久而久之则失去了对学校活动的参与意识，表现出缄默、孤僻、冷漠、紧张、不合群等"网络综合征"。[②]

现代教育技术对人社会属性的异化还表现在师生关系、同学关系的疏远。由上文我们已经知道，同学可以通过手机、QQ、E－mail、博客、微博、微信等现代通信工具与教师交流，但交流方式的增多并不代表有效沟通的增多，更不代表彼此感情的增进。有同学曾指出，无论是面对手机屏幕，还是面对电脑屏幕，都缺乏一种"师生间的亲切感"，都无法感受到"教师肢体语言中的言传身教"，无法体会到"教师面对面交流中春风化雨"。而如此交流方式中的教师，可能根本"不清楚与他进行交流的是哪位学生，不知道他长什么样子，名字与人根本对不上号"。[③] 交流方式的增加似乎并不能弥补感知缺失给情感沟通带来的危害，长此以往，必然会导致师生关系的疏远，而疏远的师生关系无疑会影响到学生的发展。正如颜士刚博士所言，在技术化的教育环境中，"学生不仅不能得到应有的关怀、关心、关爱，还会不断产生焦虑、孤独、寂寞、被遗弃等不良情绪，最终导致冷漠无情、精神颓废、丧失个性、自我疏远等严重后果"。[④]

而这种感情的疏远同样出现在同学之间。我们知道同学间的感情是一种纯真的、亲密的、美好的、甚至难以用语言描述的情愫，它如同一杯浓郁的酒越久远越香醇，然而，信息时代同学间的感情反倒没有过去的同学感情来得持久与深厚。笔者曾在课堂上组织学生讨论现代通信方式和传统通信方式的优劣，记得有同学说道，"总觉得联系老同学太方便了，一个电话、一个短信、一个QQ、一个E－mail似乎就能把无论远在天涯还是

①　倪晓莉、周小军、吉瑞娜：《虚拟社会关系中的人际信任研究》，《兰州大学学报（社会科学版）》2010年第1期。

②　张敏：《网络交往对大学生人际关系之影响》，《重庆工学院学报》2006年第2期。

③　商蕾杰：《高校师生关系渐行渐远？高科技"冰冷"师生关系》（http://zqb.cyol.com/content/2008－01/07/content_2021846.htm）。

④　颜士刚：《论教育领域技术异化的特异性及其弱化的现实困境》，《中国电化教育》2009年第11期。

近在咫尺的老同学给找到，然而，似乎就是因为觉得联系太容易了，反倒疏于打电话，反倒忘记了发短信，反倒懒得写 E - mail……于是在这种因为感觉容易而导致的忘却和忽略中，原本珍藏心中的那种美好的情愫逐渐变淡了"。也有同学说道，"我们现在再也不像以往的大学生，每学期都能收到几十封来自天南海北的信，传统信件中那熟悉的字体，那经过深思熟虑选择的辞藻，以及字里行间浸透的美好情愫，让人流连忘返。信件成了连接同学情感的桥梁，无论是收信、读信还是回信都变成一件非常幸福的事情。而现在无论阅读短信还是阅读 E - mail，都很难以让我有如此的感受"。再者，随着"结交新朋友"的门槛降低，同学们似乎已经不再那么用心维持和经营老同学的感情了，也不再珍惜和当前同学的交流了。

另外，由于虚拟社会关系中缺乏现实生活人际交流的真实感和确定性，因而使得传统交往中应遵循的"真诚"、"信义"、"责任"等伦理道德原则逐渐丧失，这对学生完整人格的培养有百害而无一益。更有甚者，有些学生无法抵制网络中不良信息的影响，在现实人际交往关系中道德失衡，做出"利用网络损害他人名誉和人格、传播虚假信息、在网上进行情感欺骗等行为，个别学生甚至走上违法犯罪的道路"，[1] 等等。

社会关系作为人的本质，人具有怎样的社会关系，便是怎样的一种人，人的发展实质上是社会关系的发展。因此，在教育的世界中，现代教育技术在一定程度上疏远了师生感情、生生感情，为人和人之间隔起了一道心灵的屏障。而时常发生的游戏暴力、网络色情、青少年犯罪、诚信危机，以及责任危机等人格失范现象，无疑是生活在信息时代的青少年人格发展不健全的一种体现，是教育工作者不容忽视的问题。

第三节　教育技术与人的发展性

一　人的发展性

发展是一个内涵丰富的概念，不同的学科对发展有着不同的界定。在哲学领域，发展是事物由小到大、由简到繁、由低级到高级、由旧物质到

---

① 张敏：《网络交往对大学生人际关系之影响》，《重庆工学院学报》2006 年第 2 期。

新物质的运动变化过程。生物学中的发展是指自出生到死亡的一生期间，在个体遗传的限度内，其身心状况因年龄与习得经验的增加而产生的顺序性改变的历程。心理学上，发展是"指从出生到成熟直到衰老的生命过程中，个体生理与心理随着年龄增加而变化的过程。期间，个体的身心表现出量和质的变化，且与年龄有密切联系，既有连续性又有阶段性，从而形成年龄特征；还有顺序性等"。①无论哲学、生物学还是心理学层面的发展都指向变化，而变化则有好坏之分、正向与负向之分。教育"以人的发展为最终旨归"，教育学语境中的"发展"与哲学、生物学等领域的发展有所不同，一般指向"积极向上的发展"，②因此，本部分所谈论的学生的发展多是指正向的、积极的、向上的发展，而没有包括负向的、消极的、衰颓、下降等变化的意蕴。

作为自然界特殊的一类生命存在，人和其他物种一样，在变异遗传的基础上，遵循物种进化的渐变、物竞天择、优胜劣汰等大自然规律。从自然生命的角度来看，人天生是个弱者，所谓"凡人之性，爪牙不足以自守术，肌肤不足以扞寒暑，筋骨不足以从利避害，勇敢不足以却猛禁悍"③说的便是这个道理。人的器官不像动物的器官那样，片面地为了某种行为而被定向，如人的牙齿既非食草动物的牙齿，亦非食肉动物的牙齿。正是人生命的未特定化及不确定性，才使得"人有非限定的可塑性，有可以发展普遍性的能力，来弥补在特定化方面的匮乏"。④人的先天的"缺陷"恰恰决定了人有发展的可能性和必要性。正如雅斯贝尔斯所指出的："人类并不是一个已经不再发展的固定的族类，不像动物是不可改变的，人类存着无限发展的可能性。"⑤人的无限发展的可能性，不仅表现在人体器官如手、脚、牙齿、嘴巴等的多种可能性塑造外，更表现在人脑发展的无限性。脑科学研究表明，大脑皮质的展开面积大约为 2200 平方厘米，其厚度因脑的部位不同而异，约在 13—45 毫米之间，体积为 1400 立方厘米左右，包有 10^{10}—10^{11} 个神经元和大量的胶质细胞。人脑子里

① 林崇德：《心理学大辞典》，上海教育出版社 2003 年版，第 280 页。
② 顾明远：《教育大辞典》（第 1 卷），上海教育出版社 1990 年版，第 29 页。
③ 《吕氏春秋·恃君览》。
④ 夏甄陶：《人是什么》，商务印书馆 2002 年版，第 101 页。
⑤ ［德］雅斯贝尔斯：《什么是教育》，邹进译，生活·读书·新知三联书店 1991 年版，第 64 页。

储存的各种信息，可相当于美国国会图书馆的 50 倍，即 5 亿本书的知识。然而，人脑细胞被开发和利用的仅占十分之一，由此可见人的大脑蕴藏着无限的发展潜能，正是大脑的无限潜能决定了人之发展的无限性。诚如雅斯贝尔斯所言，"没有一个人能认识到自己天分中沉睡的可能性，需要教育来唤醒人所未能意识到的一切"。① 当然人的生命进化与其他物种的进化有着本质区别，人不仅仅是自然进化的产物，更是社会的产物，是文化的产物。因此，人的发展一方面遵循大自然运动的必然规律；另一方面则主要依赖于后天因素影响（社会性、文化性）的发展，"是积极主动适应和改变生存环境、完善自身的发展，是具有个体性、差异性的发展"。②

　　人是历史上逐渐生成、不断发展着的，这种发展是每时每刻都在发展、方方面面的发展。马克思主义所关注的人的发展，是人的本质的全面发展，是《1844 年经济学哲学手稿》中所提到的"以一种全面的方式、作为一个完整的人占有自己的全面的本质"。对马克思而言，他所关心的人的发展，是人的最根本的东西的发展，即人的本质力量的发展。在马克思看来，由于"自由自觉的劳动"是人的类特性，因此，人的发展实质上就是人的劳动的发展、人的劳动能力的发展。由于人的现实本质是"一切社会关系的总和"，因此人的发展就是"人的社会关系的发展，就是人的社会交往的普遍性和人对社会关系控制程度的发展"。由于人是自然、社会和精神的统一体，因此，人的发展就是在社会实践基础上人的自然本质、社会本质和心理素质的发展，就是在人的各种素质综合作用的基础上人的个性的发展。③ 马克思关注的是人的"全面发展"，这里的"全面发展"首先圈定了发展对象的范围，指向"每个人"的全面发展。这里的"每个人"，用马克思的话来说，是"每个人"、"各个个人"、"每一个单个人"；用恩格斯的话来说，是"社会的每一个成员"；用列宁的话来说就是"社会全体成员"。④ 在马克思主义者看来，只有全社会的每

---

① ［德］雅斯贝尔斯：《什么是教育》，邹进译，生活·读书·新知三联书店 1991 年版，第 65 页。

② 刘黎明：《基于马克思主义的教育学中人之问题再认识》，博士学位论文，华东师范大学，2007 年，第 81 页。

③ 袁贵仁：《马克思的人学思想》，北京师范大学出版社 1996 年版，第 277 页。

④ 同上书，第 278—279 页。

个人而不是部分人的发展，才能算是真正的人的发展，因为"每个人的自由发展是一切人自由发展的条件"。全面发展的另外一层意思是指"个体的全面本质的发展"，着重指一个人的需要、观念、情感及能力发展的广度和普遍性；即"唤醒自然历史进程中赋予人的各种潜能素质，使之获得最充分的发展"、"人的对象性关系的全面生成"、"个人社会关系的高度丰富"、"个性高度发展"及"个人最丰富多彩的发展"等。马克思在强调人发展的"全面"的同时，也强调这种发展是"自由的"、"充分的"。所谓"自由的发展"是指个人自觉、自愿、自主的发展，是彰显个人独特性的发展，如马克思所言，是指"外部世界对个人才能的实际发展所起的推动作用为个人本身所驾驭"。① 这是马克思在对资本主义生产关系的条件"人被统治、丧失自主性"的反思与超越。所谓"充分发展"，则是强调个人发展的程度问题。相比于资本主义条件下人的有限性发展，马克思追求的是共产主义条件下的没有限制的发展，充分的发展。

由此可见，人有发展的天性，发展是人的基本权利。正如1986年第41届联合国大会通过的《发展权利宣言》所规定的那样，"发展权是一项不可剥夺的人权，由于这种权利，每个人和所有各国人民均有权参与、促进并享受经济、社会、文化和政治发展……"《维也纳宣言和行动纲领》中再次重申发展权是一项不可剥夺的人权。联合国《儿童权利公约》亦确认，儿童具有充分发展其全部体能和智能的权利。《中华人民共和国未成年人保护法》第三条同样规定："未成年人享有生存权、发展权、受保护权、参与权等权利。"②

二　教育技术对人之发展性的满足与异化

人有发展的天性，发展权是人的一项基本权利，而教育是促进人发展的有效途径，这无疑给教育目的奠定了理论基础，为教育目的指明了方向。尤其是人的全面性发展、整体性发展，更为教育对人的发展确立了一种价值取向。对教育而言，把人看作是具有发展潜能的人，意味着教育所面对的人，无论具有着怎样的个性差异或身心发展区别，都是具有发展潜

---

① 中共中央马克思恩格斯列宁斯大林著作编译局：《马克思恩格斯全集》（第3卷），人民出版社1960年版，第330页。

② 樊华强：《人的可发展性及其教育意蕴》，《教育导刊》2011年第10期。

质的人。因此，教育要呵护而不是抹杀、打击学生的可发展性，学校和教育工作者要为学生创造全面发展的机会和条件；教育要发现学生的可发展性，要让学生明白、领悟自己的可发展性；教育的根本目标要发展学生的可发展性。理想的教育并不是要以各种现实的规定性去束缚人、限制人，而是要使人从现实性中看到各种发展的可能性，并善于将可能性转化为现实性；它要使人树立起发展和超越现实的理想，并善于将理想转换成现实。总之，教育是以促进人的发展为存在根据和旨归，正如联合国教科文组织国际教育发展委员会所提出的，21 世纪不仅要求人人都有较强的自主能力和判断能力，而且还有一个十分迫切的需要，即"要让像财富一样埋藏在每个人灵魂深处的所有才能都发挥出来"。[①]

那么，在教育技术的语境中，又如何看待人的发展性呢？

（一）教育技术对人之发展的满足

由于人的发展首先指向的是全体人的发展，教育的语境中即是要求全体人享有接受教育的权利。然而，受地域因素、经济因素等影响，教育发展在城乡之间、东西部之间存在着很大的不均衡，我国教育的现实发展却无法让全体适龄儿童接受同等优质的教育，有些受教育者享受到国内甚至国际上优质的充足的教育资源，有些适龄儿童甚至没有接受教育的机会——对他们而言，发展权利被各种外在因素剥夺了。而现代教育技术则在很大程度上给他们提供了接受教育和享受优质资源的机会。农村中小学现代远程教育工程无疑给偏远山区、落后地区、农村地区的孩子提供了接受教育的可能性，给他们提供了享受城市里优秀师资的可能性。在马克思看来，人的发展即人的需要的发展。现代教育技术满足了学习者对教育、对优质资源的需要，即是满足了学习者自身的发展性。随着教育信息化的推进，因特网中各种精品课程、网络课程、慕课、微课、教育资源库及其共享机制，亦为全体学习者提供优质的、跨地区的学习资源。从人性的角度来讲，现代教育技术为学习者提供了接受教育、享受优质教育资源的机会就是在为其提供发展的可能性，是对其发展性某种程度的满足。

在马克思看来，人不仅要发展，而且要"自由"的发展。所谓自由

---

① 联合国教科文组织总部中文科译：《教育——财富蕴藏其中》，教育科学出版社 1996 年版，第 10 页。

的发展是指一个人自觉、自愿、自主的发展，是彰显个人独特性的发展。传统教育中，丧失自主性的学习者很大程度上是在被迫、缺乏兴趣的情况下开展学习，再加上受授课方式所致，学习者多接受整齐划一、毫无差异的教学信息。而人是有差异的，任何一个个体都因其先天遗传因素以及后天的生活环境而差异很大，传统教育方式虽然采用种种渠道突破班级授课制的局限，但始终无法很好地贯彻因材施教。而现代教育技术则对此有很大的突破。信息化教学中，学生可以依据自己的学习兴趣、学习风格、认知特点进行自定步调的学习，这无疑是对学习者自由发展的观照。而借助现代信息技术的泛在学习、移动学习更为学习插上翅膀，让学生的学习无处不在、无时不在、随心所欲，将"自由"发挥到极致。

人的发展实际是人的发展可能性向现实性转化的过程，教育对人的发展的促进，归根结底也就体现在对人的潜能的开发。作为与动物不同的类存在，"人可以通过掌握运用技术，依靠社会群体的力量，获得比其他动物更好的适应能力。同时，人凭借技术系统这个原动力，进而创造了社会系统和观念系统，使人的适应能力更加协调，也更加主动并趋于完善"。①在教育的世界中，教育技术扮演的就是其中的技术系统，它对人的潜能的发展起着非常重要的作用。譬如，利用模拟技术，让学习者对肉眼无法辨识的微观世界有了更直观的认识；利用 VRML 技术，让学习者通过虚拟体验和模拟掌握相关的知识与技能；利用 IM 工具，使学习者拥有更为丰富的社会关系——构筑了跨地域的师生、学伴关系等等。现代教育技术无疑增大了学习者学习的可能性，增大了学习者发展可能性向现实转换的机会。

（二）教育技术对人之发展的抑制

确然，教育技术增大了学习者发展的可能性，在一定程度上满足着人的发展需求，但教育技术在一定程度上又抑制了人的发展，这种抑制首先表现在教育技术在促进人之发展全面性上的"后劲乏力"。众所周知，教育追求的是人的全面发展，不是人的片面的、畸形的发展。"全面"既指

---

① 刘黎明：《基于马克思主义的教育学中人之问题再认识》，博士学位论文，华东师范大学，2007 年，第 80 页。

"体力和智力的总和"，①也"包括肉体活动和精神活动"，②现代学者们则将其解读为"人的各方面的素质和潜能，既包括德、智、体、美等几个方面，又包括个性、心理、性格、兴趣、意志、气质等非理性因素"③或"包括体、智、德、美、知、情、意等"。④然而，教育技术过多地将自身功能定位在提升信息传播效率上，过多地追求"认知"的单向度增长，而对人的道德、情感等非智力因素却鲜有关注，这与人的全面发展背道而驰，与教育的初衷背道而驰。譬如，作为完整人格重要组成成分的情感，在技术化教育中存在着"虚实转换障碍"的问题。所谓"情感的虚实转换障碍"是指学习者借助现代通信技术，得以享用更多的教育资源，得以和更多的学伴、教师沟通与联系，教育世界中的"社会关系"看似丰富了，但在现实的学习生活中，却难以与师生相处，或出现师生、生生交往障碍等现象。借助信息技术搭建的学习环境毕竟是虚拟学习环境，是对现实学习环境的一种补充，现实学习环境才是主流学习环境，学习者最终要回到真实的、物质的学习世界来，而学习者在"虚实"之间的转换障碍尤其值得教育技术人员思考。再如，道德亦是人格的组成部分，但由于信息技术的隐蔽性、网络中信息的良莠不齐等原因，再加上当前信息道德教育的缺席，在极具隐蔽性特征的技术活动中，人性之"恶"难免会滋生、泛滥，很容易造成青少年网络色情、网络犯罪等道德失范问题。

教育技术对人之发展的抑制不仅表现在难以顾及人之发展的全面性上，还表现在对人之发展的或然忽略上。众所周知，教育技术具有较强的技术性，而技术所带来的效果是华丽而外显的，这极易让使用者误解，认为技术就是教育技术的全部，认为教育技术运用越多越好，教育技术越新越好，进而将信息化教学理解为单纯的技术应用和信息传递，将教育技术运用理解为媒体技术的堆砌或对新技术的追求，但却忽略技术应用的目的，忽略了对人的观照，忽视了人的发展，这种做法看似凸显了教育技术的重要性，实则是喧宾夺主、见物不见人，是对人之发展的另一种抑制。

① 中共中央马克思恩格斯列宁斯大林著作编译局：《马克思恩格斯文集》（第5卷），人民出版社2009年版，第195页。
② 中共中央马克思恩格斯列宁斯大林著作编译局：《马克思恩格斯文集》（第1卷），人民出版社2009年版，第67页。
③ 陈晓鸿：《论人的自由全面发展》，人民出版社2004年版，第368页。
④ 张同善：《马克思关于人的学说与教育》，教育科学出版社1992年版，第63页。

其在一定程度上强化了"技术至上"思维，进而可能将人当作"工具"来培养，重新陷入工具理性的泥沼。

第四节　教育技术与人的实践性

一　人的实践性

由本章的第三部分可知，无论是人的自然属性，还是其社会属性，人都不是静止的、固定不变的，而是一直发展着的，这种发展又不是单纯依据自然生命规律的生老病死，而是一种自为、自觉的活动，正是因为如此，马克思才认为人是在"自由自觉的活动中"生成的，即人的生命归根结底是具有实践性的。

实践是一个极具历史性的概念，其内涵随着人们的生存状态和社会环境等外部条件的变化而变化。从哈贝马斯的交往，到海德格尔的存在，再到伽达默尔的解释，实践包容了道德实践、生产实践、政治实践、社会实践以及生活实践、生存实践等丰富的内容。在马克思那里，实践是指人能动地改造物质世界的对象性活动。实践是以人的目的、理想、知识、能力等本质力量对象化为客观实在的活动，而且人对世界的改造实质上就是创造，创造一个适合人类生存和发展的属人世界。人通过实践不但能够认识客观规律，而且能够利用客观规律，使客观规律为人所用，达到物被人所掌握和占用的目的。[①]

在马克思看来，实践是一切事物和现实的根基，是人的本源性的生命存在和活动方式。马克思说过："一个种的整体特性、种的类特性就在于生命活动的性质"，[②] 即判断一个物种的存在方式就是看其生命活动的形式。人之所以与动物不同，就在于人的生命活动的形式不同于动物，"有意识的生命活动把人同动物的生命活动直接区别开来"。而人的意识就是在实践中生成、实现和确证的。对于人的自然生命（肉体组织），同样也是在实践过程中，发展出了意识和自我意识的能力，人成为"有意识的

---

① 于海霞：《论人的本质的实践性》，硕士学位论文，黑龙江大学，2010年，第35页。

② 中共中央马克思恩格斯列宁斯大林著作编译局：《马克思恩格斯文集》（第1卷），人民出版社2009年版，第162页。

类存在物"。正因为如此，马克思认为，"通过实践创造对象世界，改造无机界，人证明自己是有意识的类存在物"。① 因此，实践构成了人的存在方式。

在马克思哲学中，实践是主观见之于客观的人的对象性活动。由于人类实践活动渗透人类目的性意识，因此在此对象性活动中，客观对象便具有了人的属性，人的目的、理想、知识、能力等本质力量对象化为客观实在，创造出一个属人的世界。同时，实践还把作为对象的客体的存在形式转化为主体生命结构的因素或本质力量，使客体成为主体的一部分。这就是所谓主体客体化和客体主体化。正是这种对象性活动中，人不仅创造了属人的客观世界，也创造了人自身。也正是在人的这种实践活动中，人与自然界、物质与精神、主观意志和客观对象有机地结合起来，在主观见之于客观的过程中，人的能动性一览无遗。

最后，实践是人的社会关系生成的基础。在马克思那里，实践不仅作为人的类本质把人与动物根本区分开来，而且还把人作为"类"联合和整合起来，即只有在人的实践活动中才能形成人与人之间现实的社会联系。正如马克思所言，"人们在生产中不仅仅影响自然界，而且也互相影响。他们只有以一定的方式共同活动和互相交换其活动，才能进行生产。为了进行生产，人们相互之间便发生一定的联系和关系；只有在这些社会联系和社会关系的范围内，才会有他们对自然界的影响，才会有生产"。② 正是注意到了人是"以一定的方式进行生产活动的一定的个人，发生一定的社会关系和政治关系"，③ 所以马克思才把人的本质规定为"社会关系的总和"。

从实践的角度审视人的生命，我们发现人的本质不是与生俱来、先天固有的，也不是人为设定的理想目标，而是在现实的社会关系中生成和发展着的东西，它是人的现实的实践活动的结晶。现实的人的实践活动是一直变化着的，作为实践活动产物的社会关系也是一直在变化和发展的，因此，对每一个生命个体而言，他的生命本质都不是固定的抽象物，而是建

---

① 中共中央马克思恩格斯列宁斯大林著作编译局：《马克思恩格斯文集》（第 1 卷），人民出版社 2009 年版，第 162 页。

② 同上书，第 724 页。

③ 同上书，第 523—524 页。

立在现实性基础上的实践着的、变化着的发展物。

　　把人的本质最终归结为人的社会实践性，是马克思关于人的问题的丰富论述的核心思想和精神实质，是马克思所实现的伟大的哲学革命变革的根本结论和重要成果之一，是马克思主义哲学一贯坚持的思维范式和立场。通过对"现实的、活生生的人"、"在历史中行动的人"的理解和考察，马克思抽象出人的全面本质——实践，将其作为自己哲学的逻辑起点和理论中心，并从根本上解决了哲学史上长期争论不休的思维与存在、主体和客体的关系问题，使人与自然、人与社会、人与人之间的关系真正实现了具体的历史的统一。[①] 人之实践属性的确立不仅回答了哲学的基本问题，更"第一次自觉、明确地指明全部哲学的根本目的和任务在于认识和改造世界，把哲学的基本问题同人类认识和改造世界的任务直接联系起来"。[②] 诚如马克思所言，"全部社会生活在本质上是实践的，凡是把理论引向神秘主义的神秘东西，都能在人的实践中以及对这种实践的理解中得到合理的解决"。[③] "哲学家们只是用不同的方式解释世界，问题在于改变世界"。[④] 因此，马克思不仅向我们指明正确理解人的生成及其本质的思维路径，更揭示了个人赖以生成的根本机制——实践。

二　教育技术对人之实践性的满足与异化

　　由于"社会生活在本质上是实践的"，作为人类"自由自觉的活动"的教育无疑也是人的一种实践活动，只是这种对象性活动不是表现为改造自然的生产劳动，而是表现为自我表现、自我发展的学习活动。[⑤] 从发生学的角度讲，学习是人的生物本性，人之生命生而有"缺陷"，故唯有借助后天不断地学习这一对象性活动，才能维系肉体生命存在，才能够弥补先天不足，才能成为万物之灵，才能统治世界。从主客体关系来看，学习也是一种"主体作用于客体、使主体获得需要的满足、占有式的人的实

---

　　① 王文英、林辉基：《论人的本性即人的社会实践性》，《齐鲁学刊》1983 年第 5 期。
　　② 同上。
　　③ 中共中央马克思恩格斯列宁斯大林著作编译局：《马克思恩格斯文集》（第 1 卷），人民出版社 2009 年版，第 501 页。
　　④ 同上书，第 502 页。
　　⑤ 刘黎明：《基于马克思主义的教育学中人之问题再认识》，博士学位论文，华东师范大学，2007 年，第 116 页。

践活动"。① 只是此处的客体不同于一般性实践活动中的自然实在物，而是"历史中积累起来的社会的物质和文化"，"包含了我们行为所指、思维所至、感觉所及的整个人化自然，是人的学习的完整内容"。② 而主体获得满足的形式也有别于一般性的实践活动，多表现为主体"知识的增多、能力的增强或精神的丰富"等。另外，人的学习不同于动物刻板的、局限于遗传因素、有限性的学习，而是一种能动的、复杂的、超越性的、创造性的、无限制的认知活动。人不仅是一种生物性存在，更是一种文化存在，而持续不断的学习则是人之文化存在的生成机制。总之，人的学习活动不仅要掌握间接经验和直接经验，更要在掌握知识的同时发展主体的一切特性，而且这种发展是全面和加速的。③

　　教育中人的实践活动还有另外一种表现形式，即交往。刘黎明教授指出，交往活动不是与学习活动并列的一种独立的实践活动，而是由人的学习活动所决定的，却又体现着与学习活动性质不同的一种基本实践活动。④ 交往是社会人生存的必然需求，是人的基本生活形式。马克思亦站在社会大生产的角度把交往作为人类物质资料生产的前提，"孤立的一个人在社会之外进行生产——这是罕见的事"。⑤ 教育中师生的交往是一种特殊的交往过程，此类交往不同于一般意义上的交往，目标是培养学生完满的精神世界，促进学生主体性品质得到充分、自由的发展。具体来说，一方面，学生在交往实践中学习知识，增长才干，探索外部客观世界的奥秘；另一方面，学生通过交往实践，学会与不同的人合作共处，感受人世间的真善美，体验人与人之间的真情，享受现实社会生活的幸福和快乐。从这个意义上来讲，教育交往是个体获得知识、陶冶情感、养成品行、形

　　① 刘黎明：《基于马克思主义的教育学中人之问题再认识》，博士学位论文，华东师范大学，2007年，第118页。

　　② 苏兴仁、周兴维：《学习的本质：教育学的视角》，《西南民族大学学报（人文社科版）》2006年第11期。

　　③ 同上。

　　④ 刘黎明：《基于马克思主义的教育学中人之问题再认识》，博士学位论文，华东师范大学，2007年，第123页。

　　⑤ 中共中央马克思恩格斯列宁斯大林著作编译局：《马克思恩格斯文集》（第8卷），人民出版社2009年版，第6页。

成独立个性和人格的基本途径。①

既然学习和教育交往成为人在教育世界中的主要实践形式，那么，对学习者学习活动和交往活动的关注便是对人之实践性的观照，便是对人之发展途径的关注。事实上，教育界对学习活动的关注由来已久，而对教育交往或教学交往的关注，则始于 20 世纪 90 年代中期，进入新世纪后教育交往逐渐成为研究的热点。那么，教育技术与人的实践性又有怎样的辩证关系呢？本书拟从以下两个方面进行探讨。

（一）教育技术对人之实践性的满足

由于学习和交往作为教育世界人的主要实践方式，那么教育技术对人之实践性的满足实质上就是对学习和交往的满足。由前文可知，实践是人的生成机制，人的生成是主观见诸于客观的过程，具有很强的主动性，但人的生成在本质上也是历史的生成，因为任何个人的实践都是"在一定的物质的、不受他们任意支配的界限、前提和条件下"② 进行的，由此看来，人的实践性生成与生产力水平密切相关。如有学者指出，"在落后的生产力条件下，人类实践的范围和规模极其狭小，社会历史的发展极其缓慢，其内在的必然性尚未充分暴露出来。人与周围世界的关系极其简单，人的本质的表现和发展也极不充分"。而"随着现代生产力的发展，人类实践的范围和规模空前扩大"，③ 人的认识水平和思维水平亦逐渐增大，并逐渐完整地认识自然和社会发展规律、人及其与周围世界关系的本质等。因此，在教育的世界，学习者的学习与交往同样也和教育中的生产力——教育技术有着密切的关系。

1. 多维度变革学习，提升学习的效率和效果

现代教育技术给学习带来的巨大变革首先就表现在对学习内容（知识）载体的变革。我们知道，文字的载体经历了甲骨、青铜、玉石、竹片、绵帛等早期物质形态载体的转变历程，之后纸张的发明、印刷术的出现、铅字印刷的引进以及激光照排和电脑排版等技术，使得文字物质形态

---

① 张天宝：《教育交往实践：内涵、特征及其基本规定性》，《教育研究与实验》2006 年第 5 期。

② 中共中央马克思恩格斯列宁斯大林著作编译局：《马克思恩格斯文集》（第 1 卷），人民出版社 2009 年版，第 524 页。

③ 王文英、林辉基：《论人的本性即人的社会实践性》，《齐鲁学刊》1983 年第 5 期。

载体的作用发挥到极致，极大地推动了人类文明的传承与发展。而现代教育技术则将这种变革进行得更为彻底，文字与知识不再以符号、拼音等传统形式存储，而是以二进制的 0 和 1 存储在现代媒体技术中，如硬盘、光盘、U 盘等，此类存储器最突出的特点就是体积小、容量大，有报道曾指出"指甲盖大小的微型芯片可储存美国国家图书馆"。而且这些数字化的知识是可以基于网络存储的，知识存储能力更加强大，时下流行的容量以 TB 计的网盘就是很好的一个例证。现代存储技术让我们彻底告别馨竹难书、汗牛充栋的时代。知识载体形态及方式的变革使得学习主体无论是知识的获取、检索、交流、共享，还是知识的增删、修改、创造等都简单快捷了许多，使得学习者获得知识的量和效率都明显提升，人类整体的学习能力明显增强。

现代教育技术还丰富了学习内容（知识）的呈现形式。传统教学中，知识的呈现多借助于文字、图像和模型等，而现代化教学中知识的呈现则可借助声音、视频、图形、图像、动画等多种媒体形态。此类媒体在表征运动、变化、微观以及传统教学环境中难以呈现的知识信息时优势明显，如利用电影可显示"两极探险，异地纪游，山川形势，造化过程，物理发明，人体解剖，微菌变态……一切较隐较远之科学知识"① 等。同时，较之传统教学中的信息传播，教育技术的参与使得人们接受信息的感官通道丰富了，而教育心理学的研究表明，学习者参与学习的感官越多，外界与大脑之间的神经联系就越多，感知、理解、记忆的效果就越好。学习理论还证明，在人们的学习中，通过视觉获得的知识占 83%，听觉占 11%，嗅觉占 3.5%，触觉占 1.5%，味觉占 1%，视觉与听觉共同作用，获得知识的总和将达到 94%。而对于知识的记忆，多媒体教学同样具有优势。研究表明，"同样的学习材料，采用传统口授的方式，只让学生听，三个小时后能记住 60%；只让学生看（纯视觉），三个小时后能记住 70%；视听并用，三个小时后能记住 90%。三天后，三种学习方法的记忆率为 15%、40%、75%"。② 现代教育技术丰富了知识的呈现形式，调动了学习者更多的学习感官，一定程度上提升了学习效果。

---

① 郭有守：《中国教育电影协会成立史》，载孙健三《中国电影，你不知道的那些事儿——中国早期电影高等教育史料文献拾穗》，世界图书出版社 2010 年版，第 246 页。

② 汪基德：《现代教育技术原理与应用》，河南大学出版社 2007 年版，第 25 页。

现代教育技术还极大地变革了学习方式。现代教育技术让学习者不用再端坐于课堂，定点定时地接受教师的"传道授业"，而是可以突破时空限制，进行充分体现学习者主体性的自主学习、移动学习乃至进行以 4A（Anyone，Anytime，Anywhere，Anydevic）特征的泛在学习。再者，信息化教育中，学习者对学习内容的选择上亦自由了很多，不再像传统教学中那样学习教师指定的、整齐划一的学习内容，而是可以自定步调的选择学习内容。同时，搜索引擎技术更把学习者想学的内容快速推至学习者面前，令学习变得快捷而自由。时下炙手可热的微课，更促使了基于移动终端的碎片化学习、微型学习的产生。总之，现代教育技术变革了学习方式，让学习变得自由，学习的自由即教育领域人的实践的自由，而实践的自由无疑是人自由发展的前提和有效途径。

2. 扩大教育交往对象，拓展教育交往方式，彰显教育交往的主体性

教育交往是个体获得知识、陶冶情感、养成品行、形成独立个性和人格的基本途径，是教育世界中学习者的另一类主要实践活动。教育交往不同于一般意义上的社会交往，它更多的是有助于学习者发展的精神性交往。教育技术给教育交往带来的变革也是很大的，首先表现在教育交往对象的激增。传统教育的师生交往、生生交往多局限于本班级、年级和学校，借助现代通信技术，教育交往无疑超越了传统交往的地域界限，全球人都变为可能的学习同伴。当下国内盛行的开心网、人人网、微博、微信以及美国流行的脸谱网、Twitter 网等社交网络便是一个典型，在"关注"和"互粉"的操作中，可供交往的对象激增。其次，教育交往渠道多而便捷。传统的教育交往渠道多为面对面的或基于纸质载体的文字交流，而现代化教育环境中，手机、QQ、E-mail、飞信等现代通信技术都成为新的交流渠道，师生、生生间交流方式增多，交流的效率提升。再次，教育交往的主体性增强。基于现代通信技术的交往双方，不受传统教育交往中主体地位差异、智力高低、亲疏差异等诸多因素影响，少了现实交往中的诸多顾虑，交往主体因为虚拟性而更为平等、直接，交往主体的主体性得到应有的尊重和彰显。总之，交往对象的增加、方式的增多、主体性的彰显等因素必然促进教育交往向纵深方向发展，进而促进学习者的发展。

（二）教育技术对人之实践性的异化

教育技术以自己独有的方式促进着教育世界人的学习和交往，但由于

自身特点以及主体的不当使用等原因，它同样在一定程度上异化着人的实践性。这种异化在学习和交往实践中均有表现。

1. 对学习的异化

其一，学习资源纷繁芜杂、良莠不齐，学习者有时难以甄别、评判。

随着教育信息化的推进，纸质资源电子化以及新建资源数字化是教育资源建设中的两大举措，也是当前网络资源日益丰富的主要原因。海量的网络资源极大地丰富了学习世界中的生产资料，然而这些资源由于过多过杂，分类不清晰，质量良莠不齐，再加上学习者搜索技术的薄弱，身处信息海洋中的学习者往往眼花缭乱、措手不及，甚至产生"迷航"现象，很难从纷繁芜杂的信息海洋中准确有效地获取自己需要的信息。丰富的供给与寡陋的获取形成鲜明的对比，正如学者所指出的那样，"我们淹没在网络数据资料的海洋中，却又在忍受知识的饥渴"。

学习资源质量的良莠不齐是我们必须直视的另一个问题。网络资源建设往往缺乏资源"把关人"之类的角色，这使得网络教育资源的质量难以有保障，再加上 Web2.0 技术更将"个人""推"至信息舞台的中心，这就更使得网络资源的可信度、真实度受到质疑。科学性和真实性是人们对学习资源最基本的要求，然而当今的网络资源却难以满足这一基本要求，甚至会引发不良后果，那句从国骂演绎来的却被上海某博士煞有介事地解释为出自《战国策》的"卧槽泥马"现象便是此类学习的典型案例。该故事固然嘲讽了当今学术不求真求实的浮躁现象，但亦从侧面反衬出现有网络资源的真实度差、可信度低的现状。

其二，有效学习鲜有发生。

所谓学习，心理学对其的界定是"学习是指学习者因实践经验而引起的行为、能力和心理倾向的比较持久的变化"。有效学习则是指学习者的学习行为使得其行为、能力和心理倾向真正发生了持久的变化，反之则是一种无效学习。信息化教学中，"基于问题的学习、基于项目的学习"是学习者常采用的学习（教学）模式。此类学习中，学习者常常借助信息技术以自主或者合作的方式完成教师布置的任务。可在此过程中，学习真的发生了吗？让我们回溯一下学习者在此类环境中的学习情境吧。通常情况下，学习者接受任务后，稍作分析后便急切登陆因特网去搜索与之相关的各种信息并下载保存，而后对搜索的多种信息进行快速整合，此处之所以说快速整合是因为由于处理的信息是数字化的信息，用"拷贝、剪切、粘贴"等操作极易完成信息整合，之后便将厚厚的一打所谓"问题解决方案"交给老师，此学习告一段落。学生对自己搜集到的材料和整理出的问题解决方案多束之高阁，少有复习、再加工整理的行为。纵观整个学习过程看起来花样翻新，但实质上有效学习却鲜有发生。就连当今方兴未艾的慕课学习，也有学习者质疑其学习的效度，"在慕课学习中需要做作业或参加考试，而在此过程中，对于不会的内容，我一般会从网上搜索一下，然后把答案直接粘贴进去，这根本不像传统考试那样代表我的水平，虽然我拿到了本门慕课的学习证书，但这并不表明我真的就学会课程里所讲授的内容"，一位慕课学习者如是说。

学习是学习者身心投入进而引起自身发展的过程，而在上述信息化的学习中，只是完成了资料的搜集与堆砌，缺少认知过程所必需的内化与吸收环节，再加上缺乏教师的反馈、学习者的复习再加工，是以看似热闹新颖的"基于问题的学习、基于项目的学习、基于慕课的学习"，并没能促使学习的发生，实则是时间、资源、精力的浪费。

其三，对传统学习的冲击。

由前文研究已知，长时间在媒体环境下学习的学习者，其注意力往往不能持久；在信息化的环境中，学习者过多地依赖"程序"的分析与统计，对自身感觉和理性的依赖降低，[1] 久而久之，认知能力也在一定程度上有所降低，这些将直接导致学习者对学习内容持续加工时间及加工能力的减少，影响传统环境中学习效果。另外，数字化学习让学习者有充足的"借口"去接触计算机、因特网等现代媒体，而在接触现代媒体的过程中，学习者常常会见缝插针地从事玩游戏、聊天等与学习无关的活动，传统学习时间被无意义的计算机网络行为占据。更为严重的是，某些自制力较差的学习者甚至沉迷于网络游戏，引发厌学、逃学、辍学等后果，严重影响主体自我生成的学习实践活动。

2. 对交往的异化

教育交往更多的是一种精神交往，而现代教育技术在一定程度上异化了交往的性质，令本该用于增长知识、陶冶情感、养成品行、形成独立个

---

[1]　徐苗苗：《论虚拟实践对人主体性的影响》，《绥化学院学报》2009 年第 2 期。

性的精神交往堕落为一般意义上的社会性交往。众所周知，借助现代通信技术的交往具有自由、平等、隐蔽、快捷、个性等独特魅力，正是这些特点也易使青少年将借助于信息技术的交往止步于一般意义上的社会性交往，弱化或忽略了教育世界对精神交往的应有追求。很多同学上课时不听讲，而是不停地发短信、聊 QQ、更新微博、看微信朋友圈、抢红包等便是一个极好的例证。即便是在教师组织的一些合作型的信息化教学环节中，一些学生亦是打着"教育交往"的幌子，与学伴谈论着与学习无关的事情。

借助现代信息技术的交往，倘若仅是将教育世界的"精神交往"止步于现实社会的"一般性交往"，也无须过多指责，因为借助现代化信息技术的交往虽未能促使学习者意义世界的发展和进步，但至少亦丰富了主体的虚拟社会关系，算是对现实社会关系的有益补充。但需要倍加关注的是，交往主体借助现代通信技术的开放性和隐蔽性，更将此类交往演绎成一种不正当的、畸形的、甚至是违法的交往活动。如国内的某些青少年搭建 QQ 群，在 QQ 群中传播色情内容、从事不正当交往等；而国外的社交网络也滋生着不正当交往。据《纽约时报》称，"有的老师利用一些社交网站传播污言秽语，还有的老师在社交网站上和学生进行不当的沟通，模糊了师生的界限，更有甚者，师生之间利用社交网络发生性关系，最终导致老师入狱"。而此类事件频频发生，以至于"全美各学校正在考虑禁止师生利用社交网络进行交流"。① 总之，在借助现代通信技术的交往中，看似"太平无事"的数字世界下暗涌着无数色情、诈骗等不道德乃至违法行为。当然，在上述不正当的虚拟化交往中，交往主体不局限于青少年，但据 CNNIC 第 26 次中国互联网调查报告显示，"学生群体在整体网民中的比例仍远远高于其他群体，接近 1/3 的网民为学生"，② 故在此类交往中，人生观、价值观、爱情观尚未成熟的青少年无疑是受影响最大的人群。

至于在借助现代信息技术进行师生交往、生生交往过程中，导致的学

---

① 霍洛威：《师生不正当关系频发美学校叫停社交网络》（http：//news. sinovision. net/por-tal. php? mod = view&aid = 198213）。

② 《CNNIC 第 26 次中国互联网调查报告》（http：//finance. sina. com. cn/roll/20100715/15528301466. shtml）。

生交往障碍、情感缺失等问题，在本章第二部分"教育技术对人之社会性的异化"处已有论述，此处不再赘述。

通过上文分析，我们知道人是一种复杂的存在，是自然属性、社会属性、发展属性及实践属性的统一。在人的四个属性中，自然属性是人存在的物质基础，社会属性则是人的现实本质，发展属性说明人是一种拥有无限可能的存在，实践属性则揭示了人之生成的根本途径，将人的各种属性的发展统筹于实践生成之中。通过辩证分析教育技术与人之四重属性的关系可知，作为一种人造技术，教育技术对人的四重属性具有一定程度的满足功能，但是，如同技术异化是技术的孪生儿一样，教育技术对人的四重属性亦具有一定的异化作用。教育技术对人的满足功能奠定了其存在的价值，而教育技术对人之属性的异化则侧证了本研究的必要性。本部分对教育技术与人之属性的辩证分析，为教育技术究竟以人的"什么"为本指明方向，深化了教育技术以人为本价值取向的内涵——即教育技术以人为本的价值取向要全面观照人的四重生命，充分发挥其对人之四重生命的满足功能，弱化或消解其对人之四重属性的异化作用，最大程度上促进人的发展。

第六章

教育技术以人为本的现实路径

　　行文至此，本研究的两个基本命题——教育技术为什么树立"以人为本"的价值取向以及"以人为本"的价值取向究竟应该以人的什么为本——已经得到较好的回答。但是，回答完这两个问题本研究仅走完万里长征的一半，我们还有更为重要的问题需要解答。马克思告诉我们，"哲学家们只是用不同的方式解释世界，而问题则在于改变世界"。① 因此，在我们树立以人为本的价值取向之后，必须为该意识形态寻找现实路径，即寻找"改变世界"的途径和方法。

第一节　教育技术以人为本的路径选择

一　以 AECT' 94 定义中的五个范畴为切入口

　　1. 美国教育传播与技术系会（AECT）

　　美国教育传播与技术系会（Association for Educational Communication and Technology，简称 AECT）是美国教育技术领域内一个国际性的专业学会，由利用技术指导教学活动、改善教学绩效的教育工作者组成，协会成员的主要责任是对教学传播媒体进行研究、规划、应用和产出，并对教育技术领域内具有较大影响的问题进行研究，其学术范围包括教学技术、媒体设计与管理、远距离教育等多项内容。早期协会主席有伊利、肯普、

---

　　① 中共中央马克思恩格斯列宁斯大林著作编译局：《马克思恩格斯文集》（第 1 卷），人民出版社 2009 年版，第 502 页。

Addie Kinsinger[①] 等，近年来协会主席为 Robert Branch、[②] Harmon、[③] Marcus Childress、[④] J. Micheal Spector[⑤] 等，均为教育技术领域国际顶尖学者。

AECT 积极参与教学系统设计和教学方法研究，已成为教育技术领域内一个重要的组织。它是美国和国际上试图改进教学的代言人，而且也是在教学与教育技术相关领域内被认可程度最高的信息协会。该协会是这一领域最早开设的专业组织，并一直保持着该领域的中心地位，推动着理论和实践方面的高水平发展。

AECT 始于 1923 年成立的全美教育协会（NEA）视觉教学部（Department of Visual Instruction，简称 DVI），该协会致力于通过使用媒体和技术促进学习。1932 年 DVI 合并了全国视觉教育协会（NAVI）和美国视觉教育协会（VIAA）两个组织。1947，DVI 正式更名为视听教学部（DAVI），在全美教育协会总部获得了长期的职位，并且开始拥有了自己的学术会议和学术期刊，得到长足发展。1970 年，协会改组并正式命名为"美国教育传播与技术系会"（AECT），1971 年，与全美教育协会分离，成为一个具有独立领域的学术组织。

AECT 自创办以来，通过组织各种形式的学术活动，促进了教育技术领域的不断发展。1953 年，AECT 创办了教育技术学界具有重要影响的学术刊物《视听传播评论》，1978 年更名为《教育传播与技术：理论、研究与开发杂志》。1989 年，AECT 把《教育传播与技术：理论、研究与开发杂志》与《教学开发杂志》合并为一本新的刊物，也就是《教育技术研究与开发》。AECT 于 1956 年出版了针对教育技术实践的刊物《视听教学》，1985 年更名为《技术动态》。另外，AECT 还创办了《教学科学》、《教育媒体与技术年鉴》等刊物，以促进教育技术学的长久发展。

---

① 王卫军等：《北美地区高校教育技术竞争格局与发展态势——基于对第 35—38 期〈教育媒体与技术年鉴〉的内容分析》，《现代教育技术》2015 年第 4 期。

② 郁晓华、顾小清：《开放教育下的学习分析——2015AECT 夏季研讨会述评与延伸》，《远程教育杂志》2015 年第 5 期。

③ 王小雪等：《创新、整合与交流——AECT 年会评述与思考》，《远程教育杂志》2014 年第 1 期。

④ 陈小珺等：《在全球一体化的时代里学习——AECT2012 年会述评与思考》，《远程教育杂志》2013 年第 1 期。

⑤ 任友群、宋莉、李馨：《教育技术的领域拓展与前沿热点——对话 AECT 主席 J. Micheal Spector 教授》，《中国电化教育》2009 年第 11 期。

对教育技术定义的研究是推动教育技术学基础理论建设的关键点与突破口。AECT 集结了该领域的专业人士，组成定义与术语委员会，致力于对教育技术领域的界定。迄今为止，AECT 已于 1963 年、1972 年、1977 年、1994 年、2005 年发布了五个定义，每次界定都代表了该领域专业人士对教育技术的基本理解，尤其是 AECT'94 定义、AECT'05 定义对世界教育技术界产生了广泛而深刻的影响。

2．AECT'94 定义中的五个范畴

美国教育传播与技术协会致力于教育技术（教学技术）定义研究，而"范畴"是 AECT 为了本领域交流、合作、共同理解之便而提供的本领域所必需的"术语和概念框架"。[①] 范畴在提供"共同的概念框架和统一的术语"后，更为教育技术工作者指明了实践领域。在 AECT 先后所做的五次主要定义中，AECT'94 定义对我国教育技术影响最大，而在该定义中提出的"设计、开发、利用、管理、评价"五个范畴则是对教育技术实践较为合理、全面、清晰的抽象和分类，确定这五个范畴甚至被认为是该版定义对教育技术"最大贡献"。[②] 各范畴间是一种非线性关系，每个范畴都对其他范畴以及由各个范畴共享的理论与实践有所贡献，范畴间的关系如图 6 - 1 所示。从范畴属性上讲，这五个范畴属于实践范畴，因为整个教育技术实践实质上就是"通过运用技术手段和方法对教育的资源和过程进行设计、开发、利用、管理和评价的实践活动"。[③] 基于此，笔者拟以该五个范畴为切入点，将以人为本的价值取向全面渗透至教育技术实践中，探索以人为本这一意识形态"改变教育技术世界"的现实路径。

二　关于以 AECT'94 定义五个范畴为切入口的几点说明

当然，在探索教育技术五个范畴中如何渗透以人为本思想之前，我们至少还需要澄清以下三个问题，其一是 AECT 不同版本定义中范畴的选择

---

① ［美］巴巴拉·西尔斯、丽塔里齐：《教学技术：领域的定义和范畴》，乌美娜、刘雍潜等译，中央广播电视大学出版社 1999 年版，第 45 页。

② 同上书，第 9 页。

③ 汪基德、周凤瑾、毛春华：《教育技术学基本范畴体系初探》，《教育研究》2009 年第 12 期。

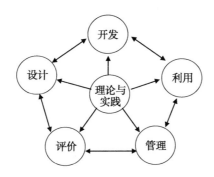

图 6 – 1 教育技术范畴间的关系

问题，即为什么选择 AECT'94 定义中的范畴而不是其他版本中的范畴；其二是该五个范畴所对应的实践与我国教育技术本土化实践的一致性问题；其三是为何以"一级范畴"而不是"二级范畴"为切入口的问题。

（一）不同版本定义中范畴的比较

上文已指出，AECT 协会对教育技术下过五次主要定义，依次为 AECT'63 定义、AECT'72 定义、AECT'77 定义、AECT'94 定义和 AECT'05 定义。在历届定义中，表征教育技术实践的范畴也在变化着，如 AECT'63 定义中的范畴是"计划、制作、选择、管理和利用"，AECT'72 定义中用"鉴别、开发、组织、利用、管理"来概括，AECT'77 定义则调整为"设计、实施、评价和管理"，AECT'94 定义用前文已经提到的"设计、开发、利用、管理、评价"，而 AECT'05 定义则将范畴调整为"创造、使用、管理"三个范畴。纵观 AECT 五次定义的完整内容，虽然每版定义受定义者的知识观、认识论、时代背景以及理论与技术的发展等因素影响，甚至出现过领域泛化、核心概念循环往复等问题，但整体上来看，历届定义在时间轴上是进步的，是向前推进的，其对本领域的抽象与界定一次比一次更接近教育技术的本质。范畴是 AECT 为了本领域交流、合作、共同理解之便而提供的本领域所必需的"术语和概念框架"。① 范畴在提供"共同的概念框架和统一的术语"后，更为教育技术工作者指明了实践领域。AECT 五次定义对范畴的抽象与描述各不相同，那么首当其冲的问题便是选择哪一届定义中的范畴作为切入点。

---

① ［美］巴巴拉·西尔斯、丽塔里齐：《教学技术：领域的定义和范畴》，乌美娜、刘雍潜等译，中央广播电视大学出版社 1999 年版，第 45 页。

　　由于特殊的发展背景，新中国的教育技术主要是从 20 世纪 80 年代中后期开始迈上国际化的进程，再加上 AECT'94 定义以前的四个定义的年代较为久远以及成熟度值得商榷等原因，我们将范畴选择范围圈定在 AECT'94 定义和 AECT'05 定义中。AECT'05 范畴与 AECT'94 范畴的差异在于，其将原来的五个范畴调整为三个——创造、使用、管理，其中"创造"范畴包含 AECT'94 定义中的"设计、开发"，[①]　"管理"范畴包含 AECT'94 定义中的"管理与评价"。[②] 由此可见，AECT'05 的范畴内涵几乎涵盖了 AECT'94 定义中的所有范畴，只是采用了更为整合的表述方法。

　　我们知道，教育技术定义中各范畴是依据布鲁姆的分类学原理进行划分的，而分类学的一个关键目的就是"使划分的对象各有归属，以便人们更好地认识、理解和把握事物、事件和事实"。[③] 在 AECT'05 定义的范畴划分中，将本来内涵较为明确的"设计、开发"合并为"创造"，将"评价"合并至原"管理"中，不如 AECT'94 范畴那么明晰。从教育技术主体工作性质来看，更能发现 AECT'05 定义在范畴分类上的不合理。目前教育技术工作范畴主要包括教学系统设计、教育软件设计与开发、信息技术与课程整合、企业培训课程设计与开发等，由此可见，设计和开发是教育技术工作者的核心工作，而设计与开发的工作性质又有很大的差别。一般而言，教学设计师具备良好的教育教学理论、设计理论、管理理论、系统理论，具有良好的沟通能力、项目管理能力等；而开发者多具有较好的技术素养和开发经验等。随着教育技术工作逐渐规范化，教学设计师和教育软件开发师通常是不同的行为主体，他们各有各的职责。对此情况依据 AECT'94 定义中的范畴可得到很好的区别与解释，而用 AECT'05 定义中的范畴则较难说清此现实问题。正是由于这些原因，使得不少专业人士甚至认为"'新定义'反而比 94 定义退步了"。[④] 而 AECT'05 定义颁布 5 年后始出版的、在专业领域极具权威性的《教育传播与技术研究手册》（第三版）中，仍然沿袭 AECT'94 定义中的范畴分类方式，将"设计与开

---

　　① ［美］艾伦·贾纳斯泽乌斯基、迈克尔·莫伦达：《教育技术：定义与评析》，程东元、王小雪、刘雍潜译，北京大学出版社 2010 年版，第 70 页。

　　② 彭绍东：《解读教育技术领域的新界定》，《电化教育研究》2004 年第 10 期。

　　③ 潘懋元、陈厚丰：《高等教育分类的方法论问题》，《高等教育研究》2006 年第 3 期。

　　④ 桑新民、李曙华：《教育技术学范畴体系建模研究及其方法论——与美国"94 定义"研究群体的对话》（上），《中国电化教育》2007 年第 11 期。

发"当作"教育技术研究与实践的首要范畴",① 足可折射出国外学者对
AECT'94 范畴和 AECT'05 范畴的认可情况。而国内学者的研究也可说明这
个问题,如桑新民教授在 2007 年的一篇文章认为"94 定义不仅作了充分
的理论论证,而且范畴体系的整体结构比较严谨,尤其是开发出范畴体系
的结构化模型"。② 汪基德教授在 2009 年的研究中,把 AECT'94 定义中的
五个范畴而不是 AECT'05 定义中的三个范畴作为教育技术的中介范畴,
亦可窥豹一斑。

　　基于上述分析,本研究选择 AECT'94 定义中的五个范畴作为切入点,
以探寻以人为本思想渗透实践的现实路径。当然,研究过程中亦会借鉴其
他定义尤其是 AECT'05 定义中的优秀成分,如对创新、伦理道德、绩效
的追求等,以弥补 AECT'94 范畴的不足。

　　(二)"五个范畴"与国内教育技术实践的基本一致性

　　我们需要回答的第二个问题是,该五个范畴所对应的实践与我国教
育技术实践是否一致的问题。AECT 定义是美国教育传播与技术协会基
于本领域在美国发展现实提出来的,定义中的五个范畴也是对美国教育
技术实践的概括与分类。普遍意义上讲,任何事物都有其生长的现实土
壤,任何事物都具有现实适应性,那么对于生于美国长于美国的五个范
畴,与我国的教育技术实践是否具有良好的兼容性呢? 对此,笔者持肯
定态度。

　　从我国教育技术发展历史上看,电化教育阶段的实践至少包括开发、
利用、管理三个范畴,这从南国农先生 80 年代构建的以"本质论、功能
论、发展论、媒体论、过程论、方法论、管理论"为主要内容的电化教
育理论体系中可窥豹一斑。电化教育阶段的实践以"开发、利用、管理"
作为主要工作范畴,而对发轫于心理学和系统论的"设计"则较少涉猎,
在此阶段,"评价"亦未被视为核心工作范畴。随着学科国际化的推进,
电化教育在逐渐改名为教育技术的同时,也引进了"设计"这一范畴,
此阶段编译的诸多与教学设计相关的书籍可佐证此观点。如电教司组织编

----

　　① 康翠、马晓玲、鞠慧敏、刘美凤:《设计与开发:教育技术研究与实践的首要范畴》,
《远程教育杂志》2010 年第 5 期。
　　② 桑新民、李曙华:《教育技术学范畴体系建模研究及其方法论——与美国"94 定义"研
究群体的对话》(上),《中国电化教育》2007 年第 11 期。

译的《教学媒体与设计》（1990.2），刘高倍编著的《教学设计》
（1990.3），刘茂森编著的《教学设计的过程与方法》（1991. 11），李克
东、谢幼如编著的《多媒体组合教学设计》（1992.2），庄为其、谢百治
编著的《电化教育与教学设计》（1992.6），张祖忻主编的《教学设
计——基本原理和方法》（1992.6），乌美娜主编的《教学设计》
（1994.10）等。在此阶段，虽然"评价"仍未作为一个独立范畴引入教
育技术，但作为教学系统设计流程中的重要一环，"评价"已然进入研究
者的视野。

　　AECT'94 定义自 1995 年引入我国后，便受到了极高的推崇，甚至被
视为教育技术领域的"红皮书"，对该定义的研究不胜枚举，仅从数量上
来看，"截至 2004 年，中国学者围绕'94 定义'发表的论文达 400 余
篇"。① 而这十年亦是我国教育技术专业迅猛发展的十年。可以说，在此
背景下发展起来的中国教育技术，基本上已经按照 AECT'94 定义中的五
个范畴去规划发展自己的实践。

　　对照教育技术具体的实践领域，更能发现中国教育技术实践与美国教
育技术实践的一致性。美国教育技术实践主要集中在学校教育系统、远程
教育系统和社会其他系统（此系统含社区教育、终身教育、科教兴国、
企事业培训和人力资源开发、绩效技术的应用等）中，② 即美国教育技术
人员更多的是在这三个大系统中从事设计、开发、利用、管理与评价的工
作。而我国教育技术的工作范畴除去在社区教育、企事业培训、人力资源
开发、绩效技术方面等有所欠缺外，其他方面均进行了长期的、复杂的、
卓有成效的教育技术实践活动。

　　事实上，国内教育技术实践领域近几年在企业培训、人力资源开发、
绩效技术方面已有了长足的改进。如北京师范大学刘美凤教授及其团队，
围绕绩效技术及其应用开展了富有成效的研究工作；北京大学吴峰副教授
致力于在企业大学、企业培训方面的研究；华南师范大学柯清超教授在企
业数字化学习方面研究成果颇丰；等等。除去学者的学术探索外，在
2014 年研制的代表官方观点的《教育技术学专业本科教学质量国家标准》

---

　　① 汪基德：《中国教育技术学科发展与反思》，中国社会科学出版社 2008 年版，第 29 页。
　　② 李龙、刘雍潜：《教育技术领域标准与范畴的研究评述》，《现代远程教育研究》2005 年
第 3 期。

中认为，教育技术专业学生应具备的专门性知识包括"信息技术教育、数字教育媒体、教育软件工程、在线教育、企业培训与绩效技术"，"企业培训与绩效技术"赫然在列。而在"核心课程体系示例"中，将"企业培训与绩效技术类"作为与"信息技术教育类"、"数字教育媒体类"、"教育软件工程类"、"在线教育类"并列的方向类课程。国内教育技术实践场域从学校场域拓展至企业培训部门已然成为一种趋势，也是与国际教育技术接轨的重要策略与方法。

基于上述理解，我们认为，我国教育技术的实践范畴与 AECT'94 教育技术定义中的五个范畴是基本一致的，从这五个范畴切入到教育技术实践领域时，并不会显得突兀或水土不服。

（三）"一级范畴"VS"二级范畴"

还需要说明的是，《教学技术：领域的定义与范畴》一书不仅给出了教育技术五个一级范畴，更给出每个范畴的二级范畴，具体来说是"设计"范畴包含"教学系统设计、信息设计、教学策略、学习者特征"四个子范畴，"开发"范畴包括"印刷技术、视听技术、基于计算机的技术、整合技术"，"利用"范畴包括"媒体利用、革新推广、实施和制度化、政策和法规"，"管理"范畴包括"项目管理、资源管理、传送系统管理、信息管理"，"评价"范畴包括"问题分析、标准参照测量、形成性评价、总结性评价"。

AECT'94 定义所提出的五个一级范畴无疑受到业界诸多学者的认同，而教育技术定义委员会给每个一级范畴细化出四个子范畴虽然有许多可取之处，但却难尽如人意，存在着许多值得商榷之处。如在"设计"的四个子范畴中，"教学系统设计、讯息设计"明显是以设计的对象作为标准划分出来的两个子范畴；"教学策略"在表述上似乎应该是"教学策略设计"，改名后方可和前面三个子范畴处于同一标准之下；而"学习者特征"显然不属于设计的内容，而是设计时必须遵循的主体性要素。当然"学习者特征"仍包含于设计范畴的内涵中，只是无法成为与前三个子范畴并列的子范畴，因为它们的划分标准不统一。再如"开发"范畴，由前文可知，这五个范畴属于连接实践的"中介范畴"，具有很强的实践性，而对它们的描述也用了五个实践性很强的动词，因而，理想的子范畴应该表述为"＊＊开发"或"开发＊＊"抑或与开发相关的某些事项等，然而在该定义的阐释中，却以技术的类型和功能作为区分标准，并用了反映技术时代变迁的四个名词作为其子范畴，显然无法很好地表征"开发"这一实践性很强的范畴的内涵。"利用"范畴中，"媒体利用"、"革新推广"、"实施"之间存在着一定的交叉，而第四个子范畴亦用了名词"政策和法规"，并与前三个"动词"性的子范畴相并列，与"设计"和"开发"的子范畴犯了相同的错误。从句法上讲，"管理"的四个子范畴在表述上最为规范，符合对理想子范畴的规定，只是"信息管理"与"资源管理"之间存有一定的交叉和重复。而对于"评价"范畴，前两个子范畴"问题分析"和"（制定）标准参照测量"属于评价过程的环节，而后两个子范畴"形成性评价、总结性评价"则属于评价的类型，显然四个子范畴亦没有处于同一分类标准之下。对于 AECT'94 定义中的各子范畴，并非仅笔者持质疑态度，该定义委员会自身也认为，"每个范畴的四个主要的子范畴，可能还有些独立的子范畴并未被列出来……本领域中有些理论与实践，与多个子范畴相对应，因而导致一定程度的交叉与重合……各子范畴需要完善分类层次，需要有更为明晰的划分，这个任务将留待日后"。①

正是由于子范畴的划分存有上述问题，所以，本研究选择以范畴为切入点切入至教育技术实践时，并没有严格按照各子范畴逐一落实以人为本的思想，而是在一级范畴的层面探寻意识形态落地的现实路径，即在"设计、开发、利用、管理、评价"层面探寻教育技术以人为本的方法或策略。当然，没有严格细化至各子范畴，并不是在内容上对子范畴的否定与抛弃，而是在充分肯定子范畴内容的基础上，选择了一种更为方便的写作路径。

第二节　以人为本的"设计"

一　"设计"范畴的内涵

一般而言，设计是对设计目标进行构思、计划并把设计目标变为现实

---

① ［美］巴巴拉·西尔斯、丽塔里齐：《教学技术：领域的定义和范畴》，乌美娜、刘雍潜等译，中央广播电视大学出版社 1999 年版，第 49 页。

的实践活动。从人类实践的一般过程来看，设计活动是一种重要的"认识活动"，① 设计对象本身就是设计者的认知对象。从构词学上来看，"设计"是由"设想"和"计划"两个词合并而成。"设想"就是想象，设想活动就是想象出能够满足人们某种需要的新事物的思维活动。"计划"则是对所要进行的活动拟定实施方案和操作步骤，使设想的新事物现实化。计划是设想的新事物能否变成现实的关键，缺乏计划能力则令设想难以实现而变为空想。当然，计划往往有不同的方案、步骤，且有优劣之分。设计的精华是改革和创新，② 它是充分调动设计者灵感思维、具有原创性的或超越性的认知活动。当下，设计的种类众多，如工业设计、环境设计、建筑设计、室内设计、网站设计、服装设计等，教育技术领域的设计是设计在教育、教学、学习中的具体应用，是设计家庭中的一员。

　　教育技术领域的设计范畴是心理学理论与系统理论共同作用于教学的结果。20 世纪 50 年代美国出现了教学心理化运动，即用心理学的理论、方法指导教育教学，斯金纳的《学习的科学和教学的艺术》及程序教学理论，西蒙的《工艺的科学》都对设计范畴的诞生起到了助推作用。系统理论在教学中的应用是促使设计范畴发展的另一要因。系统方法由芬恩和西尔文引入教学领域。系统理论与教学心理学的结合，导致了教学系统设计运动的兴起。20 世纪 60 年代末 70 年代初，业界对讯息设计的兴趣也逐渐发展起来。此阶段，加涅和布里格斯在促进教学心理学专门知识与系统设计的结合方面作出了巨大的贡献。

　　设计范畴具有复杂的知识基础，包括一系列的过程模型、概念模式和理论。《教学技术：领域的定义与范畴》一书不仅指出设计范畴包括教学系统设计、讯息设计、教学策略和学习者特征四个子范畴，更对各子范畴作了较为详尽的阐述。教学系统设计是指包括分析、设计、开发、实施和评价各步骤的有组织的过程。讯息设计是指依据注意、知觉和保持的基本原理，对信息发送者和接受者交流的讯息形态进行选择和确立。教学策略是指为实现一定的教育教学目标，依据教与学的实际情况和客观条件，对

---

① 何克抗、郑永柏、谢幼如：《教学系统设计》，北京师范大学出版社 2002 年版，第 15 页。
② 高一平：《设计的本质是存在与演化——关于设计本质的探讨》，《自然辩证法研究》1997 年第 7 期。

教学顺序、教学活动程序、教学方法和教学组织形式等因素的总体考虑。教学策略具有很强的情境性，因学习情境、学习内容性质和学习目标类型而异。学习者特征是指影响学习过程有效性的学习者的全部经验背景。无论是教学系统设计、讯息设计还是选定教学策略，都必须以学习者特征为根本依据。

在我国教育技术专业培养中，教学系统设计作为独立的一门课程开设可追溯至20世纪90年代初，经过近20年的发展，我国教育技术界已积累了丰富的开设经验，对教学系统设计的理解与研究也日益深厚。依据国内影响较大的教学系统设计教材可知，教学系统设计一般可归纳为三个层次：（1）以产品为中心的层次。本层次中，教学系统设计把教学中需要使用的媒体、材料、教学包等当作产品来进行设计。教学产品的类型、内容和教学功能常常由教学系统设计人员和教师、学科专家共同确定。有时还吸收媒体专家和媒体技术人员参加，对产品进行设计、开发和测试、评价。（2）以课堂为中心的层次。本层次的设计围绕课堂教学展开，具体来说是根据教学大纲的要求，针对一个班级的学生，在固定的教学设施和教学资源的条件下进行教学系统设计，其设计工作的重点是充分利用已有的设施或选择或编辑现有的教学材料来完成目标。本层次常由掌握教学系统设计的教师独立完成，亦可由专门教学设计师和学科教师合作完成。（3）以系统为中心的层次。按照系统论观点，上述两个层次中的教学产品和课堂教学均可看作教学系统，但本层次中的"系统"特指比较大的、比较综合复杂的教学系统，如一所学校或一门新专业的课程设置、某企业中的职工培训方案等。本层次涉及面广，设计难度较大，设计方案完成后常需要推广至多种场合去使用，因此，本层次的设计通常需要由教学系统设计人员、学科专家、教师、行政管理人员、相关学生组成的设计小组来共同完成。①

将我国教学系统设计的三个层次与AECT'94定义中"设计"范畴的四个子范畴相比较可发现，我国的"教学系统设计"虽与AECT"设计"范畴中第一个子范畴的名称相同，但前者的内涵要远远大于后者，我国的

---

① 何克抗、郑永柏、谢幼如：《教学系统设计》，北京师范大学出版社2002年版，第48—49页。

教学系统设计一般包括"学习需要分析、学习内容分析、学习者分析、学习目标的阐明、学习评定、教学策略的制定、教学媒体的选择与运用、教学设计成果的评价"等环节，结合上述教学系统设计的三个层次可知，我国教学系统设计在内涵和工作范畴上包括了"教学设计、讯息设计（媒体设计）、制定教学策略、遵循学习者特征"等诸项内容，和AECT'94定义中的一级范畴"设计"内涵几近一致。此处分析一方面暗合了前文已论述的AECT'94定义中子范畴的划分稍显混乱，一方面也表明笔者的观点：我国的教学系统设计与AECT'94定义中"设计"范畴内涵一致，均可作为设计范畴融入以人为本思想的支撑性材料。

二　"设计"中如何以人为本

教育技术是具有价值负荷特性的技术，其外在价值（使用价值）和内在价值（物化形态技术的价值、智能形态技术的价值）均渗透了主体的意识形态。而内在价值之所以能渗透主体的意识形态，就是因为"设计"范畴的存在，可以说"设计"是使技术渗透人之价值的关键环节。当然，"设计"范畴已经在一定程度上关注人的存在，体现"以人为本"的思想了，如在教学设计过程中，学习者分析是极其重要的一个环节。只是，站在人学的视角会发现，现行的"设计"对人的观照不够全面、不够完整，尚未达到其应然追求。基于此，笔者认为至少还需要在以下几个方面加强对人的观照。

（一）树立以人为本的设计理念，强化现代教育理论的指导

在教育技术"设计"范畴中体现以人为本的思想，是指在教学设计、媒体设计等设计活动中渗透以人为本的思想。这要求无论教学设计人员还是媒体设计人员，首先要树立以人为本的设计理念，换句话说，则是要求设计者能将人视为自然属性与社会属性的统一体，将全面发展人的能力作为设计的终极追求，并设计出有利于主体全面本质生成的符合本领域特色的实践性活动。其次，将现代教育理论作为设计的指导思想。南国农先生将现代教育理论概括为"素质教育观、终身教育观、双主体教育观、创新教育观、情商教育观、四大支柱教育观（学习认知、学会做事、学会合作、学会生存）"等六大教育观。现代教育理论对人的观照是全面而具体的，以现代教育理论为指导思想，宏观引领"设计"工作，是设计范

畴以人为本的体现。现代教育理论是设计人员必须具备的知识基础。

（二）遵循"人体工程学"，设计出适宜人体生理结构的教育硬件产品

人体工程学是 20 世纪 40 年代后期发展起来的一门技术科学。该学科通过剖析人的解剖学、生理学、心理学等因素，研究在人—机器—环境系统中如何使效率、健康、安全、舒适等达到最优化的问题。[①] 在教育技术领域，"设计"范畴不仅仅包括设计各种多媒体课件、教学材料，也包含设计硬件资源。而硬件设计时遵循人体工程学则是对"科技以人为本"最直接的体现。

譬如，前文笔者提到"鼠标手"这一当代"电脑病"，"鼠标手"产生的人体机理是，"握鼠标动作由手掌完成，而手掌主要由拇指肌和外展肌肉组成的肌群、小指屈肌肉及展肌肉组成的肌群组成，两肌肉群中有一条深'沟'，该深'沟'受到压迫，继而造成下面的血管和神经受到压迫，长时间压迫则会导致手缺氧"。"鼠标的移位主要靠手腕完成，前臂的尺骨、桡骨的骨骼共同完成手腕的旋转动作。当人的手腕以 0 度左右的'仰角'运动时，人手处于最舒适的状态。而握鼠标时，手腕与桌面的夹角约为 30 度，因而，长时间握鼠标会导致前臂肌肉处于拉伸状态，且血流不畅"。[②] 通过研究操作鼠标时人体肌肉、骨骼的运动机理，结合人手写字时的人体运行机理，有设计者将鼠标设计成符合人体工程学原理的"握式鼠标"，如图 6 - 2 所示。

又如，当前的键盘设计也存在一定的问题，据人体工程学研究，"键盘自台面至中间一行键的高度应尽量降低"，键盘前沿厚度超过 50 毫米就会引起腕部过分上翘，从而加重手部负荷。此厚度最好保持在 30 毫米左右，必要时可加掌垫。[③] 基于此，微软曾开发了"微软人体工程学键盘4000"，该键盘通过增加 2 个重要的曲线弧度缓解手部疲劳，如图 6 - 3 所示。再如，也有学者指出当前电脑桌在设计时存在"鼠标未与键盘放在

---

① 王湃：《人体工程学及其未来》，《中国环境管理干部学院学报》2003 年第 2 期。
② 李南：《关于用鼠标笔代替传统鼠标的人体工程学分析》，《机械》2010 年第 3 期。
③ 张超伟：《经典设计源于"二战"微软键盘评测》（http://www.pcpop.com/doc/0/133/133699.shtml）。

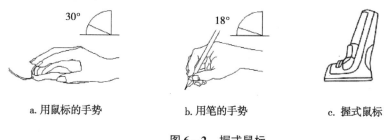

a. 用鼠标的手势　　　b. 用笔的手势　　　c. 握式鼠标

图 6 – 2　握式鼠标

图片来源：李南：《关于用鼠标笔代替传统鼠标的人体工程学分析》，《机械》2010 年第3 期。

同一个作业面上、作业面上缺乏必要的肘部支撑"① 等问题，亦可依据人体工程学加以改进。

　　谈蓓月等人基于"人体工程学"设计计算机教室，指出"机房内的电脑台、电脑椅、出入通道、所放设备的数量等必须按人体尺寸要求设计，力求使每一个使用者均可适应"。"电脑台和椅子的高度必须适合学生的身体尺寸，使他们在上课时，保持适合的身体姿势，即身体躯干自然直立，身体重量能适当地得到支撑，两肘置于身体两旁，特别是对头、手臂、腿部和足的活动提供足够的空间"。② 具体如图 6 –4 所示。

图 6 – 3　微软人体工程学键盘 4000

　　总之，人体工程学为教育技术装备的设计提供了原理，依据人体工程学可设计出既能提高工作效率又能降低对人体危害的人性化的设备。

① 苏垣、袁惠青：《从人体工程学看电脑桌的误区》，《家具与环境》2000 年第 3 期。
② 谈蓓月、滕跃民：《人体工程学在计算机教室总体布局中的应用》，《上海电力学院学报》2000 年第 1 期。

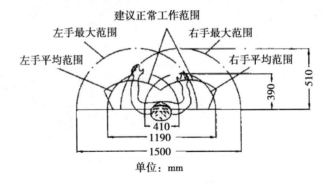

图 6 – 4　肢体活动范围

图片来源：谈蓓月、滕跃民：《人体工程学在计算机教室总体布局中的应用》，《上海电力学院学报》2000 年第 1 期。

（三）依据媒体特性、学习者认知特点，设计出优质的数字化教学资源

麦克卢汉指出，媒介即是讯息，那么讯息设计实质上便是媒介设计。当然，在现实的教育技术实践中，媒介设计既包含硬件设备设计也包括教育软件的设计，硬件媒体设计前文已经谈过，故本部分更多的探讨教育软件的设计，具体则是讨论多媒体课件、网络课件、学习资源库等数字化教学资源的设计。至于如何在数字化教育资源中渗透以人为本的思想，笔者认为应从宏观设计和微观设计两个方面分别入手。

宏观设计主要是从资源的类型、发展方向等整体性的角度出发设计数字化教学资源，具体来说，需从以下三点体现以人为本的思想。

（1）遵循人之生成原理，设计数字化教学资源的类型。由前文可知，人是在实践活动中生成的，在教育的世界，人之自我生成的实践活动便是学习和交往。然而，在现行数字化教学资源中，演示型资源占较大比重，而此类资源单纯追求知识的传递，对学习者其他素质的培养较少关注，常有教材搬家之嫌，学习者基于此类资源学习时参与度低，学习效率与记忆的保持相对较差。因此，在设计多媒体课件、网络课件等资源时，应将资源类型更多地设计成交互型、合作型，结合教学内容设计出适量的交互、合作活动，让学习者基于该资源进行学习时具有较高的参与度，更好地促进自身全面的生成与发展。

（2）利用人工智能技术，设计出具有自适应性的数字化教学资源。

所谓自适应性教学资源是指能够依据学习者特征，跟踪学习者的学习步骤，动态地提供学习内容、学习建议，从而控制学生的学习过程，保证学生学习的效果的教学资源。此类资源关注学生的个性，并依据学生的个性动态地提供具有个体适应性的教学内容、教学策略与教学评价，在一定程度上体现着以人为本的思想。因此，在今后的数字化教学资源建设中，应充分借助人工智能技术，设计出具有自适应性的教学资源。

（3）"多"与"少"：数字化资源教学设计的两种走向。数字化教学资源的教学设计是指应用系统观点和方法，按照教学目标和教学对象的特点，合理地选择和设计教学媒体信息，并在系统中有机地组合，形成优化的教学系统结构。站在"以人为本"的视角，数字化资源的教学设计应朝"多"与"少"两个方向发展。所谓"多"的方向主要是指，教学设计时充分考虑资源使用对象的认知特征，整合先进的教育理念，结合丰富的教学经验，在媒体资源中精心设计教学目标、教学内容、教学活动、教学策略等，保证绝大多数学习者基于该资源的学习能取得良好的学习效果，这是对现行教学资源设计走向的延伸。所谓"少"的方向主要是指，资源设计时，在遵守媒体特性的基础上，尽可能不带有设计者任何的意识形态，以知识点为基本单元制作素材，以可重用性为价值增长点。此类教学资源既有利于资源共享又可充分发挥使用者的积极性和创造性。[①] 此类教学资源以充分调动使用者的智慧灵感、充分考虑学习者的具体差异为根本出发点，以另外一种方式体现着"以人为本"的思想。积件、学习对象（learning object）、微课等均是此类资源的代表。

微观设计主要是指数字化教学资源的内容设计、交互设计、界面设计、媒体元素设计等。笔者认为，数字化教学资源微观设计时，应考虑媒体自身特点、学习者特征，借鉴认知负荷理论，尽可能减少学习者的认知负荷，以保证学习者取得较好的学业成就。具体来说，可从以下几个方面入手。

（1）遵循认知负荷理论，合理设计内容的组织结构，处理好学习内容的"量"。认知负荷理论是继建构主义理论后又一对教学起着重要指导作用的心理学理论。该理论的基本假设是人类的认知结构是由工作记忆

---

① 姚孟君：《从课件到积件》，《开放教育研究》2002 年第 2 期。

（working memory）和长时记忆（long – term memory）组成的。工作记忆的容量是有限的，长时记忆的容量几乎是无限的。① 正是由于人的工作记忆容量的有限性，使得一次性增加于工作记忆中的脑力活动总量受到限制，不合适的信息量会增加学习者的认知负荷，进而影响学习效果。依据认知负荷理论，在数字资源内容设计时，首先要精心设计内容的组织结构。教学资源中含有大量的教学信息，若信息组接或呈现不当，必然会占用大量的认知资源，加重学习者的认知负荷。因此，须给教学信息设计出合理的内容组织结构。如利用提纲和标题来组织文字，为学习者呈现一个结构性、系统性知识界面，并且强化信息节点设计，保证内容相关的信息以各种方式集成在一个节点中，以便于学习者对知识的整体性把握。其次，教学资源内容设计时，还要处理好学习资源的"量"的问题。利用现代媒体存储和超链接优势，数字化教学资源多设计有较多的学习资源，单独从量的角度来讲，学习者对学习资源占有量增大了，而资源占有的增多无疑增大了学习者学习的可能性，亦即增大了人之生长的可能性。但此时我们还须考虑到学习者的认知负荷能力。纷繁芜杂的学习资源往往会给学习者带来较多的认知负荷，影响学习效果。因此，在设计学习资源的具体内容时，应该在"精"与"准"上下功夫，不能贪"多"，而且要对资源进行合理的分类设计，尽量避免因资源庞杂而增加学习者的认知负荷。

（2）交互设计应具有简明性、一致性、方便性，以易于学习者的操作为准则。交互是数字化教学资源的常见功能，也是促使学习者有效参与教学活动的媒体策略。在设计交互时要保证交互方式的简明性、一致性、方便性。简明性是要求交互对象应简明扼要，无须过多说明解释，学习者即可明了交互意图；一致性则要求各界面应有一致的交互处理和布局、一致的人机交互方法及信息显示格式。交互设计时最"忌"不一致，杂乱无章的交互容易让学习不知所措，甚至产生厌学等不良学习情绪；方便性是要求交互元素的位置摆放、操作方式等应符合学习者的操作习惯（如按钮放在右下角要比放在左上角更易于学生使用），以便于学习者的操

---

① 郝兆杰：《认知负荷理论在中小学信息技术教学中的应用研究》，《中国教育信息化》2007 年第 24 期。

作。同时，还应设计帮助系统或帮助模块，以让学习者能随时获得软件使用或交互方面的帮助。

（3）界面设计应具有一致性、通俗性，防止学习者迷航。教育软件的界面是学习者和计算机进行信息交换的通道，它的呈现方式将直接影响多媒体学习者获取信息的效率。界面设计的一致性是指不同界面中相同性质元素的形态、位置、功能要保持一致，使用统一、清晰、简洁的界面结构；界面设计的通俗性则是指，最好使用约定俗成的标准界面元素、标签、图标等来描述选择与任务，使得学习者根据外观就能清楚地识别学习软件的各个功能。另外，界面中应设计清晰、明确的导航系统，合理采用导航地图、时间轴、知识树等导航技术，避免学习者发生迷航或花费大量的精力在学习路径的确定上。[①]

（4）遵循媒体元素特征及学习者的感知特点，设计媒体元素属性。媒体元素是指呈现信息的具体媒体形态，包括文字、图形图像、声音、视频、动画等。媒体元素设计时要综合考虑各媒体元素特征及学习者的感知特点，合理设计媒体元素的颜色、清晰度、大小等。如对于文字媒体，要保证坐在最后一排的学习者看清为准，字号一般不应小于24号；行距以不引起学习者的视觉压迫感或造成视觉跳行为准，一般选择1.25—1.5倍行距。字体的选择也应符合各字体的特征，如黑体具有现代感，一般用于标题、封面和广告设计；楷体古朴秀美，常用于儿童读物和小学教科书籍；隶书笔画圆润，具有古代感，常用于包装设计及标题等；宋体端正有力，一般用于正文等。对于色彩的选择，则要考虑色彩带给学习者的生理刺激和心理感受，如红色代表热烈、喜庆、激情、危险，蓝色则代表整洁、沉静、精确、冷峻、稳定等。另外，色彩选择还要考虑使用对象的生活经验、社会意识、风俗习惯、民族传统、自然景观等因素。对于图形图像、视频则要考虑清晰度，对于声音则要考虑声音在辅助认知、营造氛围、陶冶情操等方面的功能，等等。

（四）增设"信息卫生学"，关爱人之自然生命

人的存在首先是作为自然生命的存在，自然生命是人一切存在的物质

---

① 祁玉娟、熊才平：《认知负荷理论在多媒体软件设计中的应用分析》，《远程教育杂志》2009年第3期。

基础，对人的观照首先应观照人之自然生命。然而，由于自身的局限或主体不恰当的使用，教育技术在延伸人之器官、满足人之需要的同时，也在一定程度上给人之自然生命带来危害，如电脑使用者易患上"萝卜腿"、"鼠标手"、"颈椎病"、"干眼症"、"皮肤过敏"、"脑功能减弱"、"中枢神经失调"等"电脑病"。除去带来危害人体健康的"科技病"外，现代信息设备还因卫生条件被忽略而成为生物病毒的传播中介。再者，当代青少年身体健康状况整体下降，现代信息技术固然毋庸负全部责任，但也不能说毫无关系。总之，现代信息技术危及人之自然生命的问题日渐突出，但令人遗憾的是，此问题尚未引起业界足够的、广泛的重视。笔者认为，作为致力于倡导、推广现代信息技术的教育技术，有责任和义务让使用主体对信息技术的负面影响拥有完整的认知，培养主体良好的使用习惯，以保证主体对信息技术的使用不影响自身的身体健康，这是教育技术应有的社会担当。而将"信息卫生学"纳入到教育技术知识体系中无疑是体现教育技术观照人之自然生命的有效途径。众所周知，"卫生学"是研究影响人体健康因素及疾病防治的学科，"信息卫生学"作为"卫生学"的下位概念，可界定为"研究信息技术给使用者带来疾病、健康损害、劳动能力降低、工作效率下降等危害因素的学科"。关注信息技术给使用者身体健康带来的危害已经刻不容缓，而有效的途径则是在现有的教育技术知识体系中增设"信息卫生学"类知识，只有在教育技术知识体系中融入信息卫生学知识，才能借助教育技术已形成的知识传播网络，产生广泛而快速的教育影响。教育技术知识体系中增设"信息卫生学"有多种渠道，如在"现代教育技术"、"教育技术学导论"类专业课程中设计"信息卫生学"章节；在中小学信息技术课程中设计"信息卫生学"章节；在多媒体课件、网络课程等数字化学习资源中设计与"信息卫生"相关的片段性知识；等等。当然，"信息卫生学"是一个崭新的领域，它随着信息技术引发的健康问题而逐渐引起人们关注，该领域的知识体系极不完备，需要更多的学者关注和参与。

（五）加强情感教学设计，让"情感教育"在场

情感缺失是当前教育技术实践不容回避的又一问题。情感的心理学解释是"指人的喜、怒、哀、乐等心理表现，是对客观事物所持的态度中产生的一种主观体验"。教育学领域对情感采取更为宽泛的界定，"包括

情绪体验和与社会性需要相联系的情感，动机、兴趣、态度等都是教育学者的研究内容"。情感在教学中至少扮演两种角色，一种是作为手段的情感，一种是作为目标的情感。作为手段的情感，可充分调动情感因素，促进学生包括认知学习在内的各方面素质的发展。作为目标的情感，引发学习者积极的情感体验，以促进其形成高尚、完善的情感。鉴于教育技术领域的情感教育现状，笔者认为，应该加强情感教学设计研究，即设计者从情感维度上对教学内容进行加工、组织，使教学内容在向学生呈现的过程中能充分发挥其情感因素的积极作用，形成良好的情感体验，促进学习者认知和情感的共同发展。具体来说，则是在数字化教育资源设计时，通过设计文字、形状、色彩、布局、大小等要素，将情感融入设计作品中，在学习者欣赏、使用产品的过程中激发联想，产生共鸣，获得精神上的愉悦和情感上的满足。而在课堂教学设计中，则需要围绕学科内容，遵循学习者特征，选择适当教学媒体，设计出如愉快教学、情景教学、成功教学、和谐教学等教学环节，让学生在"乐情、冶情、融情"中获得全面发展。当然，教育领域的情感除去包括学习者对客观对象的情绪体验，还包括师生之间、生生之间的情感。前文已指出，借助现代信息技术拓展了师生交往的范围，形成虚拟的主体关系，产生虚拟情感，而学习者常常沉迷其中，难以回归至生活现实，因此，在数字化教育资源设计或课堂教学设计过程中，通过设计文字、案例等方式提醒学习者参与此类情感活动的适度性、潜在危害性以及回归现实的必要性、重要性，以免深陷其中，造成不良后果。

（六）完善"信息道德教育"，观照人之全面发展

促进人的全面发展是教育的最终旨归，人的全面发展则需要全面发展的教育。然而，当前教育技术实践却较多地关注"知识传播效率"，追求"认知"的单向度增长，而对人的道德等非智力因素却鲜有关注。笔者曾对教育技术八门主干课程教材、现代教育技术公共课教材、中学信息技术课程教材进行内容分析，发现在上述教材中信息道德教育严重缺席。信息道德教育的缺席不仅致使人的畸形发展，更引发诸多信息伦理与信息安全问题。目前，无论是《基础教育改革纲要（试行）》中"知识与技能、过程与方法、情感态度价值观"三维一体的课程标准，还是《中小学信息技术课程指导纲要（试行）》、《全日制普通高中信息技术课程标准

（2003）》中对"信息素养"的具体诠释，均反映出业界对信息道德教育与日俱增的重视。而在"网络名人社会责任论坛"上提出的用以"化解社会的戾气，释放正能量"的"七条底线"，是在"互联网＋时代"对信息道德教育提出的新的要求。

但是，笔者认为，对信息道德教育的重视绝不能停留在各级各类的文件中，也不能仅仅止步于口号，它必须落实到具体的行动中。针对当前大部分相关教材及媒体中尚未包含信息道德内容或仅是简单提及，笔者认为我们首要采取的行动便是在相关教材中增设信息道德内容。具体来说则是在教育技术专业课程教材、现代教育技术公共课教材、基础教育阶段的信息技术课程教材中设计信息道德教育章节或单元。当然，在课堂教学设计或数字化教学资源设计时，亦可结合具体学科内容，将信息道德内容适切地、和谐地、有机地融入其中。当然，各类教材、教学媒体、课堂教学设计中增设信息道德的内容，仅是信息道德教育产生良好效果的必要条件，而非充分条件，它还需要在基于各类教材实施的教学、学习时，师生共同努力，积极参与信息道德教育的各项活动，这才是信息道德教育产生实效的保障。

总之，设计范畴在教育技术的五个范畴中有着"起始范畴"的意义，因为它往往是教育技术实践活动的起始点：设计方案是开发的蓝本，因此设计影响着数字化教学资源的开发，影响着信息化教学方案的开发，而开发出的产品又直接影响着教育技术的具体利用，设计的方案同时又是管理和评价的对象，可以说，设计的好坏在很大程度上影响着最终效果。再加上，设计是教育技术融入设计者的意识形态使其具有价值负荷特性的关键环节，因此，"以人为本"的教育技术务必重视设计范畴，充分调动人类智慧把以人为本的思想融入其中。

第三节　以人为本的"开发"

一　"开发"范畴的内涵

在教育技术中，"开发"范畴的英文单词是"development"，从词源学角度来讲，"开发"，包含了"发展、形成"之意。《教学技术：领域的定义和范畴》一书将"开发"定义为"把设计方案转变为物理形式的过程"。①《教育技术：定义与评析》一书将开发界定为"将设计阶段所产生的特定要求转变成可供教师和学习者使用的具体材料"。② 桑新民教授将开发理解为"在学习理论、教学理论、传播理论、认知科学等基础理论与设计方案的指导下，在不断创新的硬件软件技术驱动下（智能技术使越来越复杂的开发过程与环节不断简单化、自动化、人性化），将理论与技术交织在一起，不断实现着从设计方案向实施（学习、教学、培训）环境、资源、条件、程序的物化、外化，是从思想到现实的转变过程"。③ 从以上表述可以看出，国内外学者对"开发"的理解基本是相同的。

由于开发是"把设计方案转变为物理形式的过程"，是把"设计蓝图"转化为具体的学习资源或学习环境，因而，开发的对象实质上就是"设计"阶段的成果，由于"设计"阶段的产品主要是"教学媒体设计方案"和"课堂教学设计方案"，故开发的对象理论上应包括各种"教学媒体"和"课堂教学教案"。"课堂教学教案"多由教学设计师和学科教师共同完成开发而形成教案，此过程中学科教师是开发主体。故在"开发"范畴中，我们聚焦于各种教学媒体的开发，而对"课堂教学设计方案"的开发予以较少关注，以更加吻合此阶段的工作性质及教育技术的技术化特质。基于此，我们可知，开发的对象主要包括"各种应用于教育领域的硬件、软件、视觉和听觉材料、程序和软件包等"。④

开发是一个复杂的系统的成型过程，开发过程受诸多因素影响，"只有把这个过程所牵涉的事物及其关系研究清楚，才知道开发工作应该怎么样做"。⑤ 诸多影响开发的因素可分为内部因素、外部因素两类。内部要素主要指包括开发所涉及的各种技术及指导开发的理论；外部因素主要是指来自其他范畴（设计、应用、管理、评价）的影响和制约。

---

① ［美］巴巴拉·西尔斯、丽塔里齐：《教学技术：领域的定义和范畴》，乌美娜、刘雍潜等译，中央广播电视大学出版社 1999 年版，第 9 页。

② ［美］艾伦·贾纳斯泽乌斯基、迈克尔·莫伦达：《教育技术：定义与评析》，程东元、王小雪、刘雍潜译，北京大学出版社 2010 年版，第 97 页。

③ 桑新民、李曙华：《教育技术学范畴体系建模研究及其方法论——与美国"94 定义"研究群体的对话》（下），《中国电化教育》2007 年第 12 期。

④ ［美］巴巴拉·西尔斯、丽塔里齐：《教学技术：领域的定义和范畴》，乌美娜、刘雍潜等译，中央广播电视大学出版社 1999 年版，第 56 页。

⑤ 严家怡：《关于教育技术范畴开发的研究》，《电化教育研究》2001 年第 8 期。

　　内部因素对开发范畴的影响尤为突出。众所周知，技术的每一次进步都在丰富着教育技术开发的内涵。从印刷技术到视听技术，从计算机技术到网络技术，每一次技术变革都增强了教育技术开发的能力，丰富着教育技术产品的类型——技术的变革令教学媒体的形态经历了从印刷媒体到视听教材再到富媒体，从单机版 CAI 课件到多媒体网络课程的转变，以及从精品资源共享课到微课、慕课的转变，均使得教育媒体的存储、传输、共享、修改、整合等都发生转变，甚至影响到教育媒体开发的系统架构、编程、调试、测试等具体环节。与此同时，学习理论、传播理论等对开发范畴亦有很大的影响。开发的最终目的是使设计方案转化为技术产品，而技术产品的目的是使教师或学习者使用该产品能取得理想的学习效果。因此，学习理论、传播理论对开发过程中教育策略的融入、媒体元素的选择、信息的传输通道、学习者对媒体的认知特点等方面均有直接的指导意义，开发过程能否合理运用学习理论、传播理论已经成为决定教育媒体成败的重要因素。

　　设计、应用、管理、评价等范畴对开发的影响和制约构成了开发的外部因素。开发作为对“设计方案”的物理化过程，设计的方案是开发的蓝本。应用指教育技术产品在教育活动的具体使用，而教育技术产品则是开发的产物，因此，开发是应用的前提，以应用为目的，并也在一定程度上影响着应用效果。由于开发过程涉及各种材料、软件和硬件，因此必然要受到管理范畴的影响。[1] 教育媒体以产生良好的教学效果为导向，因而，评价教育媒体的应用效果是不可或缺的环节，评价范畴与开发范畴亦存在着直接的关联。由此可知，开发范畴受其他范畴的影响和制约，其他四个范畴构筑了影响开发的外部环境。

二　“开发”范畴中如何以人为本

　　开发是把设计方案转变为物理形式的过程。开发过程可划分为三个阶段：（1）将设计方案转化为可用的原型；（2）对原型进行测试、试用和修改；（3）产品的定型。[2] 开发的教育媒体最终要交付给教师或学生使用

　　① 严家怡：《关于教育技术范畴开发的研究》，《电化教育研究》2001 年第 8 期。
　　② ［美］艾伦·贾纳斯泽乌斯基、迈克尔·莫伦达：《教育技术：定义与评析》，程东元、王小雪、刘雍潜译，北京大学出版社 2010 年版，第 97 页。

的，优质的教育媒体是产生良好教学效果的前提，而开发过程遵循"以人为本"的思想又是教育技术产品质量的保证，因此，遵循"以人为本"亦是开发的内在要求。至于开发过程如何渗透以人为本的思想，笔者认为需从以下几个方面入手。

（一）抛弃"炫技"思维，以教育性为教育技术产品的首要追求

开发者多是拥有高超计算机技术、网络技术、多媒体技术的程序员，技术往往是他们安身立命的根本，对技术的长期浸淫亦让开发者产生技术依赖或对技术的盲目追求，此种倾向容易导致产品开发中的"炫技"现象，即盲目的追求技术的难度与前沿，追求界面的精美与绚丽，追求媒体的多样与新颖，在诸多追求中却忽略或弱化了教育技术产品的教育性、育人性原则。因此，开发过程中，开发者应抛弃程序员"炫技"的业界习气，以教育性作为教育技术产品的首要追求，所有的努力都应为增进教育技术产品的教育性而服务。对教育技术产品教育性的坚持便是对"育人"的坚持，便是对"以人为本"思想的坚持。当然，在坚持教育性的基础上，亦可做些技术上、艺术上的追求，只是须注意度的把握，切莫本末倒置。

（二）充分理解设计方案中的设计意图，通过技术手段将其完整地体现在教育技术产品中

由前文可知，设计是教学设计师的教育理念、教育策略与方法、教学经验与智慧等意识形态融入技术产品的过程，是教育技术价值负荷的起始点，设计环节很大程度上决定着教育技术产品蕴含设计主体意识形态的丰盈度。而开发时开发人员以设计方案为蓝本，把设计方案中的策略与方法、智慧与经验通过技术实现至物理产品中的过程。因此，开发过程中，开发者须仔细揣摩、理解设计者的设计意图，选择合适的技术手段和媒体形态，完整、全面地把设计者的意图通过技术实现出来。设计方案多是由教学设计师和学科专家组成的设计团队共同完成，精良的设计方案必然是尊重教育教学规律、关注学习者的认知特征、以人的全面发展为根本旨归，因此，对精良的设计方案的理解和完整实现，即体现了对学习者的观照，是开发阶段"以人为本"理念的独特表达。

（三）形成开发者、设计师、学科专家之间的协商机制，充分发挥"人"的作用

开发过程是开发者把设计方案借助开发工具形成产品的过程，此过程中"人"的因素不能忽略。开发过程涉及三类主体：开发者（程序员）、设计师以及学科专家，三者之间良好的协商与沟通必不可少。譬如，开发者理解和解释设计方案时可能会遇到疑问，此时开发者须与设计者、学科专家协商沟通，以便更好地理解设计者的原意，且这种沟通会贯穿于整个开发阶段。另外，还需要说明的是，开发过程中，开发者（程序员）并不能只是机械地把设计方案借助开发工具"翻译"成教育技术产品，或者被动地接受设计者、学科专家的意见或解释，他应该充分利用自己的开发经验、对媒体元素的理解、对技术功能的理解等专业优势，反观设计方案中的优劣，兼顾设计方案的优化与技术的可行性，提出建设性的意见和建议。当然此过程中，"理想的做法是三方都对彼此行业给予充分的理解，以便协商出三方都满意的解决方案"。[①]

（四）加强用户的"试用"环节，获取产品修改、完善的第一手信息

软件开发的一般流程为"总体结构设计和模块设计、编程、程序联调、调试、试用、提交"。"试用"是指软件交付发行前，由用户试用、测试的过程。教育技术软件产品的"开发"遵循软件开发的一般流程，只是在具体执行过程中对"试用"环节重视不够。众所周知，当前相当一部分公开发行的教育软件是由高校教育技术专业教师组织的团队开发而成，受经费、时间等因素的影响，往往忽略或弱化"试用"环节。公开发行的教育软件尚且如此，那些由使用者自行开发使用的多媒体课件的"试用"环节就更难有保证。事实上，"试用"环节对教育软件开发必不可少，通过一定规模的教师、学生或其他使用者的试用，可获得第一手的用户意见和建议，这些意见、建议甚至比专家、学者们的意见、建议更具指导性。依据"试用"阶段获取的信息对教育软件进行定型前最后一轮的修改和完善，是对用户的观照和尊重，也是教育软件具有良好适用性、受用户欢迎的保证。

---

① ［美］艾伦·贾纳斯泽乌斯基、迈克尔·莫伦达：《教育技术：定义与评析》，程东元、王小雪、刘雍潜译，北京大学出版社 2010 年版，第 97 页。

第四节　以人为本的"利用"

一　"利用"范畴的内涵

"利用"范畴是教育技术定义体系中的核心范畴，无论是 AECT'94 定义还是 AECT'05 定义，均把"利用"作为其核心范畴之一。在 AECT'94 定义中用"utilization"这一单词，在 AECT'04 定义中用"using"，至于为何一个用名词、一个用了动名词，笔者认为仅是为了符合语句的语法结构，而不像有些研究者认为动名词的"using"比名词的"utilization"更加"注重要将学习者带入真实的环境之中，更加以实际行动为中心的"。[①] 倘若两个"使用"范畴内涵真有差异，那么差异也应该体现在"use"和"utilize"这两个原形单词的差异上。事实上这两个单词并无太大差异，在许多情况下，二者可以互换，而且互换对所表达的意思没有任何减损。但是除去表示"利用"之外，"utilize"还可指"为……找到一种有益的或实用的用途"，如在"The teachers were unable to use/utilize the new computers"一句中，用"use"表述老师们不会使用新电脑，可能连基本的开关都不会；而用"utilize"则指那些老师不知道如何利用电脑，即无法很好地利用计算机做事情。在教育技术的语境中，教学材料更多的是被用来促进学习的，因而 AECT'94 定义中用"utilization"相对更为专业、更为合适。AECT'05 定义中之所以用"use"是为了和其他范畴的用语一样（用创造代替设计与开发），更为平民化，但从专业的角度来看，这种改变实则是一种退步。

"利用"之所以重要，是因为"利用"将学习者与教学材料系统地联系起来，而能被学习者使用也是教学材料存在的唯一理由。[②]《教育技术：定义与评析》中也指出，"一切教育资源的创造，包括教学材料的创造以

---

① 李娜、乔贵春：《AECT05 定义演进的分析与思考》，《现代远程教育研究》2006 年第 3 期。

② ［美］巴巴拉·西尔斯、丽塔里齐：《教学技术：领域的定义和范畴》，乌美娜、刘雍潜等译，中央广播电视大学出版社 1999 年版，第 65 页。

及教学系统的创造，都意在能为学习者所使用"。① "当我们设计出来的教学材料和教学系统能够真正为学习者所用，并能令其获益，这时我们才可以认为教育技术达到了它的预期目标"。②

利用范畴包括四个子范畴：媒体利用、革新推广、实施和制度化、政策和法规，各子范畴有自身的规定性。

（1）媒体利用。媒体利用是指对学习资源在各种教学情境中的使用。美国教育技术的运用领域主要集中在工商业、学校教育系统（视觉教学和视听教学运动就诞生于此）、军队（教学设计领域的先驱最早就在此应用其技能）、医学系统，而工商业（绩效技术运动在这里真正被接受）被普遍认为是雇佣教学设计专家最多的一种情境。③ 国内教育技术的领域主要在学校教育系统、远程教育系统和社会其他系统（社区教育、终身教育、企事业培训和人力资源开发、绩效技术的应用）。④ 当然，我国教育技术在企事业培训、绩效技术方面的应用刚刚起步，而人力资源开发则更多由其他专业人员担任。这是由不同的国情及发展传统而造成的差异。

（2）革新推广。革新推广是为了使革新能被采纳而进行有计划的传播推广的过程，其最终目的是为了引起教育技术实践场域中的某种改革。此过程之所以被纳入到教育技术的"利用"范畴中，是因为"教育技术所面临的最大挑战是要保证开发出的教学材料和教学系统确实能够被用户使用。在历史上，很多开发出的教学产品难以被市场接受，或使用一段时间后被抛弃"。⑤ Daniel 也曾指出"大批教育技术实践成果得不到广泛的推广利用"⑥ 是当前教育技术面临的一大困境。当前，传播学中的创新推广理论（Innovation Diffusion Theory）逐渐进入人们的视野，为教育技术

---

① ［美］艾伦·贾纳斯泽乌斯基、迈克尔·莫伦达：《教育技术：定义与评析》，程东元、王小雪、刘雍潜译，北京大学出版社 2010 年版，第 121 页。

② 同上。

③ ［美］R. A. 瑞泽、J. V. 邓普西：《教学设计和技术的趋势与问题》，王为杰等译，华东师范大学出版社 2008 年版，第 245 页。

④ 李龙、刘雍潜：《教育技术领域标准与范畴的研究评述》，《现代远程教育研究》2005 年第 3 期。

⑤ ［美］艾伦·贾纳斯泽乌斯基、迈克尔·莫伦达：《教育技术：定义与评析》，程东元、王小雪、刘雍潜译，北京大学出版社 2010 年版，第 136 页。

⑥ Surry, Daniel W："Diffusion Theory and Instructional Technology"（http：//www. Gsu. e du/-wwwitr /docs /diffusio – n/）．

实践成果的推广提供了方法论支持。

（3）实施和制度化。实施是在真实环境中使用教学材料或策略的活动。制度化是指教育技术革新成果在组织内被普遍认可并被转变为规范化、有序化的过程，制度化的目的是促使教育技术革新成为组织的持续的常规性活动，让教育技术产品由"应付式应用、评优式应用、个别化应用"成为"常态化应用"。

（4）政策和法规。政策和法规指影响教育技术推广和使用的规定、准则及行业的规范和条例等。利用范畴受政策和法规影响最大，例如，《互联网信息服务管理办法》、《互联网出版管理暂行规定》、《关于维护互联网安全的决定》、《安全管理办法》、《全国青少年网络文明公约》、《刑法修正案（七）》、《刑法修正案（九）》等法律法规，规定任何单位和个人不得利用国际互联网从事制作、复制、查阅和传播"煽动抗拒、破坏宪法和法律实施；捏造或歪曲事实、散布谣言、扰乱社会秩序；宣扬封建迷信、淫秽、暴力；损害国家机关信誉"等活动。AECT'05 定义亦对教育技术的研究和实践作了"符合道德规范"之规定，凸显了"伦理道德"重要性的同时，也丰富了子范畴政策和法规的内涵。

二 "利用"中如何以人为本

技术是合目的的，任何技术应用活动都是在主体的意识指导下完成，又总是为了满足主体的某种需要或达成某种目的，因而，技术的使用价值是具有价值负荷特性的，这在技术哲学领域已得到公认。那么，教育技术作为一种人造技术，其"利用"活动无疑也是具有价值负荷的，而正是这种价值负荷特性，为教育技术"利用"活动中渗透以人为本的思想提供了理论基础。

事实上，随着以人为本价值取向日渐主流化，教育技术实践活动中已在一定程度上注重对人的观照，体现着以人为本的思想。例如，旨在缩短城乡差距、实现教育公平的"农远工程"至少在"数量"层面体现着"全人发展"的崇高理想，"教育信息化"已然成为"带动教育公平"重要抓手；如火如荼的"信息技术与教育教学融合"至少是想借助现代信息技术手段，革新教学方法，重构教学流程，提升学习者的学习兴趣和学习效率，提高教学质量；基于数字化教育资源的学习无疑能为学习者的学习实践活动提供更多的易于获得的物质资料，更有助于学习者的自我生成；日新月异的现代通信技术无疑为学习者的交往活动插上翅膀，既在一定程度上丰富学习方式，又为个体的社会化增添多种渠道；等等。只是，站在人学的视角审视教育技术的利用活动，会发现其中还存在着这样那样的现实问题，当前种种以人为本的实践远没有达到教育技术的应然追求。为此，笔者认为，教育技术利用过程中渗透以人为本思想还需要从以下几个方面入手。

（一）树立"育人为本"的技术使用观，抛却效率、功利等偏颇思维

任何技术应用活动都是在主体的意识指导下完成的，具有什么样的技术使用观就会造成什么样的技术使用结果。因此，对于教育世界的技术"使用"活动，首先要求使用主体树立"育人为本"的技术使用观，即要求使用主体深刻认识到，教育技术使用不是为了单纯追求知识传播效率，不是为了替代主体的劳动而滋生惰性，更不是为了职称、评优等功利性原因，它追求的是教学效果的最优化，追求的是"育人"效果的最优化，教育技术的利用策略、利用方式都是为着"育人"这一目的服务的，它不应该被赋予其他任何功利化的、与"育人"目的相悖的价值追求，这是以人为本价值取向对教育技术使用主体的首要要求。

（二）倡导教学媒体的"适度使用"原则，在"弃用"和"滥用"之间寻找平衡

教育技术的现实"利用"活动走向两个极端，一个极端是"弃用"，即对现代教育媒体弃之不用。"弃用"现象在高等教育阶段表现为"数字化图书资源的大量闲置、精品课程的无人问津"等等。"弃用"现象在基础教育阶段的"农远工程"中表现尤甚——很多资源被封存闲置起来，仅供上级检查或公开课使用等等。我们知道，无论硬件资源还是软件资源，只有在使用中才能体现其存在的价值，才能对学习者产生作用。弃之不用，是剥夺了学习者接受优质教育资源的机会，说到底便是剥夺了学习者成长的良好机会。况且信息资源也有生命周期，如果长时间搁置，硬件设备会老化、发霉、变质，软件则会过时、无用。再者，教育信息化建设是需要巨大资金投入的工程，若让这部分资源闲置起来，或者因长时间闲置而老化、过时，那是对人类资源的极大浪费。我们要树立"技术为人服务"的理念，在爱护设备、不人为损坏资源的前提下，本着节约的基

本原则，充分利用各种资源，发挥资源的最大价值。

另一个极端则是"滥用"，即不分课程性质、具体要求和教学目标，毫无选择地使用媒体授课，甚至"无媒体不成课"。造成滥用的原因有："不明就里的追求时髦"、"迫于检查和评估的形式主义"、"媒体万能论的偏颇认识"等。虽然我们呼吁对资源的"使用"，但使用不等于滥用，滥用同样也是对学习者不负责的表现。因为滥用极易让学习者产生审美疲劳，滋生教师和学习者的双重惰性，另外过于形象化直观化的多媒体在培养学习者的抽象思维和逻辑思维上并不见长，长此以往，教学效果可能不升反降。

针对教育技术的应用现状，笔者认为应该使用，但不是滥用，而是适度使用。适度使用是一种节约式、低碳式的利用，体现为适时使用和适量运用。具体来说则是，教师使用多媒体教学时要以学习者特征为依据，以学习者发展为根本旨归，抛开功利心理，抛开懒惰思想，在合适的时间、结合合适的内容、选择合适的媒体，以适当的频率使用。适度使用反对毫无原则的满堂用，反对不顾学习内容、不顾学习者而炫技般的滥用，反对不能带来良好学习效果的盲目使用，适度运用追求的是低投入高产出的有效应用。另外需要说明的是，教育技术的适度运用并不会因为使用次数少而降低教育技术的地位或消磨其存在价值，相反，它是以"低投入高产出"的方式证明自己的存在价值、赢得公众认同，有为者有位，它在以另外一种方式巩固自己的学科地位和存在意义。

（三）抛却传统思维，注重教育资源及成功应用案例的推广宣传

造成教育技术资源未被利用的一个重要原因在于，使用者不知道资源的存在，或者不知道怎么操作。不知道资源存在源于对资源没有宣传或宣传不够。笔者对某高校教育信息化利用情况调查时发现，很多资源没有得到充分利用的原因是因为师生根本不知道该资源的存在。例如对于图书馆的多个电子数据库、学校的精品课程、精品资源共享课等资源，师生未接受过任何宣传，他们只是依据经验和兴趣使用电子数据库和网络资源，可以说，师生的抱怨和电子资源的闲置与缺乏宣传不无关系。由创新推广理论可知，创新推广决策过程一般包括五个阶段：获知（接触创新并略知其如何运作）、说服（有关创新的态度形成）、决策（确定采用或拒绝一

项创新活动）、实施（投入创新的运用）、确认（强化或撤回关于创新）。① 未获得宣传的师生尚未经历"获知"这一起始阶段，自然无法完成工作链中的后续环节，创新与使用从何谈起。因此，现行教育技术建设一定要在创新、推广上下功夫，"酒香不怕巷子深"的思维已过时，信息资源也需要适时、多次宣传和推广，以吸引师生的注意力，这是师生有效使用教育技术的前提。当然需要宣传推广的远不只是教育资源，成功的教育技术运用案例、应用模式更需要推广和宣传。宣传推广主动地将信息推至用户面前，免去了其搜索查找的过程，增加了其对信息的占有，让学习发生的可能性增多，在一定程度上体现着以人为本的思想。

（四）发挥主体主观能动性，注重对教育媒体进行二次设计

在教育技术应用过程中，教育媒体的使用者和设计者、开发者通常并非同一主体，因此，需要使用主体（师生）发挥主观能动性，仔细揣摩渗透于教育媒体中的设计者、开发者的意识形态，以很好发挥教育媒体内隐的教育功能。另外，教育媒体的设计者、开发者总是以自身的经验、认识指导教育媒体的设计、开发，教育媒体的使用情境则是不断改变的，内隐的意识形态未必能够很好满足实际教学情境的所有需要，因此，需要使用者抛却懒惰、依赖心理，结合使用情境中的学习者特征、教学条件以及自身的经验，对教育媒体进行二次设计（更多的是发挥智慧，设计如何利用现有教育媒体），以满足实际教学需要。对于以知识点、知识单元为单位的积件、学习对象、类教育媒体，更需要使用者充分发挥自身智慧，通过对教学媒体的组合、优化，设计出合理的应用策略，并付诸具体的教学实践中。

（五）关注学习者的教育技术使用体验，及时调整技术应用策略

体验是一个内涵丰富的概念，不同学科中对其均有界说。哲学中体验是"主体与客体之间的一种特殊的关系状态。在生命哲学家那里，体验特指生命体验"。心理学中的体验是指"由感受、理解、联想、情感、领悟等诸多心理要素构成的一种特殊的心理活动"。② 美学视域的体验是指"艺术中超越于一般经验、认识之上的那种独特的、高强度的、活生生

① 刘晓斌：《创新推广理论——教育技术学与传播学的新结合点》，《现代教育技术》2003年第2期。

② 陈佑清：《体验及其生成》，《教育研究与实验》2002年第2期。

的、难以言说的、瞬间性的深层感性素质"。[1] 心理学认为，人的发展过程实质上是"外在事物的进入而导致的人的已有心理结构的调整、改造和丰富的过程"，即内化的过程，而体验是内化发生的前提条件，因为"没有主体对客体的体验，客体就不可能被内化"，[2] 可以说人体验的过程就是内化和发展的过程。教育是关注人发展的活动，因此，体验的教育学意义不言而喻。

在此，笔者借鉴心理学对体验定义方式，将教育技术使用体验界定为"学习者在教育技术使用过程中产生的感受、理解、联想、情感、领悟等心理活动"。关注教育技术使用体验便是关注主体在教育技术运用过程中对客体的内化，便是关注主体的发展。然而，当前教育技术的应用研究更多的关注技术支持下的知识传输效率和知识记忆，即便有研究致力于借助教育技术营造出良好的学习环境，但较少从主体的角度去关注学习者的技术使用感受，缺少对学习者使用感受的关注即是缺少对学习者内化和发展的关注。因此，笔者认为"以人为本"的教育技术应用应该关注学习者具体而真实的技术使用体验，进一步讲则是应该关注学习者技术使用体验的获取、处理及评价等。为此，笔者做了一些积极的尝试。在 2011 年 5 月期间，笔者借鉴教育现象学的方法，在本校 2010 级教育技术专业本科生的《C 程序设计》课堂教学中（本课堂主要是"基于 PPT 的教师讲授型"课堂），让学习者将自己在听课过中的真实使用感受写在事先已打印好的 PPT 教案中（感受分类三大类：一是对 PPT 课件制作的直接感受；二是对具体的教学方法、教学过程的直接感受；三是对本堂课的整体感受）。为了保证研究效果事先告知同学记录哪些内容？如何记录？何时记录以及记录时的注意事项等，并承诺"大家所书写的真实体验，仅为研究所用，决不会影响大家的期末成绩"。最终获取的学生的技术使用感受对本教学的 PPT 制作、教学策略的调整、教学的整体改进等问题都有非常好的指导和参考价值。如对于呈现教学内容和教学目标的第四张 PPT，同学感受是"把本章的全部内容和目标都列出来，虽然很清晰，但是放在第一节课的开头，让我有一种任务过重的感觉"（曹某某、牛某某），

---

[1]　闫守轩：《体验与体验教学》，《教育科学》2004 年第 6 期。

[2]　陈佑清：《体验及其生成》，《教育研究与实验》2002 年第 2 期。

"本张幻灯片的标题 8.1—8.5 和标题 8.6—8.9 采用不一样的项目符号，感觉不协调"（毛某某）。而对于第十张幻灯片（函数定义的一般形式、有参函数、无参函数、空函数等），同学们感受是"本部分内容有点难，讲得有点快"（梅某某），"有参函数、无参函数、空函数的三个方框背景颜色与字体颜色太相近，不易辨认"（李某，牛某某，赵某，曹某某，祈某某）。而对于本堂课或到目前为止对于本门课的整体感受，同学们的感受是"概念等理论性的东西要精讲；对例题中的重点难点易错点，强烈要求多讲讲；不要把例题布置成作业；老师课讲得很好，但是讲习题时耐心好像不够"（王某某）；"VB 和 C 语言有很多相通之处，但也有很多区别，建议老师把二者结合着讲，因为我们是同时学这两门课，容易混"（李某某）；"程序分析时用动画演示程序运行过程，非常好，清晰易懂，比口头描述效果好"（曹某某）；"上 C 语言课老是感觉紧张，有时候甚至是迷茫，这可能跟这门课的性质有关（比较抽象，难懂），还有另外一个原因，课堂容量太大，课讲得太快"（范某某）；等等。通过对学习者体验的分析，笔者对本部分 PPT 做了较多的修改，并对后续的讲课做了较多的调整，教学效果亦得到学生的肯定。

（六）落实"信息道德"、"信息卫生"教育，全面培养人之信息素养

教育技术的利用需要学习者具有良好的信息素养，而学习者良好的信息素养的获得主要依靠基础教育阶段的信息技术课程、高等教育阶段的计算机类基础课或现代教育技术类课程、教育技术专业类课程等。信息素养内涵丰富，不同学者给了表述各异的界定，如李克东认为信息素养包括"信息技术的应用技能、对信息内容的批判和理解能力、能够运用信息并具有融入信息社会的态度和能力"。[①] 钟志贤认为信息素养包括"运用信息工具、获取信息、处理信息、生成信息、创造价值、发挥信息的效益、信息协作、信息免疫"[②] 等内容。桑新民从三个层次六个方面描述了信息素养的内在结构与目标体系："第一层：高效获取信息的能力。熟练地批判、评价、选择信息的能力；有序地归纳、存储、快速提取信息的能力；

---

① 李克东：《数字化学习（上）——信息技术与课程整合的核心》，《电化教育研究》2001年第 8 期。

② 钟志贤：《知识时代，我们需要怎样的能力》，《远程教育杂志》2005 年第 2 期。

运用多媒体形式表达信息，创造性使用信息的能力。第二层：将以上一整套驾驭信息的能力转化为自主、高效地学习与交流的能力。第三层：学习培养和提高信息时代公民的道德、情感以及法律意识与社会责任。"[1] 学者们对信息素养的解读整体上讲是完整的，只是对关乎使用者"自然生命健康"的"信息卫生"较少关注，这大约是信息素养研究之初，信息技术对人之自然生命的危害尚未引起注意的原因。另外一点需要说明的是，虽然在学者的解读中，信息道德均为信息素养的重要组成部分，但在具体的实施中，信息能力往往是第一位的，信息道德没有得到应有的关注，对此问题，笔者在前文曾多有论述。

基于此，笔者认为，站在全人发展的视角，在学习者信息素养培养的过程中，不能囿于单纯的技术操作，应以全人发展作为培养目标，实现两个"落实"。其一，在相关教材设计时落实信息卫生教育。由前文可知，"信息卫生学"是教育技术知识体系中不可或缺的组成部分，它关乎着使用者自然生命的健康，因此，应落实信息卫生教育，让学习者具有良好的信息卫生习惯，不要因为信息技术使用而影响自身和他人的身体健康。其二，全面落实信息道德教育。信息道德教育已经引起业界的关注，但尚未达到其应有的关注度，落实情况更差。因此，笔者呼吁要落实信息道德教育，培养学习者遵守信息法律法规、抵制不良信息、恪守信息诚信、尊重信息产权、倡导信息自律等素质，让学习者的信息使用行为符合信息伦理和信息法规，营造绿色的赛博时空。

第五节 以人为本的"管理"

一 "管理"范畴的内涵

纵观教育技术的发展历程，可发现"管理"一直是教育技术重要的研究范畴之一，随着媒体生产和教学开发过程越来越复杂，其内涵亦在不断变化调整着，再加上教育技术学科发展的国际差异，因此，历史地、比较地分析能更好地理解"管理"范畴的内涵。

---

[1] 桑新民：《探索信息时代人类文化与教育发展的新规律》，《人民教育》2001 年第 1 期。

管理"范畴起源于美国 AECT 定义体系，因此梳理 AECT 定义中对"管理"的界定无疑能更好理解美国教育技术领域中"管理"的内涵。在 AECT'63 定义中，"管理"被视为对教育技术产品及其生产过程的必要控制（Ely，1963）；在 AECT'72 定义中，"管理"具有管理人员的监督和组织的运作等内涵；而在 AECT'77 定义中，受奇泽姆和伊利合著的《教育中媒体人员的能力和要求》的影响，将管理功能划分为组织管理和人员管理（AECT，1977）；在 AECT'94 定义中"管理"是指规划、协调、组织以及监督管理教学设计（ID）项目中的资源、信息与传递系统，即包括项目管理、资源管理、传送系统管理、信息管理四个子范畴（Seels&Richey，1994）；在 AECT'05 定义中的"管理"的子范畴包括项目管理、资源管理、员工绩效管理或者程序管理等内容，并关注到了组织变革中的领导力。由此可见，在 AECT 定义体系中，"管理"包含着：资源管理、项目管理、人员绩效管理、技术化的过程管理等。此番界定与美国的教育技术广泛的实践领域（不仅在学校教育中应用，更多的在工商业中应用）不无关系。此外，AECT 定义体系中，管理范畴还包括"制定行业制度规范和伦理道德规范"，以形成行业人员的自我约束机制。如《教育技术：定义与评析》对管理范畴解读时，明确指出"所有工作的完成必须符合教育技术领域高标准的职业道德"。[①]

"管理"在我国教育技术（电化教育）发展中也是一个重要的工作范畴。早在 1985 年出版的《电化教育学》（南国农著）中，"管理论"就成为和"本质论、功能论、发展论、媒体论、过程论、方法论"并列的学科重要组成部分。在该书中，"管理"主要是指电化教育管理，包括人的管理、时间的管理、信息的管理、设备的管理、教材的管理五个方面。在南先生 1998 年出版的《电化教育学》（第二版）中，电化教育管理包括电化教育机构和人员管理、电化教育设备器材和教材管理、电化教育用房设施管理等，其中，电化教育机构管理被纳至管理的范畴。上述两版界定被教育技术学者界定为"传统电教管理的内容"。[②] 而在南先生 2006 年出

---

① ［美］艾伦·贾纳斯泽乌斯基、迈克尔·莫伦达：《教育技术：定义与评析》，程东元、王小雪、刘雍潜译，北京大学出版社 2010 年版，第 163 页。

② 梁林梅：《教育技术管理——走向信息时代的教育组织变革管理》，《中国电化教育》2006 年第 9 期。

版的《信息化教育概论》中，"管理"演进成信息化教育管理，是指为了优化信息化教育系统，提高系统整体功效所进行的各种协调活动。① 它主要包括信息化教育资源管理与信息化教育过程管理，并且特别强调"以人为本的信息化教育管理"。除去南先生始终关注教育技术（电化教育）的"管理"范畴并构建适合中国教育技术实践的"管理论"外，亦有其他学者关注教育技术的管理范畴，但他们的观点更多的与 AECT'94 定义中对管理的阐述相一致。如何克抗教授在其编著的《教育技术学》中指出，教育技术管理是指"教育技术应用领域的各级管理人员，通过计划、组织、协调和监督等一系列的方法、手段和制度来调度所有资源、协调各种关系，以便有效地达到既定目标的教育活动过程。其目的是充分调动教育技术系统内外的一切积极因素，全面提高工作效率和工作质量，发挥系统的整体功能，保证教育技术有效地开展，实现教育效果的最优化"，其内容包括学习资源管理、教学过程管理、项目管理、知识管理，并且认为教育技术管理与传统电教管理范畴有很大区别。② 由上述可知，在传统的电教管理中，虽然也涉及对"人员的管理"，但其管理更多是对"物"（各种硬件、软件设备）的管理，而在对"管理"的新界定中，除去传统的管理对象外，更把项目管理、教学过程管理等内容都纳入至管理范畴，是管理的新发展。随着教育媒体开发规模的增大及信息技术的快速发展，笔者赞成在我国原有管理内容的基础之上吸收 AECT 定义体系中的合理部分，把教育技术管理概括为教育技术资源管理、教育技术过程管理两大类，其中，教育技术资源管理包括人力资源管理、学习资源管理、项目管理；教育技术过程管理是指利用教育技术资源开展的教学过程管理。主要是指教学过程的信息化管理、学校综合信息管理和远程教学过程管理及系统管理。③

在上述各管理对象中，需要对人力资源管理、项目管理做简要阐释。人力资源是具有正常思维活动或劳动能力的人的统称。④ 教师、学生、教

---

① 南国农：《信息化教育概论》，高等教育出版社 2004 年版，第 292 页。

② 何克抗、李文光：《教育技术学》，北京师范大学出版社 2002 年版，第 309 页。

③ 同上书，第 323 页。

④ 沈丹丹、周平红：《探析教育技术中人力资源的开发与管理》，《中国医学教育技术》2008 年第 2 期。

学软件设计人员、开发人员等都是人力资源。人力资源管理强调的是对人力资源的开发、科学管理，以激发"人"的创造性、能动性。项目管理要解决的问题则是在规定的时间、成本的约束条件下，在确保项目质量的前提下，对项目进行计划、执行、监督和控制，高效地实现资源开发项目的目标。由于人力资源管理、项目管理更多是舶来词，且这两个词在其他学科、领域中亦有较多运用（如心理学中的人力资源开发，工商管理学中的人力资源管理、项目管理，软件工程中的项目管理等），结合我国教育技术现实实践，我们把"人力"指向教育技术各级各类的使用对象，包括教师、学生等。而项目管理则更多地指向教育媒体（资源）的开发、推广等项目，这两个概念与美国教育技术在工商业语境中使用的人力资源管理和项目管理有一些差异。

二　"管理"中如何以人为本

"以人为本"是现代管理理论的核心思想，包含"依靠人、开发人的潜能、尊重每一个人、塑造高素质的员工队伍、促进人的全面发展、凝聚人的合力"① 等多层内涵。作为管理学在教育技术学科中的具体应用，教育技术管理亦应该遵循现代管理理论思想，应遵循"以人为本"的原则。事实上，业界的部分学者亦长期呼吁人本化的教育技术管理，如南国农先生在《信息化教育概论》一书中，特别强调信息化教育管理要"以人为本"。何克抗教授在《教育技术学》中也明确提出教育技术管理要"围绕着有效地达到'育人'这一目标"而展开，等等。只是近些年来，业界对教育技术管理的兴趣似乎在逐渐减退，教育技术管理几乎成了"被遗忘的角落"，② 与教育技术其他范畴研究论文的数量更无法相比，③ 与其在学科中的地位不相称。正是长期以来对"管理"的忽略，使得业界整体管理水平低下，进而导致教育技术发展中的资源浪费、重复建设、培训滞后、资源利用率不高、投入与产出不对等等现象。教育技术管理亦应该回归管理的本真，树立以人为本的思想。至于如何"以人为本"，笔者认为

---

① 张今声：《论人本管理》，《江西财经大学学报》2000 年第 1 期。
② 孙祯祥：《试论教育技术管理》，《电化教育研究》2005 年第 8 期。
③ 张家年、孙祯祥：《中美教育技术管理的比较与思考》，《现代远距离教育》2007 年第 6 期。

须从以下几个方面入手。

（一）落实以人为本思想，回归教育技术管理的本真

管理是社会组织中为了实现预期的目标，以人为中心进行的协调活动。尽管学者们对于一般管理学的"管理"功能有不同看法，但是对管理的认识基本达成一致，[①] 认为管理的最终目的是为了在管理者和被管理者之间建立融洽的关系，即在人与人之间、人与物之间建立融洽的关系。教育技术"管理"建立在一般管理学的基础之上，亦应以建立人与人、人与物之间的融洽关系为根本目的，即应遵循"以人为本"的管理原则。落实到具体的教育技术管理中则是指，对于教育硬件资源，应进行很好的分类与编号、建立良好的借还记录，以方便使用者的借用与归还。对于传统的教育软件资源（幻灯片、VCD/DVD 光盘等），也应如硬件资源一样，做好分类、登记建账、排架、借阅登记等工作。另外，还应尽量对传统资源进行数字化，以便于更好地保存、检索与共享。对于数字化的教育资源，应建立良好的资源目录列表，提供资源检索功能，同时应及时提供资源的添加、版本的更新等信息，以便使用者能及时、快速地获得所需资源。另外，也要求教育资源管理者具有良好的服务意识和服务态度，以用户满意为第一准则。而在信息化教学过程管理中，应采用人性化的管理策略，确立被管理者的主体地位，增强其责任感和归属感，让被管理者感受到尊重和信任，让学习者开展自由学习，让学习者的潜能和才能得到充分发挥，同时让学习者学会自我管理、自我激励、自我评价，充分调动每一个同学的主动性、积极性与创造性，以达到最佳的学习效果。

（二）建立教育技术能力培训的长效机制，提升"人件"建设质量

教育技术的总体目标是实现教育教学过程的最优化，而该总体目标能否达成在很大程度上取决于教育技术人员的素质。因为教育技术实践本质是某种形式的技术活动，而技术活动的目的与成效则由技术主体决定，对此存在主义大师雅斯贝尔斯认为，技术活动的一切"取决于人从中造出些什么，它为什么目的而服务，人将其置于什么条件之下"。哈佛大学梅赛恩教授也认为："技术产生什么影响、服务于何种目的，这些都不是技

---

① 南国农：《信息化教育概论》，高等教育出版社 2004 年版，第 291 页。

术本身所固有的，而是取决于人用技术来做什么。"① 因此，教师的教育技术能力是制约教育技术实践效果的关键因素。正是因为这个原因，具有目标保障功能的教育技术管理才较早地将"人的管理、人员管理、人力资源管理"纳入到自己的管理范畴，而人员培训无疑是人力资源管理的重要一环。

当前，教师教育技术能力的习得主要靠各级各类的教育技术能力培训，被称之为"人件"建设，然而效果却差强人意。因此，切实提升"人件建设"即教师教育技术能力培训质量便成了体现以人为本思想的重要举措。笔者认为，提升教师教育技术能力培训要以革新培训内容为核心，以创新培训模式为抓手，以建立培训的长效机制为保障。培训内容的改革主要包括，切实摸清教师的培训需求，应用为导向，突破单一的设备操作、软件应用等技术类培训，要将观照人之发展的现代教育理论、教学方法以及媒体应用理论、信息化教学设计理论等方面的知识融合于技术的学习和使用中。培训模式变革主要是指变革单一培训模式，实施网络培训和校本培训相结合，集中培训和分散培训相结合等。长效培训机制的建立包括：讲师遴选机制、内容评估机制、监督机制（对培训过程的监督）、评价机制（制定详细的量规来评判培训者是否合格，以及评价结果的运用等）、协调机制（内容相近但分属不同培训工程项目的培训之间的协调）、跟踪机制（对受训者的跟踪调查，获得培训带来的实际教学效果），等等。长效培训机制是培训质量的保障。

（三）制定专业制度规范和伦理道德规范，形成行业约束机制

理想的管理并不是让每位行业人员都处于被监管的被动状态，而是处于自动运转的主动状态。而若要形成员工自我管理、自我约束的管理机制，必须制定行业的制度规范和道德规范。制度规范与道德规范让专业人员知道应当做什么、如何去做、怎样做才是对的。制度是一种有形的约束，伦理道德是一种无形的约束；前者是企业的法规，是一种强制约束，后者主要是自我约束和社会舆论约束。当人们精神境界进一步提高时，这两种约束都将转化为自觉的行为。② 教育技术管理的核心是对人的管理，

---

① Mesthene E. G, *Technological Change: Its Impact on Man and Society*, New York: New America Library, 1970, p. 60.

② 张今声：《论人本管理》，《江西财经大学学报》2000 年第 1 期。

面对庞大多元的教育技术从业人员，引导他们进行自我约束、自我管理无疑是一种最佳选择。对此，美国 AECT 协会的做法值得借鉴。当 AECT 还是全美教育协会（National Educational Association）的一个组成部分即视听教学部（Division of Audio Visual Instruction）的时候，协会就已经有了关注道德规范的准则。当时的准则包含三大部分，共 22 条，第一部分是"对个人负责"（commitment to the individual），第二部分是"对社会负责"（commitment to society），第三部分是"对职业负责"（commitment to the profession）。① 当前该准则已于 2001 年获得修订，修订后的准则包含"对个人的承诺（9 条）"、"对社会的承诺（6 条）"、"对本专业的承诺（10 条）"，共计 25 条。② 事实上，芬恩早在 1953 年就曾指出，专业道德规范的制定和强有力的执行是一个行业的六大准则之一。而这种重视在 AECT'05 定义中体现得更为深刻——"伦理道德"作为关键字之一出现在该定义体系中。

但在我国教育技术领域，对行业制度和道德规范的关注较少，导致"利用教育技术手段侵犯他人知识产权、制造计算机病毒、网络色情、开设黑网吧、网上'灌水'炒作、随意发布信息"③等诸多不道德甚至违法的行为时有发生。因此，各级教育（技术）管理部门及组织有必要制定并实施教育技术行业制度规范和道德规范，以此来约束行业人员的行为。

从管理的角度来看，依靠行业制度规范和道德规范引导从业人员自我约束和自我管理，变传统管理中的被动管制为自我管理，体现人本管理的思想。从人的发展角度来看，道德本就是人性的重要组成部分，人的全面发展自然也包括道德素养的发展。因此，让行业人员习得并遵循职业道德，实质上是让其完善自身的全面发展，体现着对人性的观照。

---

① ［美］巴巴拉·西尔斯、丽塔里齐：《教学技术：领域的定义和范畴》，乌美娜、刘雍潜等译，中央广播电视大学出版社 1999 年版，第 167—168 页。

② ［美］艾伦·贾纳斯泽乌斯基、迈克尔·莫伦达：《教育技术：定义与评析》，程东元、王小雪、刘雍潜译，北京大学出版社 2010 年版，第 250—251 页。

③ 彭绍东：《解读教育技术领域的新界定》，《电化教育研究》2004 年第 10 期。

第六节　以人为本的"评价"

一　"评价"范畴的内涵

"评价"指依据明确的目标，按照一定的标准，采用科学的方法，测量评价对象的功能、品质和属性，并对评价对象做出价值性的判断。评价是一种普遍的人类活动。教学评价则是以教学目标为依据，制定科学的标准，运用一切有效的技术手段，对教学活动的过程及其结果进行测定、衡量，并给以价值判断。① 教学评价具有诊断、激励、调控、导向等功能。现代教学评价肇始于 20 世纪 30 年代泰勒的"八年研究"。② 教育技术领域的"评价"隶属于教学评价，因而，教学评价的理论和技术对教育技术评价具有直接的指导作用。从评价的功能来看，教育技术的评价主要包括形成性评价和总结性评价。形成性评价是在某项教学活动的过程中，为使活动效果更好而不断进行的评价，它能够及时了解阶段性教学结果和学生学习的进展情况、存在问题等，以便及时反馈、及时调整和改进教学工作。总结性评价又称事后评价，一般是指在教学活动告一段落时为把握活动最终效果而进行的评价。总结性评价注重的是教与学的结果，借以对被评价者所取得的成果作出全面鉴定、区分等级和对整个教学方案的有效性作出评定。教育技术产品的复杂性导致教育技术评价客体的多元性，在教育技术领域，无论是形成性评价还是总结性评价都远比传统课堂教学中的相应评价复杂很多。

纵观教育技术的五个范畴，评价虽是与设计、开发、利用、管理同等重要的一个范畴，但评价和前面的四个范畴并非简单的并列关系。我们知道，评价是人类的普遍性活动，评价的诊断、激励、调控、导向等功能促使人类活动的顺利进行及目标的达成。各种各样的教育技术活动自然也需要评价机制。设计、开发、利用、管理刚好是对教育技术活动的分类与抽象，因而，教育技术的评价实质是对"设计、开发、利用、管理"活动的评价。由此可见，评价范畴与其余四个范畴并非一种线性关系，而是一

---

① 乌美娜：《教学设计》，高等教育出版社 1994 年版，第 215 页。
② 刘国男：《教育评价应"以人为本"》，《大连教育学院学报》2005 年第 1 期。

种耦合关系，如图 6 – 5 所示。

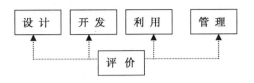

图 6 – 5　评价与其余四个范畴的耦合关系

　　耦合关系链中的评价范畴渗透至教育技术的其他范畴中，形成各范畴中独特的评价活动：（1）与"设计"耦合的评价便成了教学系统设计中的评价。其评价对象为教学设计成果——课堂教学方案和媒体设计方案。教学系统设计一般包括"学习需要分析、学习内容分析、学习者分析、学习目标的阐明、教学策略的制定、教学媒体的选择和运用、教学设计成果的评价"等步骤，因为教学系统设计常以模式的方式再现设计流程，而评价是任何成熟的教学设计模式必不可少的一部分，因而引发了业界认识上一些偏颇，认为教育技术的评价就是教学系统设计中的评价，其实是不对的，教学系统设计中的评价仅是教育技术评价中的一部分，是评价与设计耦合的结果。（2）与"开发"耦合的评价便构成了教育媒体开发评价，此类评价更多地是指对教育媒体及其开发过程的评价。（3）与"利用"耦合的评价便构成了对教育技术产品利用的评价，包括利用效果、过程的评价以及与利用相关的评价（如教育信息化建设的评价等）。（4）与"管理"耦合的评价构成了教育技术管理过程及效果的评价。依据此种观点认识教育技术的"评价"范畴，既符合评价在人类活动中的普遍存在性，又关注了教育技术实践的全面性，同时也符合教育技术评价活动开展的现实。评价是对教育技术范畴具有统领作用，评价活动贯穿于整个教育技术实践。

二　"评价"范畴中如何以人为本

（一）遵循主流教育取向，树立"以人为本"的教育技术评价观

　　评价是目标导向的价值判断活动，依据不同的目标标准可得到不同的价值判断。因此，教育目标对教育评价具有决定性的影响。那么当前教育目标是什么呢？我们知道，为适应全球化、数字化、资本人力化的国际发展趋势，世界各国纷纷调整本国的教育培养目标。如韩国政府提出新世纪

"全人"培养目标，即韩国要培养"具有很高道德水准和共同意识的'与众共生共存的人'，具有创造性、新技术操作能力的'智慧人'，能主导国际化、世界化的'开放人'，懂得劳动价值、脚踏实地的'实干的人'"。① 而在我国《国家中长期教育改革与发展规划纲要（2010—2020）》制定的"二十字战略方针"中，"育人为本"赫然其中，并成为各项措施的最终旨归。《教育——财富蕴藏其中》提出的"学会认知、学会做事、学会合作、学会生存"已受到世界各国教育界的普遍推崇。"以人为本"教育思想已取得国际性的认同。因此，在教育评价中，应该树立以人为本的教育评价理念，将以人为本的理念贯穿于评价体系的制定、评价主体选择、评价方式的确立等整个评价过程。同样，作为教育评价下位概念的教育技术评价，自然也应该树立以人为本的评价理念，在课堂教学方案、教学媒体、教育技术产品应用与管理的评价时，将"是否有利于人的发展"作为教育技术价值评判的最终准则。确立以人为本的教育技术评价理念是实施以人为本评价的根本性前提。

（二）遵照"人之全面发展"思想，制定评价量规

评价量规即评价指标体系，指标体系具有层级性，各指标体系具有不同的权重。评价过程中依据各级评价指标，对观察数据或事实进行量化或"二次量化"处理，"指标+权重"的量规评价方式极具实证主义色彩。评价量规是当前教育技术评价的主流评价方式，如多媒体教学软件的评价量规、网络课程的评价量规、教育信息化的评价量规、信息技术与课程整合教案的评价量规等。然而，当前的各类评价量规在对教育性、教学性的体现与渗透上存有欠缺。以多媒体课件评价量规为例，目前已有多种评价体系，如"中华学习机教育软件评价标准"、"北京师范大学教学软件评价核心指标体系"、"华南师范大学多媒体教学软件质量测评表"、"中央电化教育馆'教育认证'评选标准"、"K12 中小学教育教学网评价标准"等，② 上述评价体系虽然具体的各级指标体系不尽相同，但指标内容基本一致，一般都是从内容特性、教学特性、技术特性几方面展开，只不过在

---

① 刘国男：《教育评价应"以人为本"》，《大连教育学院学报》2005 年第 1 期。

② 罗忠民、陈水平、何高大：《以本为本和以人为本——多媒体辅助外语教学软件的评价》，《电化教育研究》2011 年第 1 期。

局部作了修整。[①] 而需要说明的问题是，评价量规虽然观照了教学特性，但是从各级指标的权重来看，仍未将"教学性置于评价体系的中心位置"。[②] 而在细化的各级指标中，多数指标"描述课件的技术特征"，而对于教育教学理论提及较少，尽管部分量规观照了教育教学理论，但仅是宏观提及，而没有将之细化至教学软件应用过程中。

站在以人为本的立场，笔者认为，教育技术以促进人的发展为根本规定，教育技术资源与过程评价也必须以人为本，而最直接的一种体现方式，就是在现有的各级各类的评价量规中，将人的发展与具体评价指标结合起来，具体的评价指标应体现人的因素。如在信息技术教学评价中，将信息卫生学、信息道德、信息情感作为评价指标中的重要内容，而不能局限于信息知识的掌握。在教育信息化评价指标体系中，应增大教育技术资源应用、人员培训指标的比重，以突显其重要性。在多媒体课件、网络课件等教育媒体的评价上，应增设对程序的设计思想、教育教学思想融入的评定。细化指标如"是否融入现代教育思想，思想融入是否恰当，有否关注学习者特征"，技术性指标处也应关注"媒体元素的种类是否合适、庞杂，是否增加学习者的认知负荷"，"有否关注学习者的信息卫生习惯，有否关注学习者的信息道德"，"媒体功能设计是否符合人之操作习惯"等，以此来彰显对人的观照。

（三）关注技术应用过程，加强对教育技术应用过程的评价

当前的教育技术评价，多是对教育技术产品及产品运用所产生效果的评价，是一种成果评价。事实上，教育技术实践是极其复杂的，它不仅包括设计、开发教学媒体，更包括各种教学媒体实际运用，因此，教育技术评价不能仅停留在对教育技术产品的评价、对产品应用结果的评价，还应涉及对教育媒体的应用过程的评价。关注技术应用过程，不仅符合现代教育理论、现代教学评价理论，更符合人之发展理论。我们知道，人是发展着的人，是生成着的人，人在现实而具体的社会活动中不断地创造完善自己，因此人的发展实质上是一个过程。对个体而言是一个从生命开始到生

---

① 王佑镁、钟志贤：《多媒体课堂教学软件及其教学效果评价的理论模型、指标体系与方法》，《现代教育技术》2004 年第 1 期。

② 罗忠民、陈水平、何高大：《以本为本和以人为本——多媒体辅助外语教学软件的评价》，《电化教育研究》2011 年第 1 期。

命终结的百年之旅，对整个人类而言则是繁衍不息的代代传承。因此，关注过程，即是关注人的发展，关注人的生成。在教育技术的生境中，对过程的关注即是对学习者教育媒体应用过程的关注，它彰显着以人为本的思想。因而，教育技术评价也应该对教育媒体应用过程的评价，即对学习者基于媒体的学习中的参与程度、体验、情感等因素的评价。

关注教育媒体微观应用过程的评价自然要比教育技术产品或最后应用成效的评价要困难很多，评价信息的获取是首当其冲的问题。传统课堂中的过程性评价可通过学程档案袋评价来完成。所谓学程记录袋评价又称档案袋评定（portfolio Assessment），是 20 世纪 80 年代中期在美国教育实践中涌现出的一种学业成就评定方式。它是通过收集学生在某一科目学习过程中的作品，并对学生的这些现实表现进行价值判断的一种评价方法。档案袋内装有学生认为最能反映其学习成就的实物材料，如自己认为写得最好的一页字，一次做得最好的作业，一段自己满意的朗读或口语交际录音，成绩好或者有明显进步的单元考试试卷等。理想型档案袋主要由三个部分构成，分别是作品产生过程的说明、系列作品（arrange of works）和学生的反思（student reflections）。学程档案袋评价让过程性评价全面、及时、深入、可持续。

现代信息技术的参与丰富了过程性评价材料收集的渠道。具体包括如下：（1）电子学档。电子学档是指以文件夹的形式保存数字化环境下学习者的相关学习信息，如课程学习、作业、测试、讨论等学习过程中产生的信息，以此来评估学习者的能力发展和成就水平。因这些信息都是数字化的，存储于计算机或网络中，故称为电子学档。电子学档无疑是对学程档案袋数字化的结果，它与传统档案袋一样，可以很好对学习者的学习过程开展评价，更在存储、检索、共享、修改等方面具有优势。（2）数字化录像技术。借助数字化录像技术，能将学习者的学习全程拍摄下来，为评价提供最真实的学习情境再现。（3）借助现代网络技术，提供个性化的学习证据。如网络教学平台常可提供每个学习者的登录情况、学习进度等；在线系统可以捕捉到学生学习的投入时间和他们解决问题的次序、利用的知识以及策略。① 某些网络技术

---

① 宋文军、张海、王以宁：《实施下一代评价的可能性——〈美国国家教育技术计划 2010〉解读之三：评价篇》，《中国信息技术教育》2011 年第 9 期。

可以记录学习者的学习路径和轨迹，如 BBS、微博等。评价材料收集渠道增多的同时也使得评价材料的类型增多，收集到的学习者学习活动的要素增多，而这无疑增加了过程性评价的效度和信度。

除去现代信息技术外，一些质性研究方法亦增加了过程性评价材料收集的方法。因为，评价本质上是"随着教育研究和方法论领域的发展而发展起来的"，且"评价研究和传统研究往往使用类似的工具"。① 教育现象学方法即是增加评价材料收集方法的一种质性研究方法。教育现象学方法"以现象学方法为方法论，研究教育生活世界中的教育生活体验，关注个体体验的独特性，承认个体体验的价值"。② 教育现象学是一种极具人文关怀的研究方法，因为教育现象学方法"回复了对教育中'具体人'的关注，回复了教育理论与实践的一体……在这样的回复中，我们看到了坚持教育本真的可能与希望"。③ 在信息化教学中，可依据教育现象学方法让学习者以"文本写作"等方式记录自身的教育技术应用体验，然后通过对技术应用体验文本进行分析，以获取每个学习者细致而真实的技术应用体验，为教学媒体的改进、信息化教学策略的改进提供直接依据。笔者曾依据此方法获得学习者在 PPT 课堂中的使用体验，获得不错的应用效果，详见附录。因教育现象学方法本身极具人文关怀，因而也使得运用该方法收集材料、依据该材料展开的评价也具有了人文特质，从方法论层面体现了以人为本的思想。

（四）吸纳更多主体参与评价，促使评价主体多元化

评价主体控制着评价活动的目的、方向及进程，对确定评价对象、制定评价标准、选择评价方法等起着主导性作用。因而，评价主体的确定在评价活动中至关重要，教育技术评价活动中主体的选择自然也不容忽视。传统的教育技术评价常采用单一主体评价模式——评价主体由教育技术专家、教育评价专家组成，评价主体依据社会对教育技术的要求确定评价目的、标准、对象并具体操作评价过程，且整个评价活动常由教育行政部门组织实施。单一主体模式下的教育技术评价，往往忽略使用者或对其关注

① ［美］巴巴拉·西尔斯、丽塔里齐：《教学技术：领域的定义和范畴》，乌美娜、刘雍潜等译，中央广播电视大学出版社 1999 年版，第 9 页。

② 王萍：《教育现象学方法及其应用》，博士学位论文，河南大学，2010 年，第 187 页。

③ 同上书，第 191 页。

不够，从而导致评价"指导性不强、效度不高、信度不高等"。①

笔者呼吁教育技术多元主体评价。所谓教育技术多元主体评价是指评价主体除去包括教育技术专家外，还应该包括适当数量的教育技术产品使用者，教育技术使用者作为评价主体参与到评价目标的确定、评价指标的制定、评价方法的选取等整个评价活动中。如在多媒体课件评价过程中，除去教育技术专家外，使用该多媒体课件授课的教师无疑是评价主体的当然人选。除此之外，评价主体还应吸纳适量学生，因为使用该多媒体课件的老师虽能较好地判断课件的教学目标是否合乎教育目标和课程目标，但对"学生会在此种教学软件的学习中学到多少知识或技能"② 却难以准确判断。当然，学生无法像其他评价主体一样，为多媒体课件的教育价值划定等级，但至少能提供来自使用者的最直接的看法和体会，这对于多媒体软件评价极具参考价值。再如在"教育信息化"评价中，除去聘请教育信息化专家外，更要将教育信息化相关使用者、管理者、参与者纳入评价主体中，以取得高信度、高效度的评价结果。总之，教育技术评价应吸纳更多的评价主体，尤其是吸纳教育技术产品的使用者——因为只有考虑使用者体验和需要的评价才能很好地发挥其指导、监督、激励、导向的功能，才能回归评价的本真，才能体现以人为本的思想。

结束语

自从选择了"人"的视角审视教育技术的发展，笔者就深知，此项研究必然长期处于"未完成"的研究状态，因为，对"人"的关注是教育、是教育技术永恒的追求，在教育的世界，对"人"的关注不会也不应该结束。研究中存在的诸多问题，为本研究的改进及完善指明了方向。同时，站在"人"的视角审视教育技术的发展，也将成为笔者今后研究的主要方向。期望在这条路上越走越远！

---

① 曹贤中、郑忠梅、王锋、马慧：《教育技术评价的不同取向及其融合》，《中国教育技术装备》2009 年第 33 期。

② 罗忠民、陈水平、何高大：《以本为本和以人为本——多媒体辅助外语教学软件的评价》，《电化教育研究》2011 年第 1 期。

参考文献

一　中文著作

[1]　［德］博尔诺夫：《教育人类学》，李其龙译，华东师范大学出版社
　　　1999 年版。

[2]　［德］冈特·绍伊博尔德：《海德格尔分析新时代的技术》，中国社
　　　会科学出版社 1993 年版。

[3]　［德］赫德尔：《论语言的起源》，姚小平译，商务印书馆 1998 年版。

[4]　［德］康德：《道德形而上学原理》，苗力田译，上海人民出版社 1986
　　　年版。

[5]　［德］康德：《判断力批判》，宗白华译，商务印书馆 1964 年版。

[6]　［德］拉普：《技术哲学导论》，刘武译，辽宁科技出版社 1986 年版。

[7]　［德］兰德曼：《哲学人类学》，阎嘉译，贵州人民出版社 2006 年版。

[8]　［德］马克思、恩格斯：《马克思恩格斯文集》（第 1 卷），人民出版
　　　社 2009 年版。

[9]　［德］马克思、恩格斯：《马克思恩格斯文集》（第 2 卷），人民出版
　　　社 2009 年版。

[10]　［德］马克思、恩格斯：《马克思恩格斯文集》（第 5 卷），人民出
　　　版社 2009 年版。

[11]　［德］马克思、恩格斯：《马克思恩格斯文集》（第 8 卷），人民出
　　　版社 2009 年版。

[12]　［德］马克思、恩格斯：《马克思恩格斯文集》（第 9 卷），人民出
　　　版社 2009 年版。

［13］［德］马克思、恩格斯：《马克思恩格斯全集》（第3卷），人民出版社1960年版。

［14］［德］雅斯贝尔斯：《什么是教育》，邹进译，生活·读书·新知三联书店1991年版。

［15］［法］朗格朗：《终身教育引论》，周南照、陈树清译，中国翻译出版公司1985年版。

［16］［加］马歇尔·麦克卢汉：《理解媒介——论人的延伸》，何道宽译，商务印书馆2000年版。

［17］［加］马歇尔·麦克卢汉：《人的延伸——媒介通论》，何道宽译，四川人民出版社1992年版。

［18］［美］R. A. 瑞泽、J. V. 邓普西：《教学设计和技术的趋势与问题》，王为杰等译，华东师范大学出版社2008年版。

［19］［美］艾伦·贾纳斯泽乌斯基、迈克尔·莫伦达：《教育技术：定义与评析》，程东元、王小雪、刘雍潜译，北京大学出版社2010年版。

［20］［美］巴巴拉·西尔斯、丽塔里齐：《教学技术：领域的定义和范畴》，乌美娜、刘雍潜等译，中央广播电视大学出版社1999年版。

［21］［美］杜威：《民主主义与教育》，王承绪译，人民教育出版社2001年版。

［22］［美］马斯洛：《动机与人格》，许金声等译，华夏出版社1987年版。

［23］《礼记·王制》。

［24］《论衡·定贤篇》。

［25］《吕氏春秋·恃君览》。

［26］北京大学法学院人权研究中心：《国际人权文件选编》，北京大学出版社2002年版。

［27］陈昌曙：《技术哲学引论》，科学出版社1999年版。

［28］陈晓鸿：《论人的自由全面发展》，人民出版社2004年版。

［29］付秋芳、修巧燕：《大脑潜能与开发》，山东人民出版社2001年版。

［30］高清海：《人的"类生命"与"类哲学"——走向未来的当代哲学精神》，吉林人民出版社1998年版。

［31］顾明远：《教育大辞典》（第1卷），上海教育出版社1990年版。

［32］何克抗、李文光：《教育技术学》，北京师范大学出版社 2002 年版。

［33］何克抗、郑永柏、谢幼如：《教学系统设计》，北京师范大学出版社 2002 年版。

［34］胡德海：《教育学原理》，甘肃教育出版社 2006 年版。

［35］华东师范大学、杭州大学教育系：《现代西方资产阶级教育思想流派论著选》，人民教育出版社 1980 年版。

［36］李德顺：《价值学大辞典》，中国人民大学出版社 1995 年版。

［37］联合国教科文组织总部中文科译：《教育——财富蕴藏其中》，教育科学出版社 1996 年版。

［38］梁林梅：《教育技术学视野中的绩效技术研究》，华中师范大学出版社 2009 年版。

［39］林崇德：《心理学大辞典》，上海教育出版社 2003 年版。

［40］刘美凤：《教育技术学学科定位问题研究》，教育科学出版社 2006 年版。

［41］缪蓉、赵国栋：《教育技术研究的方法与策略》，北京师范大学出版社 2003 年版。

［42］南国农：《电化教育学》，高等教育出版社 1985 年版。

［43］南国农：《教育技术学科建设——中国道路》，北京师范大学出版社 2010 年版。

［44］南国农：《教育现代化的必由之路》，高等教育出版社 2000 年版。

［45］南国农：《信息化教育概论》，高等教育出版社 2004 年版。

［46］乔瑞金：《技术哲学教程》，科学出版社 2006 年版。

［47］汝信：《社会科学新辞典》，重庆出版社 1988 年版。

［48］桑新民：《呼唤新世纪的教育哲学》，教育科学出版社 1993 年版。

［49］沈德立：《脑功能开发的理论与实践》，教育科学出版社 2001 年版。

［50］孙健三：《中国电影，你不知道的那些事儿——中国早期电影高等教育史料文献拾穗》，世界图书出版社 2010 年版。

［51］汪基德：《现代教育技术》，高等教育出版社 2011 年版。

［52］汪基德：《现代教育技术原理与应用》，河南大学出版社 2007 年版。

［53］汪基德：《中国教育技术学科的发展与反思》，中国社会科学出版社 2008 年版。

［54］王珏：《中日价值哲学新论》，陕西人民出版社 1995 年版。

［55］王维达：《哲学人类学视野中的人——舍勒"人在宇宙中的地位"精粹》，湖北人民出版社 1989 年版。

［56］乌美娜：《教学设计》，高等教育出版社 1994 年版。

［57］吴国盛：《技术哲学经典读本》，上海交通大学出版社 2008 年版。

［58］吴在扬：《中国电化教育简史》，高等教育出版社 1994 年版。

［59］夏甄陶：《人是什么》，商务印书馆 2002 年版。

［60］许良：《技术哲学》，复旦大学出版社 2004 年版。

［61］颜辉：《当代美国教育技术》，中山大学出版社 2003 年版。

［62］易显飞：《技术创新价值取向的历史演变研究》，东北大学出版社 2009 年版。

［63］尹俊华：《教育技术学导论》，高等教育出版社 2002 年版。

［64］袁贵仁：《价值学引论》，北京师范大学出版社 1992 年版。

［65］袁贵仁：《马克思的人学思想》，北京师范大学出版社 1996 年版。

［66］詹栋梁：《教育原理》，五南图书出版公司 1990 年版。

［67］张同善：《马克思关于人的学说与教育》，教育科学出版社 1992 年版。

［68］赵敦华：《西方人学观念史》，北京出版社 2005 年版。

二　期刊论文

［1］毕家娟、杨现民：《联通主义视角下的个人学习空间构建》，《中国电化教育》2014 年第 8 期。

［2］蔡建东、王朋娇、郗玲玲：《信息文化视野中的信息技术教育》，《中国电化教育》2005 年第 6 期。

［3］曹贤中、郑忠梅、王锋、马慧：《教育技术评价的不同取向及其融合》，《中国教育技术装备》2009 年第 33 期。

［4］曾兰芳：《关于教育技术的本质及其学科的发展——访我国教育技术著名专家何克抗教授》，《开放教育研究》2003 年第 2 期。

［5］车文博：《人本主义心理学评价新探》，《心理学探新》1999 年第 1 期。

［6］陈列尊、张登玉：《庄子技道观对教育技术的启迪与反思》，《现代教

育技术》2009 年第 4 期。

[7] 陈苋：《教学语言与最佳信息效果》，《天津教育》1993 年第 Z1 期。

[8] 陈其荣：《科学主义：合理性与局限性及其超越》，《山东社会科学》2005 年第 1 期。

[9] 陈小珺、崔国强、王淑艳、王小雪、刘美凤、罗辉：《在全球一体化的时代里学习——AECT2012 年会述评与思考》，《远程教育杂志》2013 年第 1 期。

[10] 陈佑清：《体验及其生成》，《教育研究与实验》2002 年第 2 期。

[11] 陈志尚、张维祥：《关于人的需要的几个问题》，《人文杂志》1998 年第 1 期。

[12] 褚凤英：《对马克思社会关系理论的再认识——以人的生成为视角》，《理论探索》2011 年第 2 期。

[13] 戴炜玮：《浅议青少年信息道德教育》，《中国远程教育》2003 年第 11 期。

[14] 单美贤、李艺：《教育中技术的本质探讨》，《教育研究》2008 年第 5 期。

[15] 单美贤、李艺：《教育中技术的价值探讨》，《开放教育研究》2008 年第 4 期。

[16] 丁钢、王陆：《教育学视角下的教育技术学学科发展》，《电化教育研究》2006 年第 8 期。

[17] 段培君：《"人是万物的尺度"的文化阐释——兼论人本主义与理性主义的文化渊源》，《社会科学战线》1995 年第 3 期。

[18] 樊华强：《人的可发展性及其教育意蕴》，《教育导刊》2011 年第 10 期。

[19] 傅德荣、王忠华、蒋玲：《信息技术教育的价值取向——基于元认知的视角》，《中国电化教育》2013 年第 10 期。

[20] 高铁刚、乔立梅、李兆君：《技术哲学视野下教育技术价值体系分析》，《现代教育技术》2008 年第 4 期。

[21] 高一平：《设计的本质是存在与演化——关于设计本质的探讨》，《自然辩证法研究》1997 年第 7 期。

[22] 郝兆杰、汪基德：《偏离与回归：马克思主义人学视域中的教育技

术》，《电化教育研究》2011 年第 3 期。

［23］郝兆杰、赵阳、王开：《有效应用：当前高校教育信息化建设的关键——基于河南某高校的调查》，《现代远距离教育》2011 年第 3 期。

［24］郝兆杰：《认知负荷理论在中小学信息技术教学中的应用研究》，《中国教育信息化》2007 年第 24 期。

［25］何克抗、吴娟：《信息技术与课程整合的教学模式研究之一——教学模式的内涵及分类》，《现代教育技术》2008 年第 7 期。

［26］何克抗：《当代教育改革路在何方——孔子教育思想给我们的警示》（一）（二）（三），《电化教育研究》2006 年第 10、11、12 期。

［27］何克抗：《教育信息化成败的关键在哪里——如何认识信息技术对教育发展具有革命性影响》，《中国教育科学》2013 年第 3 期。

［28］胡锦涛：《坚持发扬艰苦奋斗的优良作风，努力实现全面建设小康社会的宏伟目标》，《求是》2003 年第 1 期。

［29］胡雪芬：《多媒体技术在教学中的利弊分析与应用研究》，《中国教育信息化》2011 年第 12 期。

［30］扈中平、蔡春：《教育人学论纲》，《华东师范大学学报（教育科学版）》2003 年第 3 期。

［31］扈中平：《人是教育的出发点》，《教育研究》1989 年第 3 期。

［32］黄风漳：《教育本质新探》，《教育研究》1979 年第 1 期。

［33］黄海蓉：《以辩证观看现代教育技术与人主体性的融合》，《中学政治教学参考》2015 年第 21 期。

［34］黄荣怀、沙景荣：《关于中国教育技术学科发展的思考》，《中国电化教育》2005 年第 1 期。

［35］蒋汉耘：《关于加强青少年在线学习的网络道德教育对策研究》，《中国电化教育》2001 年第 5 期。

［36］蒋家傅：《以人为本：后现代语境下对教育技术的历史唯物主义思考》，《电化教育研究》2005 年第 8 期。

［37］焦道利、张新贤：《贫困地区农村小学远程教育教学资源建设与应用的调查研究》，《电化教育研究》2009 年第 1 期。

［38］焦建利：《教育技术学研究的历史演化与未来趋势——从 2975 篇博

士学位论文题目看研究选题与方法的变化》,《电化教育研究》2003年第1期。

[39] 解月光、孙艳、刘向永:《可持续发展:农村教育信息化的战略选择》,《东北师大学报(哲学社会科学版)》2008年第1期。

[40] 康翠、马晓玲、鞠慧敏、刘美凤:《设计与开发:教育技术研究与实践的首要范畴》,《远程教育杂志》2010年第5期。

[41] 雷彬:《对教育信息化发展现状的思考及建议》,《中国教育信息化》2008年第7期。

[42] 李康:《论教育技术的价值取向和发展周期问题》,《中国电化教育》2006年第7期。

[43] 李康:《论教育技术领域中的哲学观》,《电化教育研究》2000年第3期。

[44] 李克东:《数字化学习(上)(下)——信息技术与课程整合的核心》,《电化教育研究》2001年第8、9期。

[45] 李龙、刘雍潜:《教育技术领域标准与范畴的研究评述》,《现代远程教育研究》2005年第3期。

[46] 李龙:《教育技术领域·学科·专业》,《中国电化教育》2005年第12期。

[47] 李龙:《教育技术学科的定位——二论教育技术学科的理论与实践》,《电化教育研究》2003年第11期。

[48] 李芒:《对教育技术"工具理性"的批判》,《教育研究》2008年第5期。

[49] 李芒:《关于教育技术的哲学思考》,《教育研究》1998年第7期。

[50] 李芒:《论教育技术是"主体技术"》,《电化教育研究》2007年第11期。

[51] 李芒:《论信息技术的教学价值》,《电化教育研究》2007年第8期。

[52] 李美凤、李艺:《从教育与技术的关系看教育学与教育技术学的对话》,《中国电化教育》2008年第1期。

[53] 李美凤、李艺:《人文主义技术视角中教育与技术的"一体两面"——兼论教育学与教育技术学的对话何以可能》,《开放教育研

究》2008 年第 2 期。

[54] 李娜、乔贵春：《AECT05 定义演进的分析与思考》，《现代远程教育研究》2006 年第 3 期。

[55] 李南：《关于用鼠标笔代替传统鼠标的人体工程学分析》，《机械》2010 年第 3 期。

[56] 李祺、李春鹏：《谈以人为本的教育技术理念》，《电化教育研究》2007 年第 9 期。

[57] 李庆华、史舒人、张爱萍：《信息技术与课程整合的现状分析及问题思考》，《中国教育信息化》2008 年第 8 期。

[58] 李润洲：《教育本质研究的反思与重构》，《教育研究》2010 年第 5 期。

[59] 李世改、李红梅：《技术哲学视野下的教育技术哲学》，《电化教育研究》2007 年第 3 期。

[60] 李五洲：《从技术的异化谈教育技术的异化和消解》，《现代教育技术》2009 年第 11 期。

[61] 李侠：《简析科学、科学主义与反科学主义》，《科学技术与辩证法》2004 年第 6 期。

[62] 李兴敏、刘运祥：《未来教育技术学发展的实践价值取向》，《开放教育研究》2010 年第 5 期。

[63] 李艺、颜士刚：《论技术教育价值问题的困境与出路》，《电化教育研究》2007 年第 8 期。

[64] 李颖：《人的需要与人的解放》，《求实》2008 年第 12 期。

[65] 李园香：《图像化时代：文学教育的尴尬》，《语文教学与研究》2003 年第 11 期。

[66] 李振伦：《关于科学技术异化》，《河北学刊》1992 年第 6 期。

[67] 李政涛：《为人的生命成长而设计和发展教育技术——兼论教育技术学的逻辑起点》，《电化教育研究》2006 年第 12 期。

[68] 梁柏桦、谢运佳、黄芳明、方向阳、蓝丽萍：《用物联网架构建立人性化多媒体管理系统》，《物联网技术》2013 年第 6 期。

[69] 梁林梅：《教育技术管理——走向信息时代的教育组织变革管理》，《中国电化教育》2006 年第 9 期。

[70] 刘春燕：《当代教育中的工具理性主义》，《江西教育科研》2004 年第 8 期。

[71] 刘锋：《对人造物概念的哲学意识——关于现代科学技术革命的哲学思考》，《探索与争鸣》1986 年第 1 期。

[72] 刘刚、吴明超：《解读教育技术人的新技术研究热现象》，《中小学电教》2011 年第 4 期。

[73] 刘国男：《教育评价应"以人为本"》，《大连教育学院学报》2005 年第 1 期。

[74] 刘济良：《教育与人的生命》，《教育研究》2004 年第 5 期。

[75] 刘济良：《科学技术对人的异化与教育对人的价值世界的重建》，《教育理论与实践》2003 年第 4 期。

[76] 刘美凤：《广义教育技术定位的确立》，《中国电化教育》2003 年第 6 期。

[77] 刘美凤：《中国教育技术学学科发展面临的问题和对策》，《中国电化教育》2003 年第 10 期。

[78] 刘铁芳：《生命情感与教育关怀》，《高等师范教育研究》2000 年第 6 期。

[79] 刘晓斌：《创新推广理论——教育技术学与传播学的新结合点》，《现代教育技术》2003 年第 2 期。

[80] 刘秀、邓晖：《教育技术发展的新取向——技术主义与人文主义的融合》，《现代远距离教育》2007 年第 5 期。

[81] 刘亚政：《人是自然属性和社会属性的统一》，《实事求是》1990 年第 2 期。

[82] 柳海民：《教育是社会的上层建筑》，《吉林师大学报（哲学社会科学版）》1979 年第 4 期。

[83] 卢锋、唐湘宁：《从教育技术学的技术化到科学发展观的确立——兼论中国教育技术学科的发展道路》，《电化教育研究》2007 年第 10 期。

[84] 罗冰眉：《网络信息安全与网络伦理道德建设》，《西南政法大学学报》2002 年第 3 期。

[85] 罗忠民、陈水平、何高大：《以本为本和以人为本——多媒体辅助

外语教学软件的评价》，《电化教育研究》2011 年第 1 期。

[86] 吕巾娇：《从美国博士学位论文的摘要看教育技术的研究》，《中国远程教育》2006 年第 10 期。

[87] 马周周：《〈庖丁解牛〉与教育技术及其哲学思考》，《电化教育研究》2002 年第 9 期。

[88] 马周周：《〈庄子〉蕴含的教育技术思想探秘》，《电化教育研究》2007 年第 9 期。

[89] 马周周：《教育技术之技、艺、道》，《电化教育研究》2004 年第 5 期。

[90] 马周周：《美国 04 教育技术转向庄子教育技术的阐释》，《电化教育研究》2008 年第 6 期。

[91] 马周周：《美国教育技术转向的重要启示》，《电化教育研究》2009 年第 3 期。

[92] 马周周：《庄子教育技术哲学诠释》，《电化教育研究》2010 年第 9 期。

[93] 毛牧然、陈凡：《技术异化析解》，《科技进步与对策》2006 年第 2 期。

[94] 梅家驹：《教育技术的定位与错位》，《中国电化教育》2000 年第 1 期。

[95] 孟祥宇、全江涛、张鹏：《"以人为本"的数字化校园建设分析》，《中国科教创新导刊》2012 年第 32 期。

[96] 苗春凤：《论工具理性与价值理性》，《成都教育学院学报》2005 年第 12 期。

[97] 南国农：《80 年代以后中国电化教育的发展》，《电化教育研究》2000 年第 12 期。

[98] 南国农：《电化教育与学校教育现代化建设》，《电化教育研究》1997 年第 1 期。

[99] 南国农：《教育技术理论研究的新发展》，《电化教育研究》2010 年第 1 期。

[100] 南国农：《面向 21 世纪的中国电化教育》，《电化教育研究》1996 年第 3 期。

[101] 南国农：《世纪之交，电教者的使命》，《电化教育研究》1998 年第 1 期。

[102] 倪晓莉、周小军、吉瑞娜：《虚拟社会关系中的人际信任研究》，《兰州大学学报（社会科学版）》2010 年第 1 期。

[103] 乜勇：《教育技术学中的主客体理论》，《电化教育研究》2008 年第 8 期。

[104] 潘懋元、陈厚丰：《高等教育分类的方法论问题》，《高等教育研究》2006 年第 3 期。

[105] 彭坤明：《民生问题与远程教育的价值取向》，《中国远程教育》2009 年第 7 期。

[106] 彭绍东：《解读教育技术领域的新界定》，《电化教育研究》2004 年第 10 期。

[107] 祁玉娟、熊才平：《认知负荷理论在多媒体软件设计中的应用分析》，《远程教育杂志》2009 年第 3 期。

[108] 邱崇光：《"教学结构"和"教学模式"辨析——与何克抗教授商榷》，《电化教育研究》2002 年第 9 期。

[109] 任伯江：《教育·传意·技术的整合：人为本教与学的反思》，《电化教育研究》2009 年第 11 期。

[110] 任友群、程佳铭、吴量：《一流的学科建设何以可能？——从南国农之问看美国七所大学教育技术学科建设》，《电化教育研究》2012 年第 6 期。

[111] 任友群、宋莉、李馨：《教育技术的领域拓展与前沿热点——对话 AECT 主席 J. Micheal Spector 教授》，《中国电化教育》2009 年第 11 期。

[112] 任友群：《理论实践方法——21 世纪第二个 10 年中国教育技术研究的趋势展望》，《电化教育研究》2010 年第 9 期。

[113] 桑新民、李曙华、谢阳斌：《"乔布斯之问"的文化战略解读——在线课程新潮流的深层思考》，《开放教育研究》2013 年第 3 期。

[114] 桑新民、李曙华：《教育技术学范畴体系建模研究及其方法论——与美国 "94 定义" 研究群体的对话》（上）（下），《中国电化教育》2007 年第 11、12 期。

[115] 桑新民：《技术—教育—人的发展（上）（下）——现代教育技术学的哲学基础初探》，《电化教育研究》1999 年第 2、3 期。

[116] 桑新民：《探索信息时代人类文化与教育发展的新规律》，《人民教育》2001 年第 1 期。

[117] 沙勇忠、王怀诗：《信息伦理论纲》，《情报科学》1998 年第 6 期。

[118] 沈丹丹、周平红：《探析教育技术中人力资源的开发与管理》，《中国医学教育技术》2008 年第 2 期。

[119] 石新茂：《目前教育技术硬件和活件建设中的问题及思考》，《科教文汇》2006 年第 11 期。

[120] 实厚：《举大事者必以人为本》，《领导科学》1986 年第 2 期。

[121] 舒红跃：《技术总是物象化为人造物的技术》，《哲学研究》2006 年第 2 期。

[122] 宋文军、张海、王以宁：《实施下一代评价的可能性——〈美国国家教育技术计划 2010〉解读之三：评价篇》，《中国信息技术教育》2011 年第 9 期。

[123] 苏兴仁、周兴维：《学习的本质：教育学的视角》，《西南民族大学学报（人文社科版）》2006 年第 11 期。

[124] 苏垣、袁惠青：《从人体工程学看电脑桌的误区》，《家具与环境》2000 年第 3 期。

[125] 孙圆媛、石映辉：《人性化与智能化——教育软件的未来》，《中国教育技术装备》2006 年第 8 期。

[126] 孙祯祥：《试论教育技术管理》，《电化教育研究》2005 年第 8 期。

[127] 谈蓓月、滕跃民：《人体工程学在计算机教室总体布局中的应用》，《上海电力学院学报》2000 年第 1 期。

[128] 田娟：《我国 30 年教育本质研究回顾与反思》，《河北师范大学学报（教育科学版）》2010 年第 3 期。

[129] 万力勇、许良发：《中小学生信息道德素质的内容体系及其培养》，《教育探索》2003 年第 9 期。

[130] 汪基德、郝兆杰、赵万霞：《教育技术学专业主干课程教材建设问题探析：信息道德教育的视角》，《现代远程教育研究》2011 年第 5 期。

［131］ 汪基德、周凤瑾、毛春华：《教育技术学基本范畴体系初探》，《教育研究》2009 年第 12 期。

［132］ 王爱芬：《理解教育本质的不同道路及意义》，《教育理论与实践》2005 年第 9 期。

［133］ 王慧、聂竹明、张新明：《探析教育信息化核心价值取向——基于美国"国家教育技术计划"历史演变的研究》，《中国电化教育》2013 年第 7 期。

［134］ 王坤庆：《论精神与精神教育——一种教育哲学视角的当代教育反思》，《华中师范大学学报（人文社会科学版）》2002 年第 3 期。

［135］ 王湃：《人体工程学及其未来》，《中国环境管理干部学院学报》2003 年第 2 期。

［136］ 王琴、杜华、张舒予：《信息技术与课程整合的三种模式》，《电化教育研究》2003 年第 9 期。

［137］ 王绍梅：《关于多媒体教学实践的几点思考——从复旦大学取消 CAI 课时说起》，《电化教育研究》2009 年第 10 期。

［138］ 王卫军、赵文铭、杨鑫、李自青：《北美地区高校教育技术竞争格局与发展态势——基于对第 35—38 期〈教育媒体与技术年鉴〉的内容分析》，《现代教育技术》2015 年第 4 期。

［139］ 王文英、林辉基：《论人的本性即人的社会实践性》，《齐鲁学刊》1983 年第 5 期。

［140］ 王小雪、陈信助、强薇、崔国强、陈小珺、张志祯：《创新、整合与交流——AECT 年会评述与思考》，《远程教育杂志》2014 年第 1 期。

［141］ 王啸：《教育人学内涵探析》，《华东师范大学学报（教育科学版）》2006 年第 1 期。

［142］ 王佑镁、钟志贤：《多媒体课堂教学软件及其教学效果评价的理论模型、指标体系与方法》，《现代教育技术》2004 年第 1 期。

［143］ 王佑镁、祝智庭：《从联结主义到联通主义：学习理论的新取向》，《中国电化教育》2006 年第 3 期。

［144］ 魏屹东：《科学主义的实质及其表现形式》，《自然辩证法通讯》2007 年第 1 期。

［145］吴兵、王清、陶礼平：《教育的技术化与以人为本的教育——也谈以人为本的教育技术理念》，《安徽电气工程职业技术学院学报》2008 年第 3 期。

［146］吴黛舒：《本质回归：教育"产业化"的反论》，《中国教育学刊》2000 年第 6 期。

［147］吴筱萌：《以人为本的区域教育信息化促进校际公平应用策略研究》，《中国电化教育》2015 年第 3 期。

［148］吴遵民、张媛：《教育技术与人的主体性关系之辨析》，《电化教育研究》2007 年第 3 期。

［149］项福库、何丽：《教师使用课件教学存在的误区、成因及其对策》，《教育探索》2011 年第 3 期。

［150］肖爱芝：《对人本主义心理学思想的诠释》，《教育研究与实验》2009 年第 2 期。

［151］辛蔚峰、刘强：《迅速采纳与缓慢应用——教育系统中信息技术"吸收裂痕"探究》，《电化教育研究》2008 年第 10 期。

［152］熊冬炎：《简评人本主义心理学学习理论》，《辽宁师范大学学报（社科版）》1988 年第 4 期。

［153］熊芝娟：《从"以人为本"的视角思考教育技术》，《软件导刊》2008 年第 3 期。

［154］徐贵权：《论价值取向》，《南京师大学报（社会科学版）》1998 年第 4 期。

［155］徐建立：《人的需要及其发展》，《山东社会科学》2010 年第 9 期。

［156］徐玲：《价值取向本质探索》，《探索》2000 年第 2 期。

［157］徐苗苗：《论虚拟实践对人主体性的影响》，《绥化学院学报》2009 年第 2 期。

［158］闫守轩：《体验与体验教学》，《教育科学》2004 年第 6 期。

［159］严国涛、方显锋：《简论虚拟社会的主体、客体和主客体关系》，《重庆工学院学报》2005 年第 12 期。

［160］严家怡：《关于教育技术范畴开发的研究》，《电化教育研究》2001 年第 8 期。

［161］颜士刚、李艺：《教育领域中科学的技术价值观问题探索》，《中国

电化教育》2008 年第 4 期。

［162］颜士刚：《论技术·教育与人的发展——兼论教育领域的技术观》，《现代远程教育研究》2014 年第 1 期。

［163］颜士刚：《论教育领域技术异化的特异性及其弱化的现实困境》，《中国电化教育》2009 年第 11 期。

［164］颜士刚：《现代信息技术异化的根源分析及其消解的可能性》，《现代教育技术》2009 年第 1 期。

［165］杨开城、张润芝、贺红星：《从话语词汇的使用看教育技术学的理论研究》，《中国电化教育》2006 年第 9 期。

［166］杨开城：《论教育技术学的两种研究取向》，《现代教育技术》2009 年第 4 期。

［167］杨开城：《一种教育技术学的研究方法——技术人造物缺陷分析法》，《中国电化教育》2005 年第 8 期。

［168］杨开城：《中国教育技术学的尴尬》，《中国电化教育》2005 年第 12 期。

［169］杨伟才：《马克思人学理论及其当代价值》，《马克思主义与现实》2007 年第 3 期。

［170］杨瑛霞、田爱奎、夏天、张际平：《从技术哲学看教育技术的内涵与本质》，《电化教育研究》2007 年第 3 期。

［171］杨永林、刘进：《"技术精巧"与"人文关怀"视角下的大学英语教学》，《现代教育技术》2012 年第 7 期。

［172］姚孟君：《从课件到积件》，《开放教育研究》2002 年第 2 期。

［173］叶浩生：《人本主义心理学：后现代主义的挑战》，《华东师范大学学报（教育科学版)》2008 年第 4 期。

［174］叶澜：《教育创新呼唤"具体个人"意识》，《中国社会科学》2003 年第 1 期。

［175］叶新东、陈卫东、许亚锋：《未来课堂研究的转变：社会性回归和人的回归》，《远程教育杂志》2012 年第 3 期。

［176］叶衍传：《高校思想教育工作要"以人为本"》，《惠州学院学报》1988 年第 3 期。

［177］叶正茂、刘华锦：《试析开放教育人才质量标准的价值取向》，《现

代教育技术》2009 年第 11 期。

[178] 郁晓华、顾小清：《开放教育下的学习分析——2015 AECT 夏季研讨会述评与延伸》，《远程教育杂志》2015 年第 5 期。

[179] 詹青龙、黄荣怀：《移动学习终端设计的价值取向和方法》，《中国远程教育》2009 年第 10 期。

[180] 张宝辉、林苹苹、田党瑞：《理解为残疾人学习的教育技术：福祉技术（Assistive Technology）——访谈约翰霍普金斯大学学者约翰·卡斯特兰尼》，《现代远程教育研究》2013 年第 4 期。

[181] 张焕庭：《谈谈教育本质问题》，《教育研究》1980 年第 6 期。

[182] 张家年、孙祯祥：《中美教育技术管理的比较与思考》，《现代远距离教育》2007 年第 6 期。

[183] 张建伟：《当代教育技术学研究领域的基本架构》，《教育研究》2002 年第 4 期。

[184] 张今声：《论人本管理》，《江西财经大学学报》2000 年第 1 期。

[185] 张立国：《从"教学结构"到学生"主体性"的培养》，《电化教育研究》2006 年第 6 期。

[186] 张立新、张丽霞：《论具有中国特色的教育技术理论与实践》，《中国电化教育》1999 年第 2 期。

[187] 张敏：《网络交往对大学生人际关系之影响》，《重庆工学院学报》2006 年第 2 期。

[188] 张天宝：《教育交往实践：内涵、特征及其基本规定性》，《教育研究与实验》2006 年第 5 期。

[189] 张喜艳、解月光、高嵩：《以人为本：农村基础教育信息化绩效评估的价值取向》，《中国电化教育》2014 年第 12 期。

[190] 张仙、黎加厚：《论人的主体性与教育技术》，《开放教育研究》2005 年第 2 期。

[191] 张兴峰：《教育功利化现象审视：工具理性的视角》，《教育发展研究》2008 年第 21 期。

[192] 张一春：《教师教育技术培训"三部曲"》，《中国教育网络》2011 年第 1 期。

[193] 赵呈领、程云、王艳丽：《人件建设——构建"农远工程"的超级

"软件"》,《中国教育信息化（基础教育)》2007 年第 7 期。

[194] 赵惠君:《功利主义价值取向对高校学术研究的影响》,《高等工程教育研究》2007 年第 6 期。

[195] 赵慧臣、张舒予:《〈易传〉蕴含的技术思想对教育技术的启示》,《电化教育研究》2009 年第 4 期。

[196] 郑小军:《从"信息化热"到教学常态:教育技术人的范式转变》,《中小学信息技术教育》2013 年第 10 期。

[197] 钟志贤:《知识时代,我们需要怎样的能力》,《远程教育杂志》2005 年第 2 期。

[198] 周洪宇、申国昌:《20 世纪中国教育改革的回顾与反思》,《华中师范大学学报（人文社会科学版)》2011 年第 5 期。

[199] 周中云:《基于人件组织理论的课件开发团队策略探索》,《中国电化教育》2007 年第 11 期。

[200] 周宗伟:《关于教育技术的人文反思》,《电化教育研究》1999 年第 4 期。

[201] 朱彩兰、李艺:《信息技术课程技能化倾向原因分析与对策研究》,《教育探索》2005 年第 3 期。

[202] 朱京曦:《论人文技术哲学视野下的教育技术观》,《电化教育研究》2007 年第 5 期。

[203] 祝智庭、顾小清:《如何突破教育信息化应用瓶颈?》,《中国教育报》2006 年 3 月 6 日,第 006 版。

[204] 祝智庭、黄景碧、王觅:《教育技术研究国际动态透视》,《电化教育研究》2010 年第 8 期。

[205] 祝智庭、李宁:《英特尔未来教育:面向信息化教育的教师培训模式》,《全球教育展望》2001 年第 11 期。

[206] 子宜:《教育的"技术依赖"》,《内蒙古教育》2003 年第 4 期。

[207] 邹光威:《教育是不属于上层建筑的社会现象》,《教育研究》1979 年第 2 期。

[208] 左明章、许雄:《中小学信息道德教育的目标与内容的探讨》,《中国电化教育》2002 年第 5 期。

三　学位论文

[1] 丁涛：《胡锦涛的以人为本思想研究》，硕士学位论文，山东大学，2005 年。

[2] 方海光：《我国教育软件价值评测研究》，博士学位论文，中国科学院成都计算机应用研究所，2006 年。

[3] 高闰青：《"以人为本"理念及其教育实践问题研究》，博士学位论文，西北师范大学，2008 年。

[4] 刘黎明：《基于马克思主义的教育学中人之问题再认识》，博士学位论文，华东师范大学，2007 年。

[5] 罗江华：《教育资源数字化的价值取向研究——基于西部四地两个现代远程教育项目的考察》，博士学位论文，西南大学，2008 年。

[6] 谭伟：《教育技术异化的消解》，硕士学位论文，湖南师范大学，2010 年。

[7] 王萍：《教育现象学方法及其应用》，博士学位论文，河南大学，2010 年。

[8] 颜士刚：《技术的教育价值的实现与创造研究》，博士学位论文，南京师范大学，2007 年。

[9] 杨立：《"以人为本"初探》，硕士学位论文，复旦大学，2005 年。

[10] 于海霞：《论人的本质的实践性》，硕士学位论文，黑龙江大学，2010 年。

[11] 张淑燕：《我国当代情感教育的现实思考》，博士学位论文，东北师范大学，2008 年。

[12] 左明章：《论教育技术的发展价值——基于技术哲学的审视》，博士学位论文，华中师范大学，2008 年。

四　外文文献

[1] B. K. Myers, Young Children and Spirituality, New York and London: Routledge, 1997.

[2] C. Erricker and J. Erricker, Reconstructing Reli – gious: Spiritual and Moral Education, London: Routledge Falmer, 2000.

[3] Clark R E, "Reconsidering the research on learning frommedia", Review of Educational Research, Vol. 53, No. 4, April 1983.

[4] Clark, R. E, "Media will never influence learning", Educational Technology Research and Development, Vol. 42, No. 2, February 1994.

[5] Cuban, L, Teachers and machines: The classroom use of technology since 1920, New York: Teacher College Press, 1986.

[6] George Siemens, "Connectivism: A Learning Theory forthe Digital Age", Instructional technology and distance learning, Vol. 2, No. 1, 2005.

[7] Harold D. Stolovitch and Erica J. Keeps, Handbook of Human Performance Technology, 2rd edtion, San Francisco: Jossey – Bass, 1999.

[8] Hawkridge, D, Cost – effective support for university students via the web? Association for Learning Technology Journal, Vol. 6, No. 3, March 1999.

[9] I. V. Cully, Education for SpiritualG rowth, San Francisco: Harper& Raw, Publisher, 1984.

[10] Mayer, R. E, "Introduction to Multimedia Learning", In R. E. Mayer (Ed.), The Cambridge Handbook of Multimedia Learn – ing, New York: Cambridge University Press, 2005.

[11] McCluskey, F. D, "DVD, DAVI, AECT: A long view", InJ. W. Brown & S. N. Brown (Eds.), Educational media yearbook: 1981, Littleton, CO: Libaries Unlimited, 1981.

[12] Mesthene E. G, Technological Change: Its Impact on Man and Society, New York: New America Library, 1970.

[13] Papert, S, "New theories for new learnings", School Psychology Review, Vol. 13, No. 4, April 1984.

[14] Reeves and Thomas C: "The Questions of InstructionalTechnologyResearch" (http: //www. hbg. psu. edu/bsed/intro/docs/dean/) .

[15] Roger Kaufman, "Thriving and Not Just Surviving: New Directions for Tomorrow' s Performance Improvement Managers", Educational Technology, NO. 7, July, 2000.

[16] Spector, J. M: "Trends and issues in educational technology: how far

we have not come"（http：//suedweb. syr. edu/faculty/spector/publica-
tions/trends – tech – educ – eric. pdf）.

[17] Surry, Daniel W："Diffusion Theory and Instructional Technology"
（http：//www. Gsu. e du/wwwitr /docs /diffusio – n/）.

[18] Tom Sorell, Scientism：Philosophy and the infatuationwith science,
London：Routledge, 1991.

五　文件、报纸及其他

[1]《CNNIC 第 26 次中国互联网调查报告》 （http：//finance. sina.
com. cn/roll/20100715/15528301466. shtml）。

[2]《警惕鼠标手，11 种电脑病或致命》（http：//www. china. com. cn/
info/home/2010 – 09/06/content_ 20870498_ 3. htm）。

[3]《致死疾病在网吧传播，已有网游玩家死亡》（http：//games. sina.
com. cn/w/n/2011 – 12 –30/1051568420. shtml）。

[4] http：//www. ala. org/cipa/law. pdf.

[5] http：//www. childnet – int. org.

[6] http：//www. copacommission. org/commission/original. shtml.

[7] http：//www. coppa. org/thelaw. htm.

[8] 黄荣怀：《以人为本推进教育信息化》，《中国教育报》2015 年 5 月
26 日，第 011 版。

[9] 霍洛威：《师生不正当关系频发　美学校叫停社交网络》（http：//
news. sinovision. net/portal. php？ mod = view&aid = 198213）。

[10] 蒋效愚：《强身健体要从青少年抓起》，《中国教育报》2011 年 8 月
22 日，第 002 版。

[11] 焦科：《高校教育信息化建设与应用水平调查》 （http：//www.
edu. cn/20050616/3141063. shtml）。

[12] 教育部：《国家中长期教育改革和发展规划纲要 （2010—2020
年)》，2010 年。

[13] 教育部：《教育部关于加强中小学网络道德教育抵制网络不良信息
的通知》，2010 年。

[14] 教育部：《教育信息化十年发展规划 （2011—2020)》，2012 年。

［15］商蕾杰：《高校师生关系渐行渐远？高科技"冰冷"师生关系》（http：//zqb. cyol. com/content/2008 – 01/07/content_ 2021846. htm）。

［16］谭维、陈进杜：《青少年患颈椎病呈现上升趋势》（http：//di-fang. gmw. cn/newspaper/2016 – 03/18/content_ 111378459. htm）。

［17］王柏玲：《个别教师对信息技术依赖》（http：//edu. cn. yahoo. com/ypen/20111212/752672. html）。

［18］王传习、郭红梅、詹来宇：《高校教学莫患"课件综合征"》，《光明日报》2006 年 6 月 21 日，第 007 版。

［19］谢洋：《过分依赖 PPT 课堂教学丢灵魂》（http：//zqb. cyol. com/content/2009 – 09/25/content_ 2868916. htm）。

［20］熊丙奇：《大学教师为何患上"PPT 依赖症"》，《科学时报》2009 年 10 月 20 日，第 5 版。

［21］张超伟：《经典设计源于"二战"微软键盘评测》（http：//www. pcpop. com/doc/0/133/133699. shtml）。

［22］张建伟：《教育信息化的系统框架分析》（http：//www. edu. cn/20030808/3089214. shtml）。

［23］张荣：《论现代教育技术与人的主体性的实现》（http：//www. ln-edu. net/Tresearch/ShowArticle. asp？ ArticleID = 3970）。

后　记

　　本书是在我的博士论文的基础上修缮而成。伏案而思，期间往事历历在目，仿佛就在昨天，不曾走远——清晰记得博士入学时的踌躇满志与热血沸腾，清晰记得由教师重新变为学生之初的新鲜与兴奋，清晰记得没有工作事务打扰安心读书时的宁静与充实，清晰记得图书馆里的奋笔疾书，清晰记得宿舍里的冥思苦想，清晰记得开题时的焦灼与惴惴不安，清晰记得论文撰写过程中的煎熬与紧迫，清晰记得答辩时的紧张与不安，清晰记得答辩后的雀跃与轻松。如今，书稿成形即将付梓，感谢的情绪持续蔓延，是他，是她，是他们，以独特的方式为我、为我的论文、为我的书稿贡献着、付出着。尽管一句"感谢"不足以承载我厚重的心情，更不足以对得起他们的付出，但是，在此也仅能以"感谢"二字来表达我的心情，愿每一位被感谢者能感受到这份真挚。

　　首先感谢我的博士生导师汪基德教授，论文的选题、开题、撰写、修改等环节无不渗透着汪老师的巨大心血。每当我写作遇到困难的时候，汪老师总能一针见血指出问题的症结所在，又总能高屋建瓴地对我进行思维引航，让我于万般困惑中找到前进的方向。汪老师学养深厚、治学严谨、思维缜密、文风质朴，无论是课堂上的倾囊相授，还是课后交流中的真知灼见，每次与老师的交流都让我享受着学术的滋养。汪老师为人正直、诚恳、宽厚，其高尚的人格同样影响着我的成长，让我学到了很多为人、为事、为学的态度和方法，这将令我终身受益。除去学业上的精心指导，汪老师对我的工作、生活还予以极大的关心和支持。从硕士毕业到河大求职时的面试，到承担教科院研究生办公室的一些管理职务，再到担任教育技术系主任一职；从专业课程的教学到我个人的发展与成长，汪老师都给予了无微不至的关心，给我提供了很多锻炼和学习的机会，可以说，我的每一步发展都浸透着老师的关爱和心血。还有贤惠、和蔼、平易近人的师母李小素老师，她对我生活、学习上的鼓励、关心和照顾，让我享受到家的温馨，在此，一并致以深深的谢意。

感谢敬爱的李申申教授，是她在我博士入学面试时说的一句话成了本研究的直接诱因，是她在开题时给予的鼓励让我有了坚持下去的勇气和信心，是她所提出的极富创见性的意见和建议让论文更为完善。李老师身上体现着作为一名学者应有的责任与操守，她高尚的人格、直爽的性格、敬业的精神深深影响着我，她对我的提携、帮助与鼓舞又常令我感动不已。

感谢尊敬的王北生教授、刘志军教授、刘济良教授、赵国祥教授，是他们把我从形而下的技术世界带进了神圣的教育学的殿堂，是他们用宽厚、慈祥、睿智、严谨、豁达的人格魅力影响着我的成长，是他们用深厚的教育学功底、中肯而富有创见的意见和建议为论文提供着丰富的理论滋养。

感谢华南师范大学扈中平教授和陕西师范大学的李国庆教授，感谢他们在开题时提出的宝贵意见。感谢刘黎明教授，刘老师开题时的建议让我的写作思路更为清晰，刘老师的学术思想为论文提供着丰富的理论滋养。感谢蔡建东教授，他一针见血、高屋建瓴的意见和建议总让我有醍醐灌顶、豁然开朗之感。

感谢现在周口师范学院工作的高中同学、挚友王茂森博士，感谢他对开题报告的宝贵建议、对论文进展的全程关注以及对我的长期鼓舞。感谢杨飞云、陈凯、张珺、曾巍、冯永华、朱书慧等博士生同学，感谢他们为论文无私地奉献着学术智慧。感谢周口师院的毛春花、华中师大的单利名、华东师大的韩冰、华南师大的杨爽、南京师大的杨艳艳在问卷调查时给予的帮助，感谢姬权利、宋晓雪为论文的校对付出的辛苦劳动。

感谢伟大、温暖的河南大学教育科学学院，感谢学院领导、同事在工作、学习和生活上给我的关心、帮助和支持，使我得以顺利完成学业。祝愿教育科学院越来越好！

要把更为复杂的感情送给我的家人：父母年过花甲，他们为我的成长倾尽所有，我却尚无能力让他们安享天伦，内心充满愧疚，唯有加倍努力，期许早日回报二老的养育、培育之恩。愧疚之心还要送给我的妻子孙仲娜女士，结婚之初，我们一直过着两地分居的生活，她常常一个人忍受着生活的孤寂与清贫。尤其是，在她身怀六甲亟须我关心照顾的时候，我却远在另外一个城市，以写论文为由近 2 个月未去探望，愧疚之心，无以言表。如今，她在繁忙的工作之余，又承担了照顾孩子及大量琐碎的家务工作，以让我能安心工作，个中艰辛不言而喻，可以说，论文这枚军功章，有我的一半，更有她的一半。论文写作过程并不顺利，我一度有过放弃的念头，正是这炙热的、浓郁的亲情让我有了坚持下来的勇气和决心。

在书稿付梓之际，特别感谢中国社会科学出版社宫京蕾女士，感谢她为书稿修改所提出的中肯建议，以及其他方面的辛勤付出。

真心感谢他们，愿他们一切安好！

郝兆杰

2016 年 6 月于河南大学